Reden

Schreiben

Präsentieren

Mit Texten arbeiten

Deutsch

Lieselotte Kinskofer

Stefan Bagehorn

TR-Verlagsunion

Dieses Buch ist der Begleitband zur gleichnamigen Fernsehreihe des Bayerischen Rundfunks.

Die Deutsche Bibliothek – CIP-Einheitsaufnahme

Kinskofer, Lieselotte:
Reden, Schreiben, Präsentieren : mit Texten arbeiten ; Deutsch [Fernsehreihe „Deutsch" ; Begleitband zur gleichnamigen Fernsehreihe des Bayerischen Rundfunks] / Lieselotte Kinskofer ; Stefan Bagehorn. - München TR-Verl.-Union, 2001
    ISBN 3-8058-3443-8

Bildnachweis: Annette Köhler, Karlsruhe (S. 16, 45, 48, 70, 78, 108, 144, 162, 182); TOM, Berlin (S. 136)

3., gegenüber der 2. unveränderte Auflage 2005
© 2001 by TR-Verlagsunion GmbH, München
Alle Rechte vorbehalten
Umschlaggestaltung: Wolfgang Struve, München
Gesamtherstellung: Ludwig Auer GmbH, Donauwörth
ISBN 3-8058-3443-8

Vorwort

Reden, schreiben, präsentieren – Mit Texten arbeiten, so heißt der zweite Teil des neuen Deutschkurses im Medienverbund. Es geht um die schriftliche und mündliche Sprachkompetenz. Diese Themen sind nicht nur dann wichtig, wenn Sie im Rahmen des Telekollegs einen Abschluss machen wollen, sondern auch im Alltag.

Eine Rede halten, ein Referat vorbereiten, zu einem Vorstellungsgespräch gehen – das sind Situationen, in denen Sie sich selbst darstellen, vor anderen Menschen präsentieren sollen. Sie werden sehen, dass dies Fertigkeiten sind, die man durch Üben erwerben und verbessern kann; man muss nicht unbedingt der so genannte geborene Redner sein.

Ein Protokoll schreiben, selbst einen Text zusammenfassen und auf wesentliche Argumente reduzieren – auch das können Sie üben, beispielsweise mit diesem Buch. Unser Anliegen ist es, Sie an Sachtexte heranzuführen. Sie sollen diese Art des Schreibens kennen lernen, sich mit den Texten auseinander setzen – und am Ende selbst schriftlich argumentieren und überzeugen.

Wie auch im ersten Band *Lesen, Zappen, Surfen – Der Mensch und seine Medien* finden Sie am Anfang eines jeden Kapitels die Lernziele, so dass Sie mit einem Blick die Inhalte und wesentlichen Begriffe des Abschnitts erfassen können. Mithilfe der Übungsaufgaben können Sie Ihr aufgefrischtes oder auch neu erworbenes Wissen „testen".

Frau Kinskofer dankt in diesem Zusammenhang Rosemarie Jell. Sie hat die Aufgaben der Kapitel 1 sowie 6 bis 12 bearbeitet und gelöst – ein erster Test dafür, ob man mit den Kapiteln arbeiten, ob man mit ihrer Hilfe die Aufgaben lösen kann. Darüber hinaus gab sie hilfreiche Anregungen zum Inhalt der einzelnen Kapitel.

Unser Dank gilt auch Studiendirektor Reinhold Pöllmann. Als Fachoberschullehrer half er uns, Lernziele, Inhalte und Aufgaben den Anforderungen entsprechend zu formulieren und auszuarbeiten. Inga Dopatka stand uns auch bei diesem Buch als Lektorin bei und half, Gedanken in sinnvolle Zusammenhänge zu setzen und verständlich zu formulieren.

Viel Spaß bei der Arbeit wünschen Ihnen

Dr. Lieselotte Kinskofer und Stefan Bagehorn

Inhalt

3 Die Diskussion 47

4 Das Vorstellungsgespräch 63

5 Nachricht, Reportage, Feature 77

8 Die Sprache der Werbung 123

9 Protokoll und Gesprächsnotiz 143

10 Die Textanalyse 161

11 Die Erörterung: Argumente sammeln und ordnen   179

12 Textanalyse und Erörterung: eine Meinung vertreten   195

1. RHETORIK – DIE KUNST DER REDE

Lernziele

◆ Einblick in die Grundbegriffe der Rhetorik gewinnen
◆ Grundlagen für die Entwicklung einer eigenen Redekultur kennen lernen
◆ Auseinandersetzung mit Besonderheiten der politischen Rede, ihrer Struktur und Aussagekraft

Der Worte sind genug gewechselt,
Laßt mich auch endlich Taten sehn!
Indes ihr Komplimente drechselt,
Kann etwas Nützliches geschehn.[1]

Die Gegenüberstellung von *Wort* und *Tat*, die der Theaterdirektor auf den ersten Seiten von Goethes wohl bekanntestem Drama vornimmt, ist geprägt von einer tiefen *Skepsis* gegenüber dem Wort. Wenn der Mensch etwas sagt, hat das nicht unbedingt zur Folge, dass er auch etwas tut, scheint der Direktor damit zu sagen, und dies zeichnet die Gegenüberstellung von Wort und Tat bis heute aus. Etwas versprechen und sich versprechen scheinen nahe beieinander zu liegen. Wer etwas sagt, lässt seinen Worten nicht zwangsläufig auch Taten folgen.

„Die hinterlistige Kunst der Rede" überschrieb Arno Orzessek einen Beitrag für die *SZ am Wochenende* und begann seinen Aufsatz mit folgenden Sätzen:

> *„Sagen kann jeder", stammelt in Elias Canettis Roman „Die Blendung" eine Haushälterin namens Therese Kien. Ihre Sprache besteht aus Phrasen, deren Beziehung zur Realität undurchschaubar ist. Man versteht nicht, worauf Therese hinaus will, man ahnt es eher: auf die Befriedigung ihrer Geldgier, ihrer Herrschsucht und vielleicht noch ihrer welken Lust.*
> *Sagen kann jeder – das schien in den vergangenen Monaten die Parole nicht weniger Politiker zu sein, als ihre Verfehlungen aufflogen. Erst mal einen Spruch machen. Der Öffentlichkeit Sand in die Augen streuen und dann tüchtig reiben.*[2]

---

[1] Johann Wolfgang von Goethe, *Faust. Eine Tragödie. Der Tragödie erster Teil*, in: *Johann Wolfgang von Goethe. Werke*, Hamburger Ausgabe in 14 Bänden, Bd. 3 Dramatische Dichtungen I, textkritisch durchgesehen und kommentiert von Erich Trunz, München: dtv, 1988, S. 7–145, hier: S. 14. Wie Ihnen vielleicht aufgefallen ist, wurde dieses Zitat bereits in Band 1 des TK-Deutschkurses, *Lesen, Zappen, Surfen*, verwendet. Ein Beleg dafür, wie häufig Goethe (vor allem der *Faust*) als Fundus für geeignete Zitate dient und wie vielseitig diese einsetzbar sind. Es ist auch kein Zufall, dass aus verschiedenen Ausgaben zitiert wurde: Es soll zeigen, dass unterschiedliche Editionen Verwendung finden können, doch sollten Sie bei einer wissenschaftlichen Arbeit darauf achten, aus einer möglichst umfassenden Ausgabe, im besten Fall aus einer historisch-kritischen zu zitieren – und auch nur aus einer innerhalb einer Arbeit.

[2] Arno Orzessek, „Die hinterlistige Kunst der Rede", in: *SZ am Wochenende*, Feuilleton-Beilage der *Süddeutschen Zeitung* vom 8./9. April 2000, S. I.

Orzessek bringt zunächst ein literarisches Zitat aus dem Werk des Literatur-Nobel-preisträgers Elias Canetti. Seltsamerweise ist die Frau, die behauptet, dass jeder sagen kann, der Sprache selbst kaum mächtig. Was sie spricht, sind Phrasen, die mit der Wirklichkeit nichts zu tun haben. Orzessek schlägt den Bogen zur aktuellen Politik des Jahres 2000. Was Politiker sagen und was sie tun – das sind zwei völlig unterschiedliche Dinge. Die Rede dient nicht dem *Verständnis* von Sachverhalten, sondern der *Verschleierung* und der *Lüge*.

Die hohe Kunst der Rede ist also eine zweischneidige Sache. Wer sie beherrscht, hat ein machtvolles Instrument in der Hand. Er kann für eine gute Sache werben, aber auch Schaden anrichten.

1.1   Geschichte und Ansehen der Rhetorik

Weit entfernt scheinen die Zeiten, als die *Rhetorik* sozusagen erfunden wurde, als die *Rede* als Meisterstück des *mündlichen Vortrags* galt.

> **Rhetorik**, *aus dem Griechischen stammender Begriff für die Kunst der → Rede in praktischem wie theoretischem Sinn, d.h. für die Fähigkeit des wirkungsvollen Redens und die dazugehörige Theorie bzw. Kunstlehre.*[3]

Die Kunst der Rede hatte in der Antike viel mit *Öffentlichkeit* zu tun, mit dem Entstehen einer Öffentlichkeit und einer neuen *Politik*. Das stellt auch Orzessek in seinem Artikel so dar.

> *Die Entstehung der Rhetorik als Medium der Politik liegt 2500 Jahre zurück. Der evolutionäre Gewinn lag darin, Gewalt und veraltete Hierarchien zu delegitimieren und durch den Streit um Worte und mit Worten zu ersetzen: Schwerter zu Buchstaben. Fraglos hatte der Marktplatz von Athen strukturell kaum Ähnlichkeiten mit modernen Mediendemokratien. Der wichtigste Unterschied: Damals war die Entscheidung noch nicht gefallen, wenn die Beratschlagung begann. Heute vertreten Politiker im deutschen Parlament fertige Fraktionsbeschlüsse, die hinter geschlossenen Türen ausgehandelt wurden. Es geht nicht um die Komplexität der Sachlage, sondern um die mediale Durchschlagskraft der Sentenzen, mit denen der eigene Standpunkt verkauft wird. Im Bundestag wird Politik theatralisch, man könnte auch sagen: Sie wird bloß simuliert.*[4]

Rhetorik war also im alten Griechenland, das als Ursprungsland der Demokratie angesehen wird, ein hohes Gut. Sie fördert die *öffentliche Auseinandersetzung und die Diskussion von Meinungen vor der Entscheidungsfindung.* Wer gut argumentiert, wer seine Argumente gut vorträgt, der hat auch Chancen, seine Mei-

---

[3] Volker Meid, *Sachwörterbuch zur deutschen Literatur*, Stuttgart: Reclam, 1999, S. 438.

[4] Arno Orzessek, „Die hinterlistige Kunst der Rede", S. I.

nung durchzusetzen. Rhetorik ist *Offenheit*, nicht Verschleierung.[5] Der Autor schlägt wieder den Bogen zur aktuellen Politik. Die Kunst der Rhetorik scheint jetzt nicht mehr dem offenen Schlagabtausch vor der Meinungsbildung zu dienen. Vielmehr werden Reden gehalten, um ins Fernsehen zu kommen oder um Fakten zu „frisieren". Die Deutschen scheinen der Rede besonders skeptisch gegenüberzustehen.

> Der Mißbrauch, den Demagogen der Wilhelminischen Ära und des Dritten Reichs mit der Redekunst getrieben haben, die tödliche Verführung, die von einer zentral gelenkten Massenpropaganda ausging, haben einen tiefen Schock hinterlassen. In der Folge schlug das Pendel in die andere Richtung aus. Während der zwanziger Jahre suchte Bertolt Brecht seinen Stil der „neuen Sachlichkeit". Und nach dem Zweiten Weltkrieg entstand ein Stil der Untertreibung (unterstatement), der Abstraktion, der „Eigentlichkeit". Man hoffte, auf diese Weise das Rhetorische ein für alle Mal loszuwerden.[6]

Doch die Skepsis gilt nicht nur der politischen Rede. Ein Sprichwort sagt z.B.: „Nie wird so viel gelogen wie am offenen Grab." Diese „Volksweisheit" bringt auch die *private Rede* in Misskredit. Nicht nur Politiker lügen oder verheimlichen, wenn sie angeblich offen reden, auch der einfache Bürger gebraucht die Rede, um anderen etwas vorzumachen. Er sagt Dinge, die er eigentlich nicht meint. Dies geschieht im Namen der Höflichkeit und des Anstandes.

Im Folgenden sollen zwei völlig unterschiedliche Fertigkeiten angesprochen und bestenfalls auch vermittelt werden: eine Rede zu *halten* und eine Rede zu *verstehen*. Im ersten Fall sind Sie der Redner, und Sie sind gefordert als derjenige, der seine Meinung kundtut. Dabei wollen wir ganz naiv dabei bleiben und voraussetzen, dass es beim Reden um *Argumente* und *Meinungen*, um *Austausch* und *Offenheit*, um *Gesprächsbereitschaft* und *Kommunikation* geht. Im zweiten Fall geht es um Ihre Einschätzung von Reden, mit denen Sie in Ihrem Leben und möglicherweise auch bei Prüfungen konfrontiert sind. Wichtig ist es dabei, *Grundaussagen* der Reden zu erfassen, die *Struktur* zu erkennen, und sich vielleicht auch zu wichtigen Aussagen der Rede selbst eine *Meinung* zu bilden.

---

[5] Wer sich für die Geschichte der Redekunst interessiert, sei auf das erste Kapitel im *Duden* verwiesen: *Duden. Reden gut und richtig halten! Ratgeber für wirkungsvolles und modernes Reden*, hrsg. und bearbeitet von der Dudenredaktion in Zusammenarbeit mit Siegfried A. Huth und Frank Hatje, Mannheim, Leipzig, Wien, Zürich: Dudenverlag, 1994, S. 13–63. Von der „Entstehung und Hochblüte der Rhetorik im antiken Griechenland" über die „Redekunst im alten Rom" und das christliche Mittelalter bis hin zur „Sprache und Politik im 20. Jahrhundert" wird dort ein historischer Abriss der Rhetorik geliefert, der nicht nur im Hinblick auf politische Entwicklungen, sondern auch im Zusammenhang mit der Literaturgeschichte interessant ist.

[6] Hermann Schlüter, *Grundkurs der Rhetorik*, München: dtv wissenschaft, 1994, S. 9.

AUFGABEN

Lesen Sie die folgende Rede.

1. Streichen Sie das Gedicht „Der Mond ist aufgegangen" von Matthias Claudius aus dem Text heraus. Was bleibt dann von der Rede übrig?

2. Diese Bundestagsrede ist natürlich keine Rede im üblichen Sinn. Welcher Textform würden Sie Hildebrandts „Rede" zuordnen?

3. Was will Hildebrandt Ihrer Auffassung nach mit seiner Rede sagen? Welche Meinung haben Sie zum Thema „Reden im deutschen Bundestag"?

Dieter Hildebrandt: Der Mond

Eine Bundestagsrede frei nach Matthias Claudius

Der Mond, meine Damen und Herren,
und das möchte ich hier in aller Offenheit sagen,
ist aufgegangen,

und niemand von Ihnen, meine Damen und Herren, wird mich daran hindern, hier mit aller Entschlossenheit festzustellen:
die goldnen Sternlein prangen
am Himmel –
und das, meine Damen und Herren, sei hier in aller Eindeutigkeit gesagt, so wie meine Freunde und ich uns immer zu allen Problemen geäußert haben:
hell u n d klar!

Und ich scheue mich auch nicht, hier an dieser Stelle ganz konkret zu behaupten:
Der Wald steht schwarz
– und ich möchte dem hinzufügen dürfen, Herr Bundeskanzler
(Blick auf den Bundeskanzler): ... und schweiget!

Und hier sind wir doch alle aufgerufen, die uns tief bewegende Frage an uns zu richten: wie geht es denn weiter, meine Damen und Herren?

Nun, ich habe den Mut, meine Damen und Herren, Ihnen hier freimütig zu bekennen:
und aus den Wiesen steiget –
das, was meine Reden immer ausgezeichnet hat:
der weiße Nebel wunderbar![7]

---

[7] http://kultur-netz.de/hdk/der_mond.htm Ausdruck vom 30. September 2000.

1.2   Selbst Reden halten

1.2.1   Wer redet wann und wo? – Verschiedene Formen der Rede

Es gibt kurze und lange Reden – das klingt wie eine Binsenweisheit, ist aber wichtig. Denn von zwei Minuten bis zu zwei Stunden ist alles drin und bei ersterer sollte man auf ein Manuskript verzichten können, bei der letzteren klappt das wohl nur selten.

Reden zu *privaten Anlässen* können fröhlich, traurig, sentimental, erinnerungsträchtig, zukunftsweisend und sonst noch allerlei sein. Oft sind sie dann mit einer Feier verbunden, z.B. Hochzeit, Jubiläum oder Trauerfall. Reden halten müssen viele aber auch im *Beruf*, das reicht von einer kurzen *Selbstvorstellung* über die *Präsentation* der eigenen Arbeit bis hin zu einem ausführlichen *Vortrag*. Nun kennt jeder Mensch die Situation, dass er einer längeren Vorlesung oder einem Referat ausgesetzt ist, dass er eine Rede anhören soll und doch seinen eigenen Gedanken nachhängt. Es ist eben nicht einfach, eine Stunde mit einer Rede so spannend zu gestalten, dass die Zuhörer einem ihre ungeteilte *Aufmerksamkeit* schenken.

Der *Duden* unterscheidet zwischen Rede, Vortrag und Referat. *Reden* werden demnach im privaten Bereich gehalten, etwa bei Geburtstagen, im Betrieb beispielsweise bei Verabschiedungen, und in der Öffentlichkeit bei Preisverleihungen, Einweihungen oder Wahlveranstaltungen.

> *In Reden kann man seine Gefühle ausdrücken, subjektive Einschätzungen vornehmen oder seine persönliche Meinung vortragen, man kann auch für eine Sache oder Idee werben. Eine Rede sollte im allgemeinen nicht länger als 30 Minuten dauern.*[8]

Bei *Vorträgen* und *Referaten* geht es hingegen um die Erörterung eines klar umrissenen Themas oder bestimmter Fakten. Sie dauern, so heißt es im *Duden*, meist 45 Minuten, sollten aber in keinem Fall eine Dauer von eineinhalb Stunden überschreiten.

> *Hinsichtlich der Zielsetzung, der sprachlichen Mittel, des Verhältnisses von Information und persönlicher Meinung, der möglichen Redeform und der Dauer steckt die Art der Rede einen Rahmen ab. Der Redner sollte sich also von vornherein darüber im klaren sein, welche Art von Rede er halten will, damit er nicht schon bei den Vorbereitungen die Weichen für das Gelingen der Rede falsch stellt.*[9]

---

[8] *Duden. Reden gut und richtig halten!*, S. 66f. In diesem Zusammenhang sei darauf verwiesen, dass in diesem *Duden*, wie in vielen anderen Nachschlagewerken, aus denen zitiert wird, noch die alte Rechtschreibung verwendet wurde. Das gilt übrigens auch für viele literarische Texte. Sofern aus Büchern wörtlich zitiert wird, wird auch die alte Rechtschreibung in diesen Zitaten korrekt wiedergegeben.

[9] Ebenda, S. 67.

Der *Duden* unterscheidet auch *verschiedene Redeformen:*

> die (spontane) Stegreifrede, die (improvisierte) Stichpunktrede, die (gründlich erarbeitete) vorbereitete Rede und die abgelesene Rede, die auf einer wortgetreuen Ausarbeitung beruht.[10]

Die meisten Menschen sind nicht besonders begeistert davon, selbst Reden zu halten, und überlassen dies gerne anderen. Zwar hat sich fast jeder schon bei der Rede eines anderen Menschen gelangweilt, doch möchte keiner derjenige sein, der in eine Reihe gelangweilter Gesichter blickt. Ein Trost für alle Redemuffel: Reden halten kann man lernen. Gute Redner sind meist geübte Redner. Und in die Situation, etwas sagen zu müssen, kann jeder kommen.

1.2.2   Vorbereitung und Gliederung

Reden wird selten mit „Spaß haben" in Verbindung gebracht, meist mit „müssen" und „sollen", im besten Fall noch mit „Erfolg" und „Karriere". Es gibt unzählige Bücher zu diesem Thema mit Titeln wie: *Rhetorik. Besser reden, mehr erreichen* oder *Die überzeugende Rede. Mehr Erfolg durch bessere Rhetorik.*[11] Die Konzepte sind unterschiedlich. Fast immer jedoch wird auf die Gliederung einer Rede eingegangen, auf *Sprechen* und *Formulieren* sowie auf Nebenerscheinungen wie *Lampenfieber* und *Redeangst.*

Meist sind sich die Fachautoren darin einig, dass zu einer guten Rede ein *Einstieg*, ein *Hauptteil* und ein abschließendes *Finale* oder *Schlusswort* gehören. Viele geben Tipps zur Vorbereitung und wie der Redner mit den anschließenden Fragen der Zuhörer umgehen soll. Die folgenden Ratschläge orientieren sich an dem Konzept des Rhetorik-Trainers Willi Zander, der nach der von Dale Carnegie entwickelten Methode vorgeht.[12] Natürlich kann sich jeder Leser auch ein anderes Konzept suchen, das ihm überzeugender, glaubwürdiger oder für seine Zwecke geeigneter erscheint.

Laut Zander ist mit einer *guten Vorbereitung* bereits ein wesentlicher Schritt in Richtung erfolgreiche Rede getan. Der Redner sollte sich darüber im Klaren sein: Was wollen meine Zuhörer? Was erwarten sie? Was will ich? Wie genau lautet mein Thema? Es ist ein erheblicher Vorteil, viel von den Zuhörern zu wissen, sich ein Bild vom Publikum zu machen. Hier einige Fragen, die aus dem Buch übernommen sind:

---

[10] *Duden. Reden gut und richtig halten!*, S. 68.

[11] Rhombus, *Rhetorik. Besser reden mehr erreichen*, München: Compact Verlag, 1991; Kurt Wolter/Günter Kunz, *Die überzeugende Rede. Mehr Erfolg durch bessere Rhetorik*, Niederhausen/Ts.: Falken-Verlag, 1990.

[12] Lieselotte Kinskofer/Willi Zander, *Die wirkungsvolle Rede und Präsentation*, München: TR-Verlagsunion, 2000.

1

- ▶ Sind es Laien oder Fachleute?
- ▶ Wollen Sie Ihre Ergebnisse dem Chef präsentieren oder wollen Sie Ihre Mitarbeiter motivieren?
- ▶ Sind es Menschen mit unterschiedlichem Kenntnisstand oder ist es eine einheitliche Gruppe?
- ▶ Sprechen Sie im Namen eines Unternehmens, einer Gruppe oder im eigenen Namen?
- ▶ Ist es ein privater, ein dienstlicher oder öffentlicher Anlass?

Was das *Thema* angeht, so sollten Sie *Grenzen* setzen, sowohl *zeitliche* als auch *inhaltliche*. Sammeln Sie Material, das für Ihr Thema, Ihre Rede wichtig ist.

Die Rede selbst beginnt meist mit der Vorstellung. Entweder stellt Sie jemand als Redner vor oder Sie stellen sich selbst vor. Begrüßen Sie das Publikum, nennen Sie Ihren Namen und das Thema, wecken Sie *Interesse* für das Thema und erwähnen Sie auch, warum gerade Sie als Redner in Frage kommen.

Der *Einstieg* in eine Rede funktioniert wie ein gut aufgebauter journalistischer Beitrag. Sie wollen die Zuhörer für Ihr Thema begeistern, Sie möchten, dass die Zuhörer dabei bleiben, interessiert ihren Auftritt verfolgen. Sie können mit einer *Frage* beginnen oder mit einer *überraschenden Aussage*, Sie sollten Ihr *Publikum* ansprechen.

Im *Hauptteil* präsentieren Sie Ihre *Argumente* oder, etwas pathetischer gesagt, Ihre *Botschaft*. Sie können Ihre *Argumente* chronologisch aufzählen, aber auch dramaturgisch gestalten, z.B. indem Sie mit pro und contra arbeiten oder zum Schluss noch ein besonders schlagkräftiges Argument liefern. Es klingt selbstverständlich, aber das ist es nicht: Sie sollten sich in jeder Phase darüber im Klaren sein, was genau Sie erzählen, was genau Sie erreichen wollen – und es muss auf jeden Fall sichergestellt sein, dass Sie auf die *Erwartungen* und *Interessen Ihres Publikums* eingehen.

Das *Finale* können Sie dazu nutzen, noch einmal die wichtigsten Punkte zusammenzufassen, auf den Nutzen für die Zuhörer zu verweisen, Sie können einen Appell an den Schluss setzen oder die Teilnehmer zur Mitarbeit motivieren. Sie können auch einige persönliche Worte zum Abschluss sagen, praktisch aus der Rolle des Redners herausschlüpfen.

Viele dieser Elemente sind auch einzeln und in ganz anderen Zusammenhängen verwendbar. Ähnliche Vorbereitungen können Sie auch treffen, wenn Sie z.B. ein Vorstellungsgespräch vor sich haben. Einen guten Einstieg können Sie auch für ein wichtiges Gespräch brauchen und eine Ordnung Ihrer Argumente kann Ihnen jede Diskussion erleichtern. Tatsächlich aber stehen am Anfang immer die Fragen: *Was will mein Gegenüber? Was will ich?*

1.2.3 Der Begriff der Authentizität

Viele Menschen erhoffen sich von ihren Argumenten, von den *Aussagen* ihrer Rede die stärkste Wirkung. Das ist wahrscheinlich nicht richtig. Die meisten Menschen gucken lieber als sie hören. Sie sehen sich einen Redner an, sie achten auf seine *Mimik*, seine *Gestik*, sie versuchen zu erkennen, ob er hinter dem steht, was er sagt, oder ob er einfach eine Pflichtübung abliefert. Einen bedeutenden Anteil am Gelingen einer Rede hat daher die *Ausstrahlung* des Redners.

Nach dem Konzept von Willi Zander gehört beispielsweise zur Vorbereitung einer Rede auch die *mentale Vorbereitung*. Bereits in dieser Phase ist es wichtig, sich auf den Auftritt zu freuen, ihn eben nicht als Pflichtübung oder Qual zu empfinden. Das mag nicht immer einfach sein, aber es ist wichtig. Sie „müssen" nicht zum Vorstellungsgespräch, Sie sind eingeladen worden, weil sich die Firmenleitung auf Grund Ihrer Unterlagen für eine Zusammenarbeit interessiert. Sie „müssen" auch nicht reden, sondern Sie wurden als kompetenter Gesprächspartner *ausgewählt*. Es ist die Sicht auf die Dinge, die auch die innere Einstellung mitbestimmt. Es ist der berühmte Blick auf das halbvolle oder halbleere Glas.

Was auch immer an Tipps und Tricks an Sie herangetragen wird – hier und in anderen Büchern: Das Wichtigste ist, dass Sie authentisch bleiben, dass Sie ganz Sie selbst sind. Imitieren Sie nicht andere, betrachten Sie sich selbst als kompetent genug, die eigene Erscheinung positiv zu gestalten.

Inwieweit passt diese Art zu sprechen und aufzutreten zu mir?

Komme ich mir nur deshalb komisch vor, weil ich so noch nie gesprochen habe – oder fühle ich mich wirklich gar nicht mehr wohl in meiner Haut?

Will ich meine Ausdrucksmöglichkeiten erweitern? Oder soll alles so bleiben wie es ist?

Möchte ich „nur" eine Rede halten oder andere interessieren und mit meinem Beitrag überzeugen?[13]

Rede ist *Kommunikation* – und Kommunikation ist ein *wechselseitiger Prozess*. Während Sie reden, bekommen Sie Antwort. Manchmal ist es eine Zwischenfrage, manchmal das Minenspiel eines Zuhörers oder eine Geste. Das Publikum reagiert – und Sie haben die Gelegenheit, darauf einzugehen.

1.2.4 Die Sprache der Rede

Suchen Sie sich keine neue Sprache, um andere von sich oder Ihren Ideen zu überzeugen. Sicherlich wird niemand unverständlichen Dialekt sprechen, wenn er vor anderen redet, aber bleiben Sie weitgehend bei Ihrer Sprache, verkünsteln Sie sich nicht. *Kurze, einfache Sätze* sind kein Zeichen mangelnder Formulierungskunst, sondern zeigen, dass Sie *Rücksicht* auf die besondere Situation des Hörens nehmen. Sie brauchen keine Floskeln und Worthülsen, davon hören die meisten Menschen in ihrem Leben mehr als genug. „Schön, dass Sie da sind" klingt immer noch ehrlicher und überzeugender als „Ich freue mich, dass Sie so zahlreich erschienen sind".

Hier einige *Ratschläge* aus einem Fachbuch:[14]

> Reden Sie Ihre eigene Sprache und versuchen Sie nicht, andere Redner zu kopieren. (...) Verzichten Sie auf Phrasen, sprachliche Mätzchen, auf gekünstelte Wortfolgen, überflüssige Zitate, zu viele Fremdwörter und schwülstige Ausdrucksformen.

> Je mehr die Verallgemeinerung zunimmt, um so farbloser wird das Wort und um so schwächer seine Bildkraft. Verwendet man verschlissene Worthülsen in Mengen, wird der Sprachstil unanschaulich, reizlos, öde und langweilig.

> Kein Fremdwort für etwas, was ebenso treffend deutsch ausgedrückt werden kann.

> Was für Fremdwörter gilt, betrifft auch Zitate in fremder Sprache. (...) Prüfen Sie genau, ob es zum Thema oder zur jeweiligen Redesituation passt und ob es Ihre Zuhörer auch nicht überfordert.

---

[13] Lieselotte Kinskofer/Willi Zander, *Die wirkungsvolle Rede und Präsentation*, S. 14.

[14] Kurt Wolter/Günter Kunz, *Die überzeugende Rede*, S. 27ff. Anmerkung: Die Zitate sind wörtlich, aber sie sind einem größeren Textzusammenhang entnommen und hier wie eine Abfolge von Ratschlägen graphisch aufbereitet.

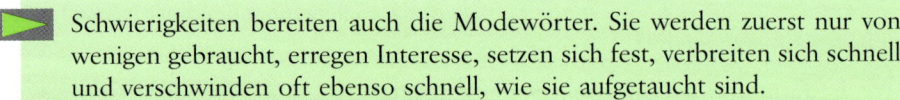 Schwierigkeiten bereiten auch die Modewörter. Sie werden zuerst nur von wenigen gebraucht, erregen Interesse, setzen sich fest, verbreiten sich schnell und verschwinden oft ebenso schnell, wie sie aufgetaucht sind.

Vermeiden Sie auf jeden Fall bei der Zusammenstellung Ihrer Rede und beim Vortrag eine geschraubte Sprache. Die Lieblingswörter dieses Schraubstils sind die Höchststufen der gesteigerten Eigenschaftswörter, also Superlative, und die Verstärkungswörter, die, ohne gesteigert zu sein, bereits superlativischen Charakter haben.

AUFGABE

Stellen Sie sich vor, Sie feiern Ihren bestandenen Telekolleg-Abschluss. Zur Feier des Tages haben Sie ein paar Freunde eingeladen. Bevor die Party richtig losgeht, möchten Sie eine kurze Rede darüber halten, wie Sie es während Ihrer Studienzeit geschafft haben, Beruf, Weiterbildung, Familie und Hobbys unter einen Hut zu bringen.

4. Überlegen Sie sich Ihre Argumente und schreiben Sie eine kurze Gliederung in Stichpunkten. Denken Sie dabei an einen guten Einstieg und ein überzeugendes Finale.

Sprechen Sie zehn Minuten (weitgehend) frei zum Thema.

1.3 Reden hören, lesen und einordnen

Lektion 1.2 befasste sich mit der Situation, dass Sie als Redner gefordert sind. Häufiger aber sind Sie Zuhörer und Leser von Reden. Im gesellschaftlichen Rahmen kommen Sie als mündiger Bürger oft genug in die Situation, längere und komplexere Reden, z.B. von Politikern, verstehen und einordnen zu müssen. Und auch im Telekolleg werden Sie als kritischer Leser gefordert. Sie müssen Texte verstehen, gliedern und analysieren können – dies gilt auch für die Prüfungen.

1.3.1 Grundbegriffe der Rhetorik

„'Rhetorik' ist Praxis und Theorie der auf Wirkung bedachten Rede."[15] Hermann Schlüter zieht in seinem *Grundkurs der Rhetorik* klare Schlüsse:

> *„Reden" im Sinne der Rhetorik bedeutet soviel wie „überreden". „Rhetorisch" ist nur die auf praktische Wirkung, d.h. die auf Auslösung einer Handlung gerichtete Rede. Rhetorik dient weniger der Information als der Suggestion. Der Hörer soll der vom Redner vertretenen Parteisache (causa) „anhängen". Von den drei Zielen, die ein Schriftsteller verfolgen kann, nämlich den Verstand lehren (docere), das Gemüt bewegen (movere), den Sinnen schmeicheln (delectare), ist vor allem das „movere" rhetorisch. Natürlich enthält auch die rhetorische Rede informative und schmückende Elemente. Sie sind aber nur Diener des „movere". Der Rhetor ist also entweder Agitator, wo er unmittelbar zur Aktion aufruft, oder aber Propagandist, wo er indoktriniert. In beiden Fällen ist er (Ver)Führer des Volks, „Demagoge".[16]*

Es wirft kein gutes Licht auf die Rhetorik, dass sie häufig dazu dient, die Menschen zu *indoktrinieren*, sie also in eine bestimmte Richtung zu *beeinflussen* – in ihrer gesamten Geschichte war dies ihre Hauptaufgabe. Doch ehrlicherweise müssen wir zugeben, dass auch wir unser Publikum „erreichen", mit ihm „in Kontakt kommen", möglicherweise „einen Konsens herstellen" wollen, kurz: Am besten wäre, das Publikum schlösse sich unserer Meinung an. Die *Redekunst* ist tatsächlich eine *Überredekunst*. Um dem Publikum auch sprachlich etwas zu bieten, werden rhetorische Stilmittel eingesetzt, die die Rede lebendiger, bunter und spannender machen sollen.

---

[15] Hermann Schlüter, *Grundkurs der Rhetorik*, S. 22.
[16] Ebenda, S. 22.

Rhetorische Figuren, *sprachliche Ausdrucksweisen, die von den gewöhnlichen 'normalen' Formulierungen abweichen und dem rhetorischen → Ornatus [Ausschmückung der Rede, Anmerkung der Autorin] dienen (der wiederum im Dienst des Wirkungsziels der Rede steht).*[17]

Wieder dient also die Sprache der *Wirkung*, dem Ziel der Rede. Selbst wer noch nie etwas von *rhetorischen Figuren* gehört hat, kennt einige davon und benutzt sie auch. Dass sie hier mit Fachnamen erscheinen, dient der Vollständigkeit und der Information. Was früher zur grundlegenden Ausbildung am Gymnasium gehörte, ist heute oft nur noch Geheimwissen für Spezialisten. Sie müssen diese rhetorischen Figuren also nicht auswendig lernen. Doch man sollte zumindest einmal von ihnen gehört haben; und manchmal lohnt es sich auch zu wissen, welcher Mittel man sich bei den eigenen Formulierungen bedient. Die folgenden Begriffe, und zum Teil auch die Beispiele, finden sich in dem Buch von Hermann Schlüter zur Rhetorik.[18]

Figuren der Wiederholung

▶ *Doppelung:* „Niemals, niemals würde ich ...“ Die Doppelung wirkt pathetisch.

▶ *Anapher:* Benachbarte Sätze beginnen mit den gleichen Wörtern: „Wer so etwas jemals erlebt hat, wer so etwas jemals mit eigenen Augen gesehen hat, wer so etwas jemals ertragen musste ...“

▶ *Verdeutlichung:* „es gibt einen Ort, einen schönen Ort ...“
Die Verdeutlichung erzielt einen pathetischen Effekt, der natürlich wirkt, weil die Wiederholung scheinbar zufällig entsteht und der Präzisierung dient. Die Werbung bedient sich oft dieser rhetorischen Figur.

▶ *Rhythmisierung:* Die Wiederkehr von betonten und unbetonten Silben nach einem bestimmten Muster – auch das ist in der Werbung sehr beliebt: „Persil, da weiß man, was man hat.“

Figuren des lexikalischen Bereichs (Tropen)

▶ *Veralteter Ausdruck:* Sorgt für Aufmerksamkeit oder auch Heiterkeit, z.B. „fürderhin“, „das ficht mich nicht an“, „zu diesem Behufe“ etc.

▶ *Neubildung (Neologismus):* Dies ist das Spezialgebiet der Werbung, wie wir in Kapitel 8 noch sehen werden, z.B.: „Free and easy xtra card.“

---

[17] Volker Meid, *Sachwörterbuch zur deutschen Literatur*, Stuttgart: Reclam, 1999, S. 442.
[18] Vgl. Hermann Schlüter, *Grundkurs der Rhetorik*, S. 27ff. Schlüter nennt noch sehr viel mehr rhetorische Figuren, hier nur einige Beispiele.

1

Fremdwörter: Sie spiegeln Bildung vor oder wirken exotisch. In der Werbung vermitteln sie den Eindruck von Wissenschaftlichkeit.

Stilbruch: Zum Beispiel durch Mischung von Ausdrücken verschiedener Sprachebenen.

Metapher: Schein-Synonyma; ein Wort wird zur Bezeichnung eines anderen, verwandten Begriffes verwendet, sozusagen ein abgekürzter Vergleich, z.B. „Lebensabend", „Drahtesel", „Flussbett", „der Zahn der Zeit", „der Hafen der Ehe". Zu den metaphorischen Figuren gehört die *Synästhesie*, das ist die Übertragung von Bezeichnungen aus einem Sinnenbereich in einen anderen, z.B. „schreiende Farben".

Metonymie: Das eigentliche Wort wird ersetzt durch die Bezeichnung eines Gegenstandes, der mit dem gemeinten in wirklicher Beziehung steht und nicht, wie bei der Metapher, aus einem anderen Bereich kommt, z.B. „Goethe lesen" statt „Goethes Werke lesen". Zur Metonymie gehört die Figur des *pars pro toto* (Teil fürs Ganze: „unter meinem Dach" statt „in meinem Haus" oder „ein neues Gesicht" statt „eine neue Person").

Umschreibung: Statt die Sache beim Namen zu nennen, nimmt man bestimmte Eigenschaften. So wurde aus Boris Becker z.B. „der Leimener" oder für einige Zeit auch „der Weltranglisten-Erste". Umschreibungen können auch zu Verzerrungen führen, so etwa beim *Euphemismus*, der verschönernden Umschreibung, die aus einer Perücke eine „Zweitfrisur", aber auch aus einem Lager zur systematischen Folter und Vernichtung von Menschen ein „Konzentrationslager" macht.

Hyperbel: Übersteigerung und Übertreibung. Hyperbeln findet man auch im Alltag, z.B. „blitzschnell". Überhaupt leben wir in einer Gesellschaft, in der Übersteigerung und Übertreibung selbstverständlich geworden sind. Das nicht mehr zu steigernde maximal wird für viele zu „maximalst" und die optimale Lösung ist inzwischen „optimalst". Dieser Entwicklung kann man zumindest im eigenen Sprachgebrauch entgegenwirken – im Rahmen einer Rede wirkt ein falscher Superlativ ohnehin unglaubwürdig, da übertrieben.

Litotes: Das ist die Verneinung des Gegenteils, z.B. er ist „nicht arm". Damit ist noch nicht gesagt, ob jemand nur wohlhabend oder schon reich ist. Anderes Beispiel: „nicht schlecht".

Emphase: betontes Aussprechen, Sprechen mit Nachdruck, so dass durch die Betonung auf ein Wort oder einen Begriff aufmerksam gemacht wird: „Seht, welch Unglück!" Also nicht einfach „ein Unglück", sondern zunächst ein betonter Ausruf (Seht), dann eine Kunstpause, gefolgt von dem kurzen „welch" und erst danach das Wort, um das es geht (Unglück).

▶ *(Schein-)Paradox* ist eine Aussage, die sich zu widersprechen scheint. Auch das ist eine typische rhetorische Figur in der Werbung, vor allem dann, wenn versprochen wird, dass etwas Sie keinen Pfennig kostet (und trotzdem bekommen Sie volle Leistung) – es kostet dann meist doch etwas. Ist häufig auch in Aphorismus-Form zu finden: „Wie man eine gute Bibliothek verdoppelt? – Man lese die Bücher zweimal." (Charles Tschopp) Oder : „Ein guter Psychologe ist imstande, dich ohneweiteres in seine Lage zu versetzen." (Karl Kraus)

▶ *Wortspiele* finden sich auch häufig in der Werbung, beispielsweise wenn ein Großflugzeug als „Raum-Schiff" tituliert wird.

▶ *Ironie:* Man sagt das Gegenteil dessen, was man meint. Aus dem Kontext sollte erkennbar sein, was wirklich gesagt werden soll. Über die Tücken der Ironie war bereits im Band *Lesen, Zappen, Surfen – Der Mensch und seine Medien*[19] die Rede. Wenn sie nicht für jeden als Ironie erkennbar ist, dann kann es leicht zu Missverständnissen kommen.

▶ *Rhetorische Frage:* Sie ist keine echte Frage, weil keine Antwort erwartet wird. Die Antwort steht vielmehr schon fest. Denn die rhetorische Frage ist eine Behauptung, die zur Frage gewendet wird. Sie wird gerne und häufig bei Reden eingesetzt, z.B. „Wer von Ihnen kennt das nicht?"

Schlüter zählt im weiteren Verlauf „Figuren des syntaktischen Bereichs" auf. Dazu gehören Abweichungen vom normalen Satzbau, etwa Umstellungen und Auslassungen – auch diese Elemente sind in der Werbung sehr beliebt.

Es folgen „Figuren des kompositorischen Bereichs" wie der Rückgriff oder der Exkurs, der Gegensatz, die Steigerung oder die Häufung.

Bei den „Figuren des argumentatorischen Bereichs" unterscheidet Schlüter zwischen Figuren der „Publikumszugewandtheit" und der „Sachzugewandtheit". Zu ersteren zählt er das Aufrütteln, das Versprechen der Kürze, das Zugeständnis oder den Anruf – auch heute noch sehr übliche Möglichkeiten, sich das Publikum gewogen zu machen. Zu den Figuren der Sachzugewandtheit zählt er das Beispiel und den Vergleich sowie die Definition – auch dies sind sehr gebräuchliche rhetorische Figuren.

---

[19] Lieselotte Kinskofer/Stefan Bagehorn, *Lesen, Zappen, Surfen – Der Mensch und seine Medien*, München: TR-Verlagsunion, 2000.

1

1.3.2   Inhalte und Argumentation

Wie eine Rede zu einem politischen oder gesellschaftlichen Thema aufgebaut wird, das hängt davon ab, was der Redner erreichen will. Wieder bestimmt das *Ziel* die *Mittel*. Ob sich jemand verteidigen muss, ob jemand anklagt, ob jemand seine Meinung sagen (und die des Gegners abwerten) will, das alles sind unterschiedliche Absichten, die unterschiedlicher Mittel bedürfen.

Auch der *Anlass* bestimmt die Mittel: Wenn ein Politiker zu einem Gedenktag spricht, ist nicht nur der *Inhalt* ein anderer als z.B. auf einer Wahlkampfveranstaltung sondern auch seine *Wortwahl*. Gedenktage und ihre Reden leben von der Erinnerung – ob gut oder schlecht – von der Dankbarkeit, etwas erleben zu dürfen oder überlebt zu haben. Sie leben von einer versöhnlichen Wortwahl, von einem Aufruf zum Gemeinsinn, von Worten wie Verständigung und Toleranz. Dies gilt auch für den *Tonfall* des Redners, der bedeutend warmherziger ist als bei Wahlkampfreden oder Reden im Bundestag.

Doch die großen Reden unterscheiden sich in ihrem *Aufbau* nur unwesentlich von dem, was wir als Gliederung der eigenen, kleinen Rede festgehalten haben. Die meisten haben eine Einleitung oder einen Einstieg, einen Hauptteil, in dem die wichtigen Fragen aufgeworfen und beantwortet werden, in dem den richtigen Menschen gedankt wird, in dem aber auch die politischen Gegner beleidigt werden – und alle diese Reden münden in einen Appell oder ein Finale, das noch einmal die wesentlichen Punkte zusammenfasst, im Falle des Wahlkampfs heißt die Botschaft: Wählt mich.

Auch die *Argumentationsstrategien* unterscheiden sich kaum:

▶ Der Redner kann *pro* und *contra* argumentieren, also die Argumente der Gegenseite abwerten oder entkräften und die eigenen in ein gutes Licht rücken.

▶ Er kann seine Argumente chronologisch ordnen oder sie in eine dramaturgisch passende Form und Reihenfolge bringen.

▶ Er kann mit Beispielen aufwarten, Fachleute zitieren, Statistiken heranziehen.

▶ Er kann zuletzt auf die Zukunft, auf eine Vision verweisen.

1.3.3   Worthülsen und Aussagen

Die Lektion „1.2 Selbst Reden halten" gab bereits Ratschläge für die Sprache der Rede: keine großen Floskeln, keine pathetischen Worte, nicht zu viele Fremdwörter, keine Schachtelsätze oder – um es einmal positiv zu formulieren: einfach, nachvollziehbar, klar.

Auch die Reden, die Sie hören oder lesen, sollten Sie an diesem Anspruch messen. Wo finden sich Beschönigungen (Euphemismen)? Wo werden Wortungetüme verwendet? Wo wird mit vielen Worten nichts gesagt? Wo dienen Worte eher der Verschleierung als der Verdeutlichung?

Die Rhetorik arbeitet mit solchen Mitteln. Der Redner kann polarisieren und vereinfachen, er kann lügen und Behauptungen aufstellen. Er kann dem Publikum schmeicheln und ihm Versprechungen machen, er kann es auch einschüchtern oder ihm drohen.

Das alles spricht nicht unbedingt für die Rhetorik. Dennoch ist sie eine hohe Kunst, die zu erlernen sich lohnt, denn sie kann nicht nur destruktiv, sondern auch ausgesprochen konstruktiv angewandt werden. Wichtig ist auch, ihre *Mittel* zu durchschauen. Sie werden bei der folgenden Aufgabe – die übrigens ähnlich formuliert ist wie einige Prüfungsaufgaben der vergangenen Jahre – die Möglichkeit haben, sich eine Rede genauer anzusehen. Sie werden sich weniger mit der Sprache als mit der Gliederung befassen, einzelne Aussagen mit eigenen Worten wiedergeben, den Sinn erfassen und referieren. Schon dadurch werden Sie erkennen, ob und welche Aussage der Text enthält.

Doch vorher noch einmal kurz zurück zum Anfang des Kapitels und zum Anfang der Rhetorik, zurück ins alte Griechenland. Denn die Gefahr, die von der Kunst der Rhetorik ausgeht, war schon damals bekannt.

Das Gericht ist der Ursprungsort der Rhetorik als praktischer und reflektierender Disziplin. Nicht Geschmäcklertum, sondern existenzielle Interessen von Klägern und Verklagten führten zu der Entdeckung, dass die Rede wie die Sprache überhaupt nach Regeln manipulierbar ist. Die Kompetenten bekamen ein Machtinstrument erster Güte in die Hand. „Die Wirkung der Rede verhält sich zur Stimmung der Seele ebenso wie die Bestimmung der Gifte zur Natur des Körpers", behauptete Gorgias. Einige werden durch Gifte geheilt, andere gehen über den Jordan. Nach Gorgias stiftet die Rede „bald Trauer bald Freude, bald Furcht bald Zuversicht, manchmal aber vergiftet und verzaubert sie die Seele durch Verführung zum Bösen.[20]

---

[20] Arno Orzessek, „Die hinterlistige Kunst der Rede", S. I.

AUFGABEN

1

Lesen Sie die folgenden Auszüge aus einer Rede des Bundespräsidenten Johannes Rau.

5. Stellen Sie den Text im Überblick vor (Textsorte, formale Angaben, Thema, Absicht des Verfassers).

6. Fassen Sie den Inhalt des Textes mit eigenen Worten zusammen (Umfang etwa ein Drittel des Originaltextes).

7. Untersuchen Sie einige angewandte rhetorische Mittel mit Blick auf die beabsichtigte Wirkung!

8. „Der Westen war die Erfindung des Ostens. Unerreichbar und deshalb unzerstörbar war die Illusion einer Welt voller schöner Dinge, die keinen Preis hatten."

Bundespräsident Johannes Rau zitiert hier die „gelernte DDR-Bürgerin", wie er sie nennt, Jutta Voigt.

Was halten Sie von dieser Aussage?

Wie ist sie Ihrer Meinung nach zu verstehen? Teilen Sie diese Auffassung?

Rau: Dankbar zurückblicken, zuversichtlich nach vorn schauen

Aus der Rede des Bundespräsidenten beim Festakt zum Tag der Deutschen Einheit am 3. Oktober 2000 in Dresden

Vor zehn Jahren hat sich der Wunsch der Deutschen erfüllt, frei und friedlich in einem geeinten Land zu leben: in einem demokratischen und sozialen Bundesstaat. 5

Seither gestalten die Deutschen ihre Zukunft in Freiheit und Selbstbestimmung. Unser Land lebt mit seinen Nachbarn in Frieden und in gutem Einvernehmen. Wir haben weltweit ungezählte Freunde und Partner. Das zeigt sich auch heute. Einmal im Jahr widmen wir der Einheit einen Feiertag. Im 10 *Alltag ist sie für die allermeisten längst selbstverständlich. Wir sollten aber nie vergessen, wie wenig selbstverständlich der Erfolg von 1990 gewesen ist, wie viel Mut und Besonnenheit, welch langer Atem und wie viele kleine Schritte nötig waren – von der festen Westbindung bis zur Aussöhnung mit den Völkern Mittel- und Osteuropas, vom Grundlagenvertrag und den* 15 *Besuchserleichterungen für Berlin bis zur KSZE-Schlußakte, auf die sich gegen alle staatliche Repression jene berufen konnten, die in Prag und in*

Moskau, in Danzig und in Budapest, in Jena und in Rostock Menschen-
rechte und Demokratie einforderten.
Den wichtigsten Beitrag zur deutschen Einheit haben dann 1989 und 1990   20
die Bürgerinnen und Bürger in der DDR geleistet – manche Bekannte und
noch mehr Unbekannte. Die Ostdeutschen haben sich die Freiheit erkämpft
– mit Kerzen und Gebeten, mit Mut und Friedfertigkeit gegen ein waffen-
starrendes Regime. Manchen war anfangs die Freiheit wichtiger als die Einheit – auch im Westen. Aber schließlich haben wir alle gelernt, daß die   25
überwältigende Mehrheit der Menschen in der DDR mit der Freiheit die
staatliche Einheit wollte.
(...)
Seitdem ist mit vereinter Kraft in den fünf neuen Ländern Außerordentliches
geleistet und erreicht worden. Der erneuerte Glanz der Innenstädte, die   30
moderne Infrastruktur, die Heilung der Umwelt – all das spricht für sich.
Ungezählte neue Betriebe sind entstanden, und längst kommen viele erfolgreiche Beispiele für phantasievolle Lösungen und für Kreativität aus Ostdeutschland.
Freilich: Noch immer ist die Arbeitslosigkeit unerträglich hoch, im Osten   35
doppelt so hoch wie im Westen. Aber wahr ist auch: Das sind Durch-
schnittswerte. In manchen ostdeutschen Regionen konnte die Arbeitslosigkeit mittlerweile wirksamer bekämpft werden als in einigen strukturschwa-
chen Räumen im Westen. Dennoch fehlt es dem Osten insgesamt noch
immer an der nötigen Wirtschaftskraft, und zu jeder ehrlichen Bilanz   40
gehört, daß es bei der Arbeit am Wiederaufstieg der östlichen Länder vermeidbare Fehler, Ungerechtigkeiten und unnötige Kränkungen gegeben
hat.
Dennoch kann sich nun wirklich niemand die alte DDR zurückwünschen. Wo
es Enttäuschung über die Einheit gibt, da liegt das meist daran, daß wir in   45
Ost und West viele falsche, viele unrealistische Vorstellungen hatten, daß
wir uns also selber getäuscht haben. Diese Selbsttäuschung hatte viele Formen. Ich will drei nennen: Die erste hat die gelernte DDR-Bürgerin Jutta
Voigt beschrieben: „Der Westen war die Erfindung des Ostens. Unerreichbar und deshalb unzerstörbar war die Illusion einer Welt voller schöner   50
Dinge, die keinen Preis hatten", sagt sie. Ein solches Paradies ist der Westen
nie gewesen – es gab längst nicht nur schöne Dinge, und alles hatte seinen
Preis.
Die zweite Selbsttäuschung hat ihren Ursprung im Westen: Die Einheit sei
aus der Portokasse zu bezahlen, ja man werde sogar bei der Privatisierung   55
der volkseigenen Betriebe noch Gewinne machen und sie per Anteilschein
an die ehemaligen DDR-Bürger verteilen. Der Bund und die Länder haben

über die Verteilung der erhofften Überschüsse aus dem „Fonds Deutsche Einheit" lange und heftig gestritten. Dieser Streit um Überschüsse wirkt im nachhinein wie absurdes Theater. Niemand ahnte ja, wie viel die Sanierung 60 und Privatisierung der Betriebe die Steuerzahler in West und Ost kosten würden.

Eine dritte Selbsttäuschung – und zwar in Ost und West – lautete, es genüge, Staat, Verwaltung und Gesellschaft in Ostdeutschland nach westlicher Fasson zu gestalten, und im Handumdrehen hätten sich alle Probleme und 65 alle Verteilungskonflikte gelöst. Aber eine Glücks- und Gerechtigkeitsautomatik gibt es nur in schlechten Utopien, und zudem wurde mit der Übernahme der westlichen Strukturen auch so mancher Reformbedarf des Westens zur gesamtdeutschen Frage.

Viele unserer Selbsttäuschungen über die Leichtigkeit und über die Voll- 70 kommenheit der Einheit waren nicht töricht oder gar verwerflich – sie sind sogar verständlich, weil zumeist ja so viel guter Wille und so große Hoffnungen dahinterstanden. Aber diese Selbsttäuschungen dürfen nicht unser Maßstab für die Zehnjahresbilanz der Einheit sein. Wer sich an die unermeßlichen Probleme am Beginn des Aufbauwerks erinnert und heute mit 75 offenen Augen durchs Land geht, der sieht, welche großartigen Veränderungen wir schon erreicht haben.

Das Fundament für diesen Erfolg haben alle Deutschen gelegt: Die Westdeutschen haben vor allem finanziell dazu beigesteuert. Die Bürgerinnen und Bürger in den östlichen Ländern aber haben mehr als den Solida- 80 ritätszuschlag bezahlt. Sie haben ihre Kraft und ihre Energie eingesetzt, um den Umbruch zu meistern und zu gestalten. Für sie änderte sich über Nacht fast der gesamte Alltag – vom Mietrecht bis zum Führerschein, von der Neuberechnung der Rente bis zu der verwirrenden Fülle von Verträgen und Formularen. Millionen von Menschen haben sich beruflich weiterqualifiziert 85 und neue Arbeit gesucht, wenn alte Betriebe schließen mußten; sie haben auch bei Rückschlägen nicht aufgegeben und neue Chancen – auch der Selbständigkeit – entdeckt.

(...)

Wir spüren neue Aufbruchstimmung in unserem Land. Die meisten Men- 90 schen sind offen für Erneuerung und Veränderung, wenn sie den Eindruck gewinnen, daß soziale Sicherheit und Gerechtigkeit dabei nicht auf der Strecke bleiben.

(...)

Vor allem anderen aber müssen wir kompromißlos das Menschenmögliche 95 tun gegen alle Formen der Fremdenfeindlichkeit und der Gewalt gegen Schwächere. Wir müssen das Recht achten und durchsetzen und die Gewalt ächten und verhindern. Wir feiern heute, daß keine Grenze mehr mitten durch Deutschland geht, an der auf Menschen Jagd gemacht wird. Wir dürfen nicht zulassen, daß mitten in Deutschland wieder Jagd auf Menschen gemacht wird. 100

Unsere Einheit verlangt auch Einigkeit über die Grundregeln unseres Zusammenlebens und über die Werte, die uns schützen und die wir gemeinsam schützen müssen. An erster Stelle unseres Grundgesetzes steht: „Die Würde des Menschen ist unantastbar." Wir dürfen in Deutschland keine „Zonen" zulassen, in denen Minderheiten ihres Lebens nicht sicher sein können. Unsere freiheitliche Demokratie ist stärker als manche glauben. 105

An diesem zehnten Jahrestag der deutschen Einheit können wir dankbar zurückblicken und zuversichtlich nach vorn schauen. Lassen Sie uns diesen Tag hier in Dresden und in ganz Deutschland gemeinsam feiern. Wir leben in einem Land, in dem zu leben sich lohnt.[21] 110

Weiterführende Literatur:

Duden. Reden gut und richtig halten! Ratgeber für wirkungsvolles und modernes Reden, hrsg. und bearbeitet von der Dudenredaktion in Zusammenarbeit mit Siegfried A. Huth und Frank Hatje, Mannheim, Leipzig, Wien, Zürich: Dudenverlag, 1994.
Vor allem das Kapitel zur Geschichte der Rhetorik ist sehr empfehlenswert.

Lieselotte Kinskofer/Willi Zander, *Die wirkungsvolle Rede und Präsentation*, München: TR-Verlagsunion, 2000.
Aufgebaut nach der Methode von Dale Carnegie. Das Buch ist auch für all jene gedacht, die wenig Übung darin haben, vor Publikum zu sprechen.

Schlüter Hermann, *Grundkurs der Rhetorik*, München: dtv wissenschaft, 1994.
Ein Fachbuch für alle, die sich für die klassische Rhetorik und für rhetorische Figuren interessieren.

---

[21] „Rau: Dankbar zurückblicken, zuversichtlich nach vorn schauen", *Frankfurter Allgemeine Zeitung* vom 4. Oktober 2000, S. 11.

2. DAS REFERAT

◆ Ein Referat vorbereiten und halten können
◆ Die einzelnen Schritte von der Materialsammlung bis zum Vortrag kennen lernen
◆ Den Aufbau eines Referats einüben

2

Wer gut reden will, muß erst gut nachdenken.[1]

Diese mediterrane Lebensweisheit trifft die Anforderungen an ein Referat in wenigen Worten schon ziemlich genau. Das Referat[2] ist laut *Duden* erstens eine

ausgearbeitete [Untersuchungsergebnisse zusammenfassende] Abhandlung über ein bestimmtes Thema

und zweitens ein

kurzer [eine kritische Einschätzung enthaltender] schriftlicher Bericht.[3]

Es hat also *zweierlei Aufgaben* zu erfüllen. Ein *Thema* wird vom Referenten „untersucht" (dies ist der Teil mit dem „gut nachdenken"), und im zweiten Schritt werden die *Untersuchungsergebnisse* im *mündlichen Vortrag* (jetzt kommt das „gut reden" ins Spiel) *präsentiert*.

Der *Unterschied zur Rede* besteht in der Regel darin, dass einem Referat ein *Thema* zu Grunde liegt (z.B. „Stellen Sie die wichtigsten deutschen Autoren der Romantik vor" oder „Beschreiben Sie die Grundideen des Sturm und Drang" o.Ä.). Eine Rede dagegen hat für gewöhnlich einen *Anlass* (Geburtstag, Hochzeitsfeier, Jubiläum, Dankesrede etc.). Zudem muss sie nicht in schriftlich ausgearbeiteter Form an die Zuhörerschaft verteilt werden, ein Referat (meistens) schon. Das hängt ein wenig davon ab, in welchem *Umfeld* das Referat gehalten wird. Im schulischen Bereich wird bei kurzen Referaten (etwa 15 Min.) häufig auf eine *schriftliche Ausarbeitung* verzichtet. Im außerschulischen Bereich gibt es dafür nicht unbedingt feste Regeln.

---

[1] Italienisches Sprichwort. Zitiert nach Karl Peltzer/Reinhard v. Normann, *Das treffende Zitat*, Thun: Ott Verlag, 1995, S. 488.

[2] Von lateinisch „referre" = berichten, melden, mitteilen (schriftlich oder mündlich). „Referat" (Konjunktiv Präsens, 3. Person Singular) bedeutet damit: er, sie, es möge berichten, melden, mitteilen.

[3] *Duden Deutsches Universalwörterbuch*, hrsg. und bearb. vom Wissenschaftlichen Rat und den Mitarbeitern der Dudenredaktion, Dudenverlag Mannheim/Leipzig/Wien/Zürich, 1996, S. 1228.

Das Referat stellt so etwas wie die „Eingangstür" zum Bereich des *wissenschaftlichen Arbeitens* und *Schreibens* dar. An allgemein bildenden Schulen findet sich daneben in höheren Jahrgangsstufen zumeist noch die *Facharbeit*. An der Universität schließlich werden *Hausarbeiten*, *Proseminar-*, *Hauptseminar-*, *Magister-*, *Diplom-* und *Doktorarbeiten* sowie *Habilitationen* geschrieben. Diese Bezeichnungen sind zwar unterschiedlich, die *grundlegenden Arbeitsweisen* aber letztlich dieselben.

Es geht darum, die *Aussagen*, die man zu einem Thema oder Sachverhalt macht, zu *begründen*! Und zwar mithilfe von *Argumenten*, deren *Stichhaltigkeit* vom Verfasser „abgeklopft" wurde: Man überprüft die eigene Meinung zu einem Thema oder Sachverhalt anhand von *anderen Meinungen*, *Aussagen* und *Fakten* innerhalb der *Primär-* und *Sekundärliteratur* und kommt nach *Abwägung der Argumente* zu einem *fundierten Ergebnis*. Man muss also, am besten mit harten Fakten, *beweisen* können, was man zu einem Thema sagt oder schreibt. Ein Satz wie „Meiner Meinung nach ..." macht in einem Referat erst dann Sinn, wenn anschließend ein Nebensatz mit „weil ..." folgt.

2.1   Vorbereitung des Referats

2.1.1   Überblick verschaffen

Am Anfang eines jeden Referats steht zunächst das *Thema*. In der (schulischen) Praxis werden Sie vermutlich aus einem Katalog vorgegebener Fragestellungen auswählen können. Mit etwas Glück haben Sie schon eine gewisse Ahnung von dem einen oder anderen Thema. Es kann aber auch passieren, dass Sie sich mit einem Ihnen bisher völlig unbekannten Aspekt eines Fach- oder Sachgebiets auseinander setzen müssen. In beiden Fällen empfiehlt sich trotzdem dieselbe Vorgehensweise. Verschaffen Sie sich als Erstes einen allgemeinen Überblick über Ihr künftiges „Spezialgebiet", bzw. frischen Sie Ihr Vorwissen auf.

Im Kapitel 2 des Deutschbuches *Lesen, Zappen, Surfen – Der Mensch und seine Medien* finden sich in den Lektionen „2.5 Literarische Recherche mithilfe der Printmedien" und „2.6 Bibliografieren und wissenschaftliches Arbeiten" nützliche Tipps und Hinweise zur *literarischen Recherche* und zum *Bibliografieren*. Wer nicht blättern möchte oder das Buch nicht besitzt, hier noch einmal eine kurze Übersicht weiterführender Literatur für den Beginn einer literarischen Recherche:

2

▶ *Harenbergs Lexikon der Weltliteratur. Autoren – Werke – Begriffe*, François Bondy, Ivo Frenzel, Joachim Kaiser u.a., Dortmund: Harenberg, 1989 (5 Bände).

▶ Walther Killy, *Literaturlexikon. Autoren und Werke deutscher Sprache*, Gütersloh/München: Bertelsmann Lexikon Verlag, 1988–1993 (15 Bände).

▶ *Kindlers Neues Literaturlexikon*, hrsg. von Walter Jens, München: Kindler, 1988–1992 (20 Bände + 2 Ergänzungsbände, 1998).

▶ *Reclams Romanlexikon*, hrsg. von F. R. Max und Ch. Ruhrberg, Stuttgart: Reclam Verlag, 1998–2000 (5 Bände).

▶ Herbert A. und Elisabeth Frenzel, *Daten deutscher Dichtung. Chronologischer Abriss der deutschen Literaturgeschichte*, München: dtv, 1998–1999 (2 Bände).

▶ Elisabeth Frenzel, *Stoffe der Weltliteratur*, Stuttgart: Kröner, 1998.

▶ Elisabeth Frenzel, *Motive der Weltliteratur*, Stuttgart: Kröner, 1999.

▶ Gero von Wilpert, *Sachwörterbuch der Literatur*, Stuttgart: Kröner, 1989.

In manchen dieser Standardwerke, z.B. in *Kindlers Neuem Literaturlexikon*, schließt sich an den Text zum jeweiligen Autor auch eine kleine Auswahl an Verweisen zur Sekundärliteratur an. Mit etwas Glück ist schon gleich dort ein Titel zu Ihrem gesuchten Referatsthema aufgelistet.

Nehmen wir an, Sie müssten ein Referat über den Sturm und Drang halten. Mit Frenzels *Daten deutscher Dichtung* oder Wilperts *Sachwörterbuch der Literatur* bekommen Sie schon einen recht ordentlichen Überblick, den Sie sich mit Stichworten in etwa so notieren könnten:

Literarische Epoche – 1767–1785 – überschneidet sich mit Aufklärung und Empfindsamkeit – Gegenbewegung zur Aufklärung – politisch fällt der Sturm und Drang in das Zeitalter des Absolutismus – wichtigste Vertreter z.B. Johann Wolfgang von Goethe, Johann Georg Hamann, Johann Gottfried Herder, Friedrich Schiller – Vorbild: William Shakespeare – Bevorzugte Gattung: Drama.

Ganz nebenbei finden Sie dabei auch heraus, dass „Johann" damals offenbar ein überaus beliebter Vorname für Knaben war. Wenn Sie ferner ein wenig auf die Geburtsdaten der Hauptvertreter achten, kommen Sie rasch dahinter, dass es sich beim Sturm und Drang quasi um eine „Jugendrevolte" handelte. Die intellektuellen „Halbstarken" muckten auf. Goethe, Jahrgang 1749, war zu Beginn des Sturm und Drang gerade mal 18 Jahre alt, Herder 23 und Schiller, geb. 1759, befand sich 1767 noch im besten Lateinschulalter.

Besitzt man erst mal einen gewissen Überblick über das Themengebiet, verliert sich meist auch die anfängliche Beklommenheit. Zu Beginn der Arbeit an einem Referat keine Ahnung zu haben, ist schließlich keine Schande, sondern wohl eher der Normalzustand. Spätestens wenn das Referat aber gehalten wird, sollte sich dieser Sachverhalt jedoch geändert haben.

AUFGABE

1. Verschaffen Sie sich einen Überblick über die Epoche der „Romantik" in der deutschen Literatur.

2.1.2   Die Stoffsammlung

Nun beginnt die eigentliche Hauptarbeit des Referenten. Er muss sein Thema „komprimieren", d.h. sehr *eng fassen*, um es im vorgegebenen zeitlichen Rahmen trotzdem ausführlich und informativ behandeln zu können. Um die eine oder andere (überflüssige) Information weglassen zu können, muss man allerdings zuerst eine gewisse Menge an Informationen gesammelt haben. Das Motto heißt jetzt: Lesen, lesen und nochmals lesen.

Im Idealfall ist ein Referatsthema zwar schon sehr eng gefasst, das muss aber nicht immer unbedingt der Fall sein. Theoretisch könnte Ihnen auch eine sehr umfassende Aufgabenstellung wie das oben schon erwähnte „Halten Sie ein Referat über den Sturm und Drang" begegnen. Im Zweifelsfall fragen Sie lieber beim Themensteller nach, wie er oder sie sich den inhaltlichen Schwerpunkt des Referats vorstellt, und zwar *bevor* Sie mit der Recherchearbeit anfangen!

Ist z.B. ein Überblick über eine literarische Epoche verlangt, dann machen Sie genau das und eben nichts anderes: eine zeitliche Einordnung dieser Epoche, die wichtigsten Autoren und Werke, die Grundideen, also das literarische/geistesgeschichtliche Programm der Epoche, sowie die vorherrschenden Gattungen. Geht es dagegen nur um den jungen Goethe als „Stürmer und Dränger", dann verzichten Sie auf Schiller und Herder. Ist nach den Dramen im Sturm und Drang gefragt, lassen Sie den *Werther* weg, denn dabei handelt es sich um einen Briefroman usw.

Jetzt, da Sie so in etwa wissen, wo die Referatsreise hingehen soll, können Sie einen ersten *Arbeits-* und *Zeitplan* aufstellen. Ein Viertel der verfügbaren Zeit sollten Sie für die *Materialbeschaffung* ansetzen, die Hälfte (oder mehr) für *Materialbearbeitung* und *Auswertung* und das letzte Viertel für die *Ausarbeitung*. Bei einer geplanten Arbeitsphase von 14 Tagen wären dies also vier Tage für die Literaturrecherche, sieben Tage für die Materialauswertung und drei Tage für das Verfassen des Referats.

AUFGABEN

2

Die drei nachfolgenden Referatsthemen sind für eine Vortragslänge von 15 Minuten gedacht. Überlegen Sie, auf welche wesentlichen Gesichtspunkte Sie die jeweiligen Themen eingrenzen müssten.

2. Die Romantik – Schildern Sie die Merkmale dieser literarischen Epoche.

3. Zeigen Sie die philosophischen Einflüsse der Romantik auf.

4. Stellen Sie die wichtigsten Vertreter der Romantik vor.

2.1.3 Recherchieren

Dieser Prozess kann ganz unspektakulär beginnen. Fragen Sie ruhig Ihren Telekolleg-Betreuungslehrer um Rat oder auch Freunde und Bekannte, bei denen ein begründeter Verdacht besteht, dass sie mehr als nur eine vage Ahnung vom betreffenden Fachgebiet besitzen. Um den Gang in die *Bibliothek* werden Sie in der Regel aber nicht herumkommen. Auch in den Zeiten des Internets wird es einem nicht erspart bleiben, zumindest gelegentlich die eigenen vier Wände zu verlassen, um an *Informationen* zu gelangen. *Bibliotheksbestände* lassen sich zwar erfreulicherweise inzwischen häufig online abfragen, doch zum Lesen muss man sich das entsprechende Werk immer noch in natura ausleihen.

Bibliothekskataloge lassen sich in der Regel nicht nur nach Autoren, sondern auch nach Schlag- oder Stichwörtern wie „Romantik", „Sturm und Drang" etc. durchforsten. Zu vielen Themen bieten auch Bibliografien einen einfachen Zugang. *Bibliografien* listen lediglich Buchtitel zu einem bestimmten Themengebiet auf. In der Reclam *Goethe-Bibliographie*[4] z.B. sind auf über 300 Seiten Bücher, Studien und Aufsätze über (also *nicht von*) Goethe mit Verfasser, Titelangaben etc. vermerkt. Allein das Kapitel 8 über den *Faust* umfasst 40 Seiten.

Wie viele Bücher Sie sich zu Ihrem Thema bestellen und durchlesen möchten, hängt von Ihnen ab: Erstens von Ihrem persönlichen Ehrgeiz, aber zweitens natürlich auch von dem zur Verfügung stehenden *Zeitrahmen*. In einer Woche kann

---

[4] *Goethe-Bibliographie, Literatur zum dichterischen Werk*, zusammengestellt von Helmut G. Hermann, Stuttgart: Philipp Reclam jun., 1991.

man vernünftigerweise wohl kaum mehr als drei, vier Fachbücher oder Werke der Sekundärliteratur durcharbeiten. Wohlgemerkt „durcharbeiten". Sie lesen in diesem Falle ja (leider) nicht ausschließlich zum Vergnügen. Denken Sie bei Ihrer ersten Zeitplanung auch daran, dass vermutlich manche der thematisch geeigneten Bibliotheksbücher ausgeliehen sein könnten. Außerdem muss man in größeren Bibliotheken durchaus eine Frist von zwei bis fünf Tagen von der Bestellung bis zur aktuellen Ausleihe einkalkulieren. Wenn Sie also montags mit der Literaturrecherche zu Ihrem Referat anfangen, kann es passieren, dass Sie erst am Freitag die bestellten Bücher auch wirklich in Händen halten.

Noch ein Tipp: Bestellen Sie in der Bibliothek ruhig viele (der gerade verfügbaren) Bücher zum Thema. Leider verbirgt sich hinter einem viel versprechenden Titel nicht immer auch ein ebenso viel versprechender Inhalt. Von zehn bestellten Werken eignen sich am Ende wahrscheinlich nur zwei oder drei wirklich. Und vergessen Sie nicht, die Werke, die Sie gleich als ungeeignet aussortieren, auch umgehend wieder zurückzugeben. Das gebietet die Fairness gegenüber den anderen Bibliotheksbenutzern.

AUFGABEN

Wie würden Sie die Recherche zu den folgenden Referatsthemen angehen?

5. Interpretieren Sie Annette Droste-Hülshoffs *Die Judenbuche*.

6. Schildern Sie die Wirkungsgeschichte von Goethes *Die Leiden des jungen Werthers* bis ins 20. Jahrhundert.

2.2   Auswertung des Materials

Meist zeigt schon ein Blick ins *Inhaltsverzeichnis* eines Buches, ob es nützliche Informationen zum jeweiligen Referatsthema enthält. Im Zweifelsfall lesen Sie eventuell geeignete Abschnitte oder Kapitel kurz an. Nach diesen ersten Schritten bleiben vielleicht drei, vier geeignete Werke übrig, und mit denen begeben Sie sich nun an den heimischen Schreibtisch. In den eigenen Büchern kann man nach Herzenslust Anmerkungen machen, mit einem knallgrünen Marker wichtige Sätze anstreichen oder auch Eselsohren als Merkzeichen verwenden. In Bibliotheksbüchern sollte man das tunlichst unterlassen. Also muss man sich wichtige Inhalte in diesem Fall abschreiben (auch „exzerpieren" genannt). Der erste wichtige „Inhalt" eines Buches besteht aus den *bibliografischen Angaben*, also Verfasser, Titel, Verlag, Erscheinungsort und Erscheinungsjahr, bei Aufsätzen ferner auch die

Angaben zur jeweiligen Zeitschrift. Schreiben Sie sich die bibliografischen Angaben am besten als Erstes auf, noch bevor Sie mit dem Durcharbeiten beginnen. Erfahrungsgemäß vergisst man solche Formalien nach ein paar Tagen und im unangenehmsten Fall hat man das entsprechende Buch schon wieder zurückgegeben, ohne diese Informationen vorher notiert zu haben. Die bibliografischen Angaben brauchen Sie später für den schriftlichen Teil des Referats.

Wissenschaftliches Arbeiten bedeutet nicht unbedingt, dass man nicht „abschreibt", aber man muss angeben, von wem man da abgeschrieben hat. Wissenschaftlichkeit heißt auch, die Nachprüfbarkeit für den Rezipienten zu gewährleisten. Derjenige, der eine wissenschaftliche Arbeit liest (oder korrigiert), muss die Möglichkeit haben, die Aussagen, Argumente etc. der Arbeit anhand der angegebenen Quellen zu überprüfen.

Übrigens: Falls Sie ein Referat über ein konkretes literarisches Werk halten müssen, sollten Sie natürlich den Roman, das Drama, das Gedicht etc., also die *Primärliteratur*, schon zuerst gelesen haben.

Schreiben Sie sich wichtige Textstellen aus der *Sekundärliteratur* sinngemäß heraus. Notieren Sie sich dabei vorsichtshalber immer die Seitenangabe und den Titel des Werkes dazu, aus dem Sie die entsprechende Information entnommen haben.

Wäre Ihr Referatsthema also z.B. „Ausländische Einflüsse des Sturm und Drangs" könnte ein Exzerpt (einer gelesenen Seite) aus Frenzels *Daten deutscher Dichtung* in etwa so aussehen:

Der Sturm und Drang wurde stark von den Ideen Jean-Jacques Rousseaus (1712–1778) beeinflusst. Rousseau sah Geschichte als einen unaufhaltsamen Entartungsprozess an. Ein Fortschritt der Kultur bedingt nach seiner Sicht einen einhergehenden Verfall der Sitten. „Alles ist gut, wenn es aus den Händen des Schöpfers kommt, während es unter den Händen des Menschen verdirbt" (S. 203). Deshalb seine Forderung: Zurück zur Natur! (Frenzel, Daten 1, 203)

Spätestens nach dem dritten oder vierten Buch zum Thema vergisst man leicht, aus welchem Werk die exzerpierten Textstellen stammen. Die bibliografischen Angaben können Sie bei der Stoffsammlung aus praktischen Erwägungen wie oben kürzen. „Frenzel, Daten 1, 203" bezieht sich auf Herbert A. und Elisabeth Frenzel, *Daten deutscher Dichtung. Chronologischer Abriss der deutschen Literaturgeschichte*, Band 1 – Von den Anfängen bis zum Jungen Deutschland, München: dtv, 1998, S. 203. Ein ziemlich langer Titel, um ihn jedes Mal auszuschreiben.

Ein Satz im obigen Beispiel steht in Anführungszeichen. Dies bedeutet, dass hier *wörtlich zitiert* wurde, denn diese Aussage ist sehr prägnant formuliert. Das wird man selbst kaum besser hinbekommen. Die Seitenangabe setzt man sicherheitshalber am besten gleich hinter das Zitat. So kann man sich Zeit und Nerven sparen. Denn manchmal erstrecken sich exzerpierte Passagen auch über mehrere Seiten (z.B. S. 204-206). Hat man innerhalb dieser Seiten auch wörtlich zitiert, muss man bei der schriftlichen Ausformulierung noch einmal nachschlagen. Das hält unnötig auf.

Lassen Sie sich von unbekannten Fremdwörtern oder Fachbegriffen nicht entmutigen. Das *Duden Fremdwörterbuch* und – gerade bei literarischen Themen – Gero von Wilperts *Sachwörterbuch der Literatur* oder das *Metzler Literaturlexikon*[5] helfen in so einem Falle recht gut weiter.

Versuchen Sie beim Herausschreiben der Informationen den Sachverhalt *in eigenen Worten* dazustellen. Dadurch verstehen Sie ihn besser. Ein Beispiel zur Kunstauffassung der Stürmer und Dränger im Originalzitat aus der Sekundärliteratur:

> *Der Kunstschaffende, das Genie, wurde zur Norm des Kunstwerkes. Aus seiner Perspektive, nicht mehr aus der des Kunstauffassenden, erfolgte die Wertung der Kunst. Geniale Dg. [Dichtung] war Erlebnisdg. [Erlebnisdichtung].*[6]

Versuchen Sie mal, diese Formulierung in einem Referat vorzutragen. Ihre Zuhörer würden stöhnen! Diesen Sachverhalt kann man auch einfacher mit eigenen Worten schildern, z.B. so:

*Die Autoren des Sturm und Drang fühlten sich als Genies. Sie schrieben und dichteten „aus dem Bauch heraus" und kümmerten sich nicht um literarische Regeln. Nach dem Selbstverständnis des Sturm und Drang-Autors, konnte nur das Genie, also er selbst, seine eigenen genialen Ideen beurteilen. Etwa nach dem Wahlspruch: Was **ich** denke, fühle und empfinde, ist Kunst und nicht das, was in irgendwelchen Lehrbüchern steht oder was Kritiker dafür halten.*

Sie sehen, der Sturm und Drang als klassischer Fall einer „Jugendrevolte". Weg mit dem alten Kram, her mit neuen kreativen Ideen. Was wissen schon die „alten Knacker". Goethe quasi als frühzeitiger James Dean. Vielleicht nicht gerade mit Lederjacke, Tolle und lässiger Kippe im Mundwinkel – aber doch eine Art Rebell. Machen Sie sich ruhig Ihr eigenes Bild von altehrwürdigen Schriftstellern. Das macht Literatur plötzlich sehr viel interessanter, vielleicht auch verständlicher. Auch Dichter sind nur Menschen!

---

[5] Günther und Irmgard Schweikle (Hrsg.), *Metzler Literaturlexikon: Begriffe und Definitionen*, Stuttgart: Metzler, 1990.

[6] Herbert A. und Elisabeth Frenzel, *Daten deutscher Dichtung. Chronologischer Abriß der deutschen Literaturgeschichte*, Band 1 - Von den Anfängen bis zum Jungen Deutschland, München: Deutscher Taschenbuch Verlag, 1998, S. 202.

AUFGABE

2

7. Exzerpieren Sie den folgenden Textabschnitt über den Einfluss Johann Joachim Winckelmanns (1717–1768) auf die deutsche Klassik:

> *Wesentliche Grundlagen ihres Menschenbildes und ihres Kunstverständnisses empfängt die Klassik von dem Archäologen und Kunstgelehrten Winckelmann. Schon in seinem Erstlingswerk, 'Gedanken über die Nachahmung der griechischen Werke in der Malerei und Bildhauerkunst' (1755), hält er spätbarockem 'Schwulst' die 'edle Einfalt und stille Größe' griechischer Kunstwerke entgegen. Damit meint er, daß in diesen Werken, auch wenn sie bewegt im Ausdruck sind, immer eine große, das heißt eine zur eigentlich menschlichen Individualität gebildete Seele hindurchschimmert. Diese das Kunstwerk bestimmende Idee muß der Betrachter zu erfassen suchen, statt willkürlich Einzelheiten herauszulösen.[7]*

2.3   Aufbau des Referats

Nach der Auswertung der Sekundärliteratur haben Sie vermutlich mehr Informationen, als Sie in den 15 oder 30 Minuten des Vortrages wiedergeben können. Mit ein paar einfachen Fragen, die Sie auch schon in ähnlicher Form aus Kapitel 1 über die „Rede" kennen, lässt sich die Stoffflut noch weiter in immer engere Bahnen lenken:

▶ Wie viel wissen meine Zuhörer schon über das Themengebiet? Was kann ich an Grundwissen voraussetzen?

▶ Haben alle meine Zuhörer den gleichen Wissensstand?

▶ Gibt es andere Referenten zu anderen Teilaspekten des Themengebietes? Wenn ja, wie lauten die Titel zu deren Referaten? Was kann ich dadurch als bekannt voraussetzen?

▶ Welche Gesichtspunkte meines Themas interessieren mich als Vortragenden selbst besonders? (Es ist durchaus legitim, eigene *Schwerpunkte* zu setzen.)

Mit diesen Fragen dürfte Ihre Stoffsammlung schon ein wenig zusammengeschrumpft sein. Jetzt lauten die Schlagworte *Einleitung – Hauptteil – Schluss*. Die

---

[7] Wolf Wucherpfennig, *Geschichte der deutschen Literatur. Von den Anfängen bis zur Gegenwart*, Stuttgart: Ernst Klett Verlag, 1998, S. 108.

Gliederung stellt sozusagen den „roten Faden" des Themas dar. Von A bewegen Sie sich zu B, dann zu C, zu D, zu E etc. und nicht von A gleich zu F sowie dann wieder zurück zu C, um sofort anschließend mit F und Z weiterzumachen.

Gliedern Sie ihr Referat auf einem Blatt Papier oder am PC mit einigen Stichworten. Sicher haben Sie inzwischen den „Sturm und Drang" auch schon ein wenig ins Herz geschlossen, deshalb bleiben wir bei diesem Beispielkomplex. Nehmen wir diesmal an, das Referatsthema hieße „Goethes *Götz von Berlichingen mit der eisernen Hand* als Beispiel des Sturm und Drang-Dramas".

> Mögliche Gliederung:
>
> 1. Kurze Zusammenfassung der Dramenhandlung
> 2. Grundzüge des Sturm-und-Drang-Dramas
> 3. Erläuterung dieser Theorien in der Praxis:
>   Das Drama *Götz von Berlichingen* und seine
>   Sturm-und-Drang-Elemente

Hier handelt es sich wirklich um eine sehr *grobe, erste Gliederung*, mit der man aber immerhin schon einen „Fahrplan" für das weitere Vorgehen an der Hand hat. Zu den drei übergeordneten Punkten kann man entsprechende *Unterpunkte* hinzufügen. Zum Beispiel unter dem Gliederungspunkt „2. Grundzüge des Sturm und Drang-Dramas":

> 2.1 Die Ablehnung klassizistischer Dramennormen
> 2.2 Das große Vorbild Shakespeare
> 2.3 Der Einfluss Jean-Jacques Rousseaus
> 2.4 Der Kraftkerl oder das Genie als Ideal
>   des Sturm und Drangs

Falls Sie bei den „dürftigen" drei Punkten im oberen Kästchen noch dachten, „Wie soll ich damit 15 Minuten Redezeit füllen?", sehen Sie jetzt, wie schnell sich das ändern kann. Sie müssen Ihr Thema wirklich sehr konzentrieren und eingrenzen, sonst sind Sie bei ihrem Vortrag nach zehn Minuten immer noch bei der Zusammenfassung des Drameninhalts.

2

2.3.1 Einleitung und Schluss

Die *Einleitung* sollte es schaffen, die Zuhörer für das Referatsthema zu interessieren. Vergleichen Sie dazu auch die Tipps in Lektion „1.2.2 Vorbereitung und Gliederung". Das Interesse der Zuhörer lässt sich zum Beispiel mit folgenden Methoden wecken:

> ▶ Ein aktueller Bezug zur Gegenwart
>
> ▶ Ein Scherz
>
> ▶ Eine provokante Aussage
>
> ▶ Einen Bezug zu allgemein bekannten Sachverhalten oder Ereignissen herstellen
>
> ▶ Verwendung von Bildern, Requisiten, Grafiken, Videosequenzen o.Ä. als Einstieg in das Referat[8]

Damit das nicht zu theoretisch klingt, greifen wir noch einmal den *Götz von Berlichingen* auf. Ein Vorschlag für eine mögliche Einleitung:

Um es mit den Worten meines Dramenhelden zu sagen: Leckt mich doch alle am Arsch! Hallo und guten Morgen. Ihr seht, so altmodisch sind Dramen aus dem 18. Jahrhundert gar nicht. Aber übrigens, die Sache mit dem „Am A-Punkt-Punkt-Punkt.", die ist eigentlich falsch zitiert. Der wackre Ritter Götz sagt nämlich, und ich zitiere sowohl wörtlich als auch richtig, „Sag deinem Hauptmann: Vor Ihro Kaiserliche Majestät, hab ich, wie immer schuldigen Respekt. Er aber, sags ihm, er kann mich im Arsch lecken."[9] Das ist doch ein gewaltiger Unterschied, oder? ...

Der *Schluss* des Referats rundet das Thema sozusagen ab. Auch hierzu gibt es verschiedene Möglichkeiten:

> ▶ Eine Zusammenfassung in zwei, drei Sätzen
>
> ▶ Ein Hinweis auf weitere interessante Themenaspekte
>
> ▶ Eine Kommentierung des bisher Gesagten

---

[8] Elisabeth Greef, Martin Vorhauer, Christiane von Schachtmeyer (Hrsg.), *Topfit Deutsch – Referat vorbereiten und halten*, München: Oldenbourg, 1998, S. 42 sowie Ilse-Marie Harley/Dorothee Kuß-Peters/Bruno Otte/Klaus Schleifhacken, *Sprechen, Schreiben und Gestalten. Deutsch für höhere Berufsfachschulen*, Neusäß: Kieser, 1995, S. 118–119.

[9] Johann Wolfgang von Goethe, *Götz von Berlichingen mit der eisernen Hand*, in: Karl Richter (Hrsg.), *Johann Wolfgang Goethe. Sämtliche Werke nach Epochen seines Schaffens*, Münchner Ausgabe, Band 1.1: Der junge Goethe 1757–1775, München: Carl Hanser Verlag, 1985, S. 615.

Noch einmal das *Beispiel Götz*:

Was mich persönlich an diesem Drama am meisten beeindruckt hat: Auch über 200 Jahre nach der Veröffentlichung kann man als Leser heute immer noch mit der Hauptfigur mitempfinden und mitleiden. Ein Mensch kämpft um seine Freiheit im Denken und Handeln – neben der Liebe wohl eines der Themen in der Kunst, die ewig jung bleiben werden. Und übrigens, ganz nebenbei, ist das auch der Stoff, aus dem rund 50 Prozent aller Hollywood-Filme geschnitzt sind. Danke für die Aufmerksamkeit. Das war's.

AUFGABEN

Überlegen Sie sich „zündende" Einleitungsmöglichkeiten zu diesen, zur Abwechslung einmal nicht-literarischen Themen:

8. Sinn oder Unsinn von Gewaltdarstellungen in den Medien

9. Deutschland im Aktienfieber – eine kritische Einschätzung

10. Weihnachten – das Fest der Liebe?

2.3.2   Der Hauptteil

Der Hauptteil des Referats sollte vom Umfang her auch wirklich den hauptsächlichen Anteil einnehmen. Bei unserem *Gliederungsbeispiel* wäre das also das Drama *Götz von Berlichingen* und nicht die Dramentheorie des Sturm und Drang oder Rousseaus Schriften. Behalten Sie immer Ihren „roten Faden" im Auge und denken Sie daran: Sie sollten Ihre Aussagen begründen können.

Zur *Strukturierung* einer *Argumentationskette* kann man auf einige grundlegende Muster zurückgreifen:

▶ *Vom Allgemeinen zum Besonderen (oder Ursache und Wirkung)*
Diesem Prinzip folgt die Gliederung zum *Götz* am Anfang der Lektion 2.3. Über die *Grundzüge* des Sturm-und-Drang-Dramas gelangt man im zweiten Schritt zum *konkreten Werk*.

▶ *Vom Besonderen zum Allgemeinen (oder von der Wirkung zur Ursache)*
In diesem Falle würde man das Referat genau umgekehrt aufbauen. Erst den *Spezialfall Götz* und anschließend eine Erklärung der *allgemeinen* Dramentheorie und Kunstauffassung im Sturm und Drang.

Für unser Beispiel vom *Götz von Berlichingen* käme man mit beiden Methoden zu einem gangbaren Argumentationsweg. Bei anderen Themenstellungen bieten sich auch andere Wege der Strukturierung an:

2

▶ *Chronologischer Aufbau*
Ist nicht unbedingt der spannendste Ansatz für ein Referat, funktioniert aber natürlich auch bei vielen Themen, z.B. „Der Roman im 19. Jahrhundert".

▶ *Vergleichend oder kontrastierend*
Sie könnten ihr Referat über den Ritter mit der eisernen Hand auch als Abfolge von *Beispiel* und *Gegenbeispiel* aufbauen. Dies würde aber sehr viel mehr Vorbereitungsarbeit erfordern. In diesem Fall würde man Goethes Sturm-und-Drang-Drama *in Kontrast setzen* z.B. zu klassizistischen Dramen des späten 18. Jahrhunderts sowie zu Werken der Empfindsamkeit und der Aufklärung. Wie unterschiedlich verhalten sich die Romanfiguren, welche Stilmittel oder Dramentheorien werden hier wie dort verwendet etc. Das ist ein sehr interessanter, aber eben auch sehr *aufwändiger Ansatz.*

2.4   Die Präsentation

2.4.1   Von kurzen und langen Sätzen

Ganz wichtig: Reden und schreiben ist nicht dasselbe! Es ist kein Zeichen von Intellektualität oder Bildung, wenn man genauso vorträgt, wie man schriftlich formuliert hat. Ein *Negativ-Beispiel*:

Der 1768 vom kaiserlichen Hofbaumeister Julius Anton Ebenbacher erbaute, 152 m hohe Kirchturm von Musterstadt, dessen zwei sanft gerundete Zwiebeltürme schon aus kilometerweiter Entfernung bei der Annäherung an die idyllische Kleinstadt im Harz sichtbar sind, gehört seit einer Entscheidung der UNESCO aus dem Jahre 1998 endlich zu den geschützten Kulturdenkmälern der Erde.

Dieser Satz (es ist wirklich nur einer) klingt zweifelsohne gebildet und strotzt vor Sachkunde, wäre aber in einem mündlichen Vortrag trotzdem eine absolute Katastrophe. Etwas Geschriebenes kann man so oft lesen, bis man Sinn und Inhalt verstanden hat. Als Zuhörer bekommt man keine zweite Chance. Das sollten Sie bei Ihrem Vortrag immer im Hinterkopf behalten. Müssten Sie den obigen Sachverhalt über die idyllische Zwiebelturmkirche von Musterstadt mündlich vermitteln, dann bitte lieber in kleinen Informationshäppchen:

Musterstadt ist eine idyllische Gemeinde im Harz. Die Kirche dort ist rund 240 Jahre alt und stattliche 152 m hoch. Erbaut hat sie Julius Anton Ebenbacher. Ebenbacher war damals kaiserlicher Hofbaumeister. Für alle, die es ganz genau wissen wollen, das war im Jahr 1768. Markant an der Konstruktion sind die beiden Zwiebeltürme. Und, große Freude in Musterstadt vor drei Jahren: Die UNESCO hat die Kirche zum geschützten Kulturdenkmal der Erde erklärt.

Hier fehlt jetzt auch die Bemerkung über die „weithin sichtbaren Zwiebeltürme", denn diese Information ist nun wirklich nicht unbedingt nötig. Die restlichen Inhalte sind jetzt mehrheitlich auf *kurze Aussagesätze* verteilt. Dadurch haben die Zuhörer eine größere Chance, auch etwas zu behalten. Der Satz mit der „großen Freude" ist eine elliptische Konstruktion, das Verb bzw. das Prädikat fehlt. Das Hilfsverb „sein" wird sehr häufig verwendet und für die Vergangenheitsform, außer beim Hilfsverb, taucht das Perfekt statt des Imperfekts auf – alles *Elemente der Alltagssprache*. Damit wirkt der Vortrag natürlicher. Missverstehen Sie dies aber nicht als Aufforderung zum agrammatikalischen Reden. Formulierungen wie „Der, wo ..." machen sich niemals gut, weder schriftlich noch mündlich. Aber „natürlich reden" heißt nicht unbedingt, so zu formulieren wie der *Duden*. Vergleichen Sie dazu auch Lektion „1.2.4 Die Sprache der Rede".

2.4.2   Frei reden

Halten Sie Ihr Referat *frei*, bewaffnet nur mit einem *Stichwortzettel*. Es macht nichts, wenn Sie zwischendurch vielleicht etwas ins Stocken kommen. Das ist allemal besser, als wenn Sie nur vom Blatt ablesen. Wenn Sie in Ihrem Vortrag wirklich kurzfristig nicht mehr weiter vorankommen, gibt es verschiedene Tricks und Winkelzüge:

▶ Geben Sie es zu: „Jetzt habe ich doch glatt den Faden verloren. Aber freuen Sie sich nicht zu früh, den finde ich garantiert wieder."

▶ Wiederholen Sie den vorangegangenen Satz: „Also, ich betone das noch einmal ..."

▶ Stellen Sie eine rhetorische Frage: „Wie sah das nun also aus mit der Dramentheorie im Sturm und Drang ? ..."

▶ Fassen Sie zusammen, was Sie bisher (kurz vorher) gesagt haben.

▶ Machen Sie einen Scherz

▶ Und im schlimmsten Fall bei absoluter Ratlosigkeit: Lassen Sie irgendetwas fallen, Skript, Kugelschreiber, Folie etc. Wenn Sie danach immer noch „auf dem Schlauch stehen", haben Sie sogar noch eine zweite Chance. Denn nach diesem kleinen Malheur wird sicher jeder Zuhörer Verständnis dafür zeigen, dass Sie sich anschließend erst wieder ein bisschen sammeln müssen. Versuchen Sie es dann erneut mit einem der obigen Tipps, z.B. mit einer Zusammenfassung des bisher Gesagten.[10]

---

[10] Berte Millhagen/Stefanie Thies, „Präsentationstips", in: *Berliner Informer. Die StudentInnen-Zeitung am Arbeitsbereich Informationswissenschaft der FU Berlin*, Ausgabe 4, Oktober 1994. Der Artikel ist online einsehbar unter www.inf.fu-berlin.de/~decker/informer/i04/i04-prs.html

2.4.3   Overhead, Video & Co.

Welche *Hilfsmittel* im Rahmen einer Referatspräsentation verwendet werden, hängt zunächst von den äußeren Umständen ab. Welche technischen Geräte sind am Vortragsort vorhanden? Sie können den tollsten Video-Zusammenschnitt in ein Referat integrieren, wenn Sie wollen. Was aber wenig nützt, wenn am Vortragsort kein Videorecorder samt Monitor steht. Klären Sie die vorhandenen *Präsentationsmöglichkeiten* am besten gleich bei der Themenvergabe ab, also bevor Sie kilometerlange Overheadfolien anfertigen und kubikmeterweise Flipchart-Blätter bemalen.

Alles, was dem Vortrag nützt, ist erlaubt. Allerdings ersetzt die Präsentation nicht den Inhalt. Der Bauhaus-Grundsatz „Die Form folgt der Funktion"[11] gilt auch hier.

AUFGABE

11. Überlegen Sie sich einige Hilfsmittel bei der Präsentation der Themen aus den Aufgaben 8, 9 und 10.

2.5   Die schriftliche Ausarbeitung

Nach der mündlichen Präsentation wird ein Referat in der Regel schriftlich ausgearbeitet. Das heißt, es wird entweder mit der Schreibmaschine zu Papier gebracht oder – moderner – mithilfe eines Textverarbeitungsprogramms am PC erstellt, und zwar im DIN-A4-Format. Beim *schriftlichen Formulieren* sollten Sie im Gegensatz zum mündlichen Vortrag durchaus wie ein *Duden* „klingen". *Umgangssprachliche Nachlässigkeiten*, die einen Vortrag natürlicher wirken lassen, haben hier nichts mehr zu suchen.

Fremdes Gedankengut müssen Sie in einer wissenschaftlichen Arbeit *kenntlich machen*, z.B. mit Formulierungen wie „Nach Frenzels *Sachwörterbuch der Literatur* ist der Sturm und Drang als Gegenbewegung zur vernunftbetonten Aufklärung zu verstehen …". Damit man sich nicht ständig wiederholen muss, kann man zentrale Quellen quasi überschriftsartig nennen: „Im Weiteren folgen die Angaben zur Theorie des Sturm und Drang Frenzels *Daten deutscher Dichtung* …".[12] Wenn Sie in Ihrem Referat andere Autoren zitieren, dann entweder sinngemäß oder wörtlich. „Wörtlich" heißt aber auch wörtlich. Auslassungen in einem wörtlichen Zitat müssen Sie durch Klammern „(...)" kennzeichnen.

---

[11] Vgl. Lieselotte Kinskofer/Stefan Bagehorn, *Lesen, Zappen, Surfen*, S. 147–168.

[12] Zum Thema „Zitieren" sei auch auf die Lektion „2.6 Bibliografieren und wissenschaftliches Arbeiten" in dem Band *Lesen, Zappen, Surfen* hingewiesen.

Vergessen Sie nicht, vor dem eigentlichen Referatstext ein *Deckblatt* mit Ihrem Namen, Angaben zum Kurs oder Seminar und dem Referatstitel sowie dem Datum einzufügen. Ans Ende der Arbeit gehört ein *Literaturverzeichnis*, in dem Sie Ihre *Quellen* (Primär- und Sekundärliteratur) mit den korrekten bibliografischen Angaben aufführen: Verfasser, Titel, evtl. Auflagen, Erscheinungsort, Verlag, Jahr. Bei Zeitschriftenaufsätzen müssen neben Verfasser und Titel der Name der Zeitschrift, die Heftnummer, der Jahrgang und die jeweilige(n) Seite(n) vermerkt werden.

Zum Schluss dieses Kapitels kommen wir noch einmal zurück zum mündlichen Teil des Referats. Wie Sie einen Redevortrag richtig gestalten, wissen Sie jetzt. Wie Sie es besser nicht machen sollten, hat selten jemand so amüsant und bissig formuliert wie Kurt Tucholsky:

"   *Ratschläge für einen schlechten Redner*

Fang nie mit dem Anfang an, sondern immer drei Meilen vor dem Anfang! Etwa so:

„Meine Damen und meine Herren! Bevor ich zum Thema des heutigen Abends komme, lassen Sie mich Ihnen kurz ..."

Hier hast du schon ziemlich alles, was einen schönen Anfang ausmacht: eine steife Anrede; der Anfang vor dem Anfang; die Ankündigung, daß und was du zu sprechen beabsichtigst und das Wörtchen 'kurz'. So gewinnst du im Nu die Herzen und die Ohren der Zuhörer.

Denn das hat der Zuhörer gern: daß er deine Rede wie ein schweres Schulpensum aufbekommt; daß du mit dem drohst, was du sagen wirst, sagst und schon gesagt hast. Immer schön umständlich!

Sprich nicht frei – das macht einen so unruhigen Eindruck.

Am besten ist es: du liest deine Rede ab. Das ist sicher, zuverlässig, auch freut es jedermann, wenn der lesende Redner nach jedem viertel Satz mißtrauisch hochblickt, ob auch noch alle da sind.

Wenn du gar nicht hören kannst, was man dir so freundlich rät, und du willst durchaus und durchum frei sprechen ... du Laie! Du lächerlicher Cicero! Nimm dir doch ein Beispiel an unseren professionellen Rednern, an den Reichstagsabgeordneten – hast du die schon mal frei sprechen hören? Die schreiben sich sicherlich zu Hause auf, wann sie „Hört! hört!" rufen ... ja, also wenn du denn frei sprechen mußt:

Sprich, wie du schreibst. Und ich weiß, wie du schreibst.

Sprich mit langen, langen Sätzen – solchen, bei denen du, der du dich zu Hause, wo du ja die Ruhe, deren du so sehr benötigst, deiner Kinder ungeachtet, hast, vorbereitest, genau weißt, wie das Ende ist, die Nebensätze schön ineinandergeschachtelt, so daß der Hörer, ungeduldig auf seinem Sitz hin und her träumend, sich in einem Kolleg wähnend, in dem er früher so gern geschlummert hat, auf das Ende solcher Periode wartet ... Nun, ich habe dir eben ein Beispiel gegeben. So mußt du sprechen.

Fang immer bei den alten Römern an und gib stets, wovon du auch sprichst, die geschichtlichen Hintergründe der Sache. Das ist nicht nur deutsch – das tun alle Brillenmenschen. Ich habe einmal in der Sorbonne einen chinesischen Studenten sprechen hören, der sprach glatt und gut französisch, aber er begann zu allgemeiner Freude so: „Lassen Sie mich in aller Kürze die Entwicklungsgeschichte meiner chinesischen Heimat seit dem Jahre 2000 vor Christi Geburt ...“ Er blickte ganz erstaunt auf, weil die Leute so lachten.

So mußt du das auch machen. Du hast ganz recht: man versteht es ja sonst nicht, wer kann denn das alles verstehen ohne die geschichtlichen Hintergründe ... sehr richtig! Die Leute sind doch nicht in deinen Vortrag gekommen, um lebendiges Leben zu hören, sondern das, was sie auch in den Büchern nachschlagen können ...

sehr richtig! Immer gib ihm Historie, immer gib ihm.

Kümmere dich nicht darum, ob die Wellen, die von dir ins Publikum laufen, auch zurückkommen – das sind Kinkerlitzchen. Sprich unbekümmert um die Wirkung, um die Leute, um die Luft im Saale; immer sprich, mein Guter. Gott wird es dir lohnen.

Du mußt alles in die Nebensätze legen. Sag nie: „Die Steuern sind zu hoch.“ Das ist zu einfach. Sag: „Ich möchte zu dem, was ich soeben gesagt habe, noch kurz bemerken, daß mir die Steuern bei weitem ...“ So heißt das.

Trink den Leuten ab und zu ein Glas Wasser vor – man sieht das gern. Wenn du einen Witz machst, lach vorher, damit man weiß, wo die Pointe ist.

Eine Rede ist, wie könnte es anders sein, ein Monolog. Weil doch nur einer spricht. Du brauchst auch nach vierzehn Jahren öffentlicher Rednerei noch nicht zu wissen, daß eine Rede nicht nur ein Dialog, sondern ein Orchesterstück ist: eine stumme Masse spricht nämlich ununterbrochen mit. Und das mußt du hören. Nein, das brauchst du nicht zu hören. Sprich nur, lies nur, donnere nur, geschichtele nur.

Zu dem, was ich soeben über die Technik der Rede gesagt habe, möchte ich noch kurz bemerken, daß viel Statistik eine Rede immer sehr hebt. Das beruhigt ungemein, und da jeder imstande ist, zehn verschiedene Zahlen mühelos zu behalten, so macht das viel Spaß.

Kündige den Schluß deiner Rede lange vorher an, damit die Hörer vor Freude nicht einen Schlaganfall bekommen. (Paul Lindau hat einmal einen dieser gefürchteten Hochzeitstoaste so angefangen: „Ich komme zum Schluß.") Kündige den Schluß an, und dann beginne deine Rede von vorn und rede noch eine halbe Stunde. Dies kann man mehrere Male wiederholen.

Du mußt dir nicht nur eine Disposition machen, du mußt sie den Leuten auch vortragen – das würzt die Rede.

Sprich nie unter anderthalb Stunden, sonst lohnt es gar nicht erst anzufangen. Wenn einer spricht, müssen die anderen zuhören – das ist deine Gelegenheit. Mißbrauche sie![13]

Weiterführende Literatur:

Klaus Poenicke, *Die schriftliche Arbeit. Materialsammlung und Manuskriptgestaltung für Fach-, Seminar- und Abschlussarbeiten an Schulen und Universität*, Mannheim u.a.: Bibl. Institut (Duden), 1989.
Angenehm knapp im Umfang (32 S.). Poenickes Buch zielt zwar hauptsächlich auf die Nutzung im Studium ab, aber die Tipps zur Materialsammlung und -sortierung sowie die Hinweise zum richtigen Bibliografieren lassen sich auch für die Anfertigung eines Referats gut verwenden.

Helmut Erwert/Karl-Josef Weiß/Manfred Burbiel, *Sprache und Text. Ein Lehr- und Arbeitsbuch für den Deutschunterricht der Sekundarstufe II*, Bad Homburg vor der Höhe: Verlag Dr. Max Gehlen, 1985.
Ein sehr ausführliches Werk (256 S.) aus der Schulpraxis. Im Mittelpunkt stehen Kapitel zum mündlichen und schriftlichen Sprachgebrauch. Nicht ganz pflegeleicht für den privaten Gebrauch, denn der „Arbeitsbuch"-Anteil ist relativ hoch, d.h. fast jeder Textabschnitt wird von einem ausführlichen Fragenkatalog begleitet. Die Antworten zu den Fragen sind leider nicht im Buch enthalten. Dennoch ganz informativ durch die Nähe zum Schulalltag.

Wolf Schneider, *Deutsch für Profis. Wege zum guten Stil*, vollständige Taschenbuchausgabe, München: Goldmann Verlag, 1999.
Der langjährige Leiter der Hamburger Journalistenschule erläutert detailliert, wie man nicht nur gut, sondern auch verständlich und korrekt schreibt.

Lieselotte Kinskofer/Willi Zander, *Die wirkungsvolle Rede und Präsentation*, München: TR-Verlagsunion, 2000.
Das Begleitbuch zur gleichnamigen Fernsehreihe auf BR-alpha. In einem Acht-Stufen-Modell wird gezeigt, wie man eine ansprechende Rede halten kann.

---

[13] Kurt Tucholsky, *Ausgewählte Werke*, Band 1, Reinbek: Rowohlt, 1965, S. 187–189.

3. DIE DISKUSSION

3

Lernziele

◆ Die Funktion des Diskussionsleiters kennen lernen
◆ Sich die Regeln einer Diskussion vergegenwärtigen
◆ Grundzüge des Argumentierens erfahren

*Eine Diskussion ist unmöglich mit jemandem, der vorgibt,
die Wahrheit nicht zu suchen, sondern schon zu besitzen.*[1]

Wenn zwei, drei, vier oder mehr Personen miteinander reden, ist das eine *Unterhaltung*. Wenn dieselbe Gruppe über ein bestimmtes Thema redet, ist das immer
noch eine Unterhaltung. Reden schließlich alle über dasselbe Thema, und zwar
indem Sie ihre Aussagen dazu auch *argumentativ begründen*, dann kann man allmählich von einer *Diskussion* sprechen.

Die Begriffe „Diskussion" oder „diskutieren" verwenden wir sehr häufig im Alltag. Nicht immer verbirgt sich dahinter auch wirklich eine „echte" Diskussion.
„Diskussion" ist zum einen ein Fachbegriff für ein

*[unter der Führung eines Diskussionsleiters stattfindendes, in bestimmter Form
ablaufendes] Gespräch*

und zum anderen eine alltägliche Umschreibung für eine

*Auseinandersetzung zwischen einzelnen Personen über bestimmte, sie ange-
hende Fragen.*[2]

Wie das Zitat zu Anfang des Kapitels andeutet, gehört zu einer Diskussion zudem
die Bereitschaft, sich mit *Argumenten*, die *nicht* unbedingt der *eigenen Meinung*
entsprechen, auseinander zu setzen. Mit jemandem, der sowieso glaubt, dass er
immer Recht hat, kann man nicht „diskutieren", sondern bestenfalls *streiten*.

---

[1] Romain Rolland, *Au-dessus de la mêlée*, zitiert nach Karl Peltzer/Reinhard v. Normann, *Das treffende Zitat*, Thun: Ott Verlag, 1995, S. 120f. Rolland (1866-1944) erhielt 1915 den Nobelpreis für
Literatur.
[2] *Duden Deutsches Universalwörterbuch*, hrsg. und bearb. vom Wissenschaftlichen Rat und den Mitarbeitern der Dudenredaktion, Dudenverlag Mannheim/Leipzig/Wien/Zürich, 1996, S. 349f.

Eines der am weitesten verbreiteten Missverständnisse in Sachen „Diskussion" – und das gilt für beide oben angeführte Definitionen – besteht darin, dass viele Teilnehmer der Ansicht sind, dass es um „Gewinnen" oder „Recht haben" geht. Diese latente Grundannahme erklärt ein wenig die fast *symbiotische Verbindung* von Diskussion und Streit. In Wahrheit geht es in einer Diskussion aber ums *Begründen*. Im quasi paradiesischen *Idealfall* diskutieren die Teilnehmer auch *miteinander* und nicht „gegeneinander".

In Diskussionen sind sehr häufig *Meinungen* im Spiel, und wo Meinungen aufeinander prallen, geht die *Vernunft* als Erste in Deckung. Leider bestehen auch zum Thema „Meinung" bei vielen Menschen etwas sonderbare Ansichten. „Meinung" und „Wahrheit" sind zweierlei. Eine „Meinung" ist laut *Duden* eine „persönliche Ansicht".[3] Die „Wahrheit" wiederum ist etwas allgemein Verbindliches. „Persönlich" und „allgemein verbindlich" sind nun aber sehr unterschiedliche Begriffe, die man in einer Diskussion auseinander halten sollte. Was es mit Meinungen auf sich hat, hat der Wiener Fußball-Trainer Ernst Happel einmal treffend formuliert: „Wenn man der eigenen Meinung einmal richtig nachgeht, trifft man meistens auf eine bessere."[4]

---

[3] *Duden Deutsches Universalwörterbuch*, S. 1004.
[4] Zitiert nach Karl Peltzer/Reinhard v. Normann, *Das treffende Zitat*, S. 409.

3.1 Die Diskussionsleitung

An dieser Stelle sei noch einmal erwähnt: eine Diskussion ist ein „Miteinander" und kein „Gegeneinander". In der *organisierten Form* einer Diskussion (auch *„Plenumsdiskussion"* genannt) wacht ein *Diskussionsleiter* über die *Einhaltung der Regeln*. Im *privaten* Rahmen muss man sich auf die *Fairness* der jeweiligen Teilnehmer verlassen.

Eine Diskussion findet zu *einem* bestimmten, *vorgegebenen Thema* statt. Aus eigener Erfahrung wissen Sie aber vielleicht, dass sich viele Teilnehmer auf wundersame Weise schon nach kurzer Zeit nicht mehr an diese simple Vorgabe erinnern: „Es passt zwar nicht zum Thema, aber da wir gerade dabei sind, das wollte ich immer schon mal sagen ..."

3

3.1.1 Aufgaben des Diskussionsleiters: die Diskussionseröffnung

Eine ganz wichtige Aufgabe des Diskussionsleiters besteht darin, das Gespräch im vorgegebenen *Themenrahmen* zu halten. Er eröffnet die Diskussion mit einem *einleitenden kurzen* Vortrag oder Referat, das die zu klärende Problematik beschreibt, abgrenzt und definiert.

Ein *Beispiel* aus einer Diskussionssendung im Bildungskanal des Bayerischen Fernsehens, BR-alpha, zum Thema „Lifestyle-Medikamente". Moderator war Stefan Scheider:

> **Scheider:** *Niemand kann immer nur 17 sein, bereits mit 30 Jahren beginnen viele, die ausgefallenen Haare im Waschbecken zu zählen; nicht wenige zählen schon mit 40 die überflüssigen Pfunde; ja, und mit 50, wenn wir schon davon sprechen, steht der Liebhaber auch nicht mehr immer seinen Mann – zumindest nicht auf Knopfdruck. Mit einem Wort: Wir werden alle älter und alle ein bisschen gebrechlicher.*
>
> *Genau hier fängt das heutige Alpha-Forum-Wissenschaft an, herzlich willkommen, meine Damen und Herren. Unser Thema lautet heute: „Lifestyle-Medikamente". Das sind also Mittel, die genau das an- oder abstellen, was uns so ein bisschen jugendlich macht. Wir werden hier z.B. ganz sachlich über Viagra sprechen, wir werden aber auch über den Haarwuchs aus der Dose oder über die Diät zum Schlucken reden. Und das klingt, das gebe ich zu, ein klein wenig nach Boulevard, aber das ist wirklich streng wissenschaftlich und wirtschaftlich untermauert durch unsere Runde hier im Studio. Ich darf Ihnen unsere Teilnehmer nun im Einzelnen vorstellen ...*[5]

---

[5] Eine Sendung von BR-alpha, 9. August 2000, 20.15 Uhr, (Erstsendung 9. Februar 2000). Zitiert nach www.br-online.de/alpha/forum/vor0008/20000809_i.html

Diese Diskussionseröffnung fand im Rahmen einer *Fernseh-Diskussionrunde* statt. In einem solchen Fall wendet sich der Diskussionsleiter natürlich nicht nur an die Diskussionsteilnehmer, sondern besonders auch an die *Fernsehzuschauer*. Bei Diskussionen z.B. im beruflichen Bereich gibt es selbstverständlich kein Publikum, für das Sie die Diskussion aufbereiten müssten. Dennoch sind auch beim „Eigenbedarf" *Einleitungen* notwendig, zur *Einstimmung* und *Vorbereitung* auf die folgende Diskussion. Man trifft schließlich nicht zusammen und redet dann einfach drauflos, sondern man wartet auf ein ordentliches „Startsignal". Lassen Sie sich also hier nicht vom TV-Stil verwirren, die Regeln für die Diskussionseröffnung sind für Fernsehen und Eigenbedarf im Grunde die gleichen.

Der Moderator steigt nicht sofort hart in das Thema ein, sondern er beginnt mit einer sich steigernden Aufzählung von Beispielen, die das Thema *bildhaft illustrieren*. Schließlich stellt er das Thema „Lifestyle-Medikamente" konkret vor und *erläutert* den Begriff, der vielen Zuschauern bisher unbekannt gewesen sein dürfte. Auch die Bemerkung über den wissenschaftlichen Charakter des Gespräches dient noch der näheren *Themenbestimmung*. Über Viagra & Co. soll also wissenschaftlich fundiert und nicht „boulevardesque" gesprochen werden.

> Das Thema wird also
>
> ▶ anhand von Beispielen *illustriert*
>
> ▶ dann wird es *genannt*
>
> ▶ und abschließend *konkretisiert*

Stefan Scheider hat für seine Einleitung einen vergleichsweise lockeren, leicht ironischen *Stil* gewählt. An den Formulierungen „Wir werden hier z. B. ganz *sachlich* über Viagra sprechen ... *streng wissenschaftlich* ..." sieht man, dass er sich dessen wohl bewusst ist und im letzten Einleitungsdrittel versucht, die Diskussion trotzdem als „seriös" zu definieren. Er erlaubt sich diesen Stil, da das Thema „Lifestyle-Medikamente" nicht ganz so ernst ist, wie z.B. die Osterweiterung der Europäischen Union.

Falls Sie aber selbst einmal die Rolle des Diskussionsleiters übernehmen müssen (dürfen, sollen), überlegen Sie sich gut, ob und wie Sie Ihre Einleitung mit ironischen Formulierungen ausgestalten wollen. Ironie zeigt dem Zuhörer an, dass Sie dem Thema innerlich distanziert gegenüber stehen. Etwas populärer fomuliert: Es deutet an, dass Sie die Sache nicht ganz so ernst nehmen. Denken Sie beim Ausarbeiten einer Eröffnung darüber nach, ob Sie diesen Eindruck wirklich vermitteln möchten.

Zum Vergleich ein *Beispiel* für eine eher sachlich gehaltene Einführung zu dem Thema „Muss sich Europa in alles einmischen", Moderator war Ruthart Tresselt:

Tresselt: *(...) Unser Thema lautet heute: Muss sich Europa eigentlich in alles einmischen? Welche Rolle werden die Regionen und Nationen in der EU künftig spielen? Kommt es vielleicht gar zu einem europäischen Bundesstaat?*

Dazu begrüße ich meine Gesprächspartner, die beiden Vizepräsidenten des Europaparlaments Dr. Ingo Friedrich von der CSU und Dr. Gerhard Schmid von der SPD. Beide sind – was für ein Glück wir doch haben – von Bayern aus ins Europaparlament gewählt worden. Auf journalistischer Seite unterstützt mich Ernst Fuchs, der stellvertretende Chefredakteur der „Passauer Neuen Presse". Viele Fragen und auch Probleme werden derzeit in Europa diskutiert. Dabei sind gerade erst einmal zehn Jahre seit dem Überwinden der Spaltung in Europa vergangen. Heute geht es nun an die Osterweiterung: Aus Feinden wurden bzw. werden Freunde. Außerdem wird auch eine so genannte Grundrechtecharta für Europa heftig diskutiert.

Da stellen sich mir doch gleich zwei Fragen: Ist diese Grundrechtecharta ein Baustein auf dem Weg zu einer gemeinsamen europäischen Verfassung? Als zweite Frage stellt sich mir folgendes Problem: Von wo aus werden wir eigentlich in Zukunft regiert werden? Von München aus, von Berlin aus oder doch von Brüssel bzw. Straßburg aus?

Friedrich: *Mit der zweiten Frage beginnend würde ich sagen ...*[6]

Diese Einleitung ist sehr *sachlich* gehalten. Das *Thema* wird sofort genannt und durch Fragebeispiele *inhaltlich erläutert*. Die Fragebeispiele *erläutern* das Thema *inhaltlich*. Der Moderator stellt dann die Teilnehmer der Runde vor. Die Betonung der „patriotischen" Komponente („Beide sind – was für ein Glück wir doch haben – von Bayern aus ...") stellt die einzige Abweichung vom sachlich-nüchternen Stil dar.

Danach nennt Tresselt einige Fakten und Zahlen, was zum einen *Fachkompetenz* ausdrückt und zum anderen eine *Serviceleistung* für die Zuschauer darstellt, die sich mit dem Thema möglicherweise nicht so genau auskennen. Mit zwei abschließenden Fragen leitet er die Diskussion ein.

Eine *scherzhafte Bemerkung* oder eine *pointierte Formulierung* können übrigens durchaus auch einen sachlichen Vortrag schmücken. Dabei sollte dieser Anflug von Humor aber *originell* sein und dem *Thema dienen*. In dieser Hinsicht ist unser Beispiel also nicht als Vorbild zu verstehen.

---

[6] Eine Sendung von BR-alpha, 3. November 2000, 20.15 Uhr. Zitiert nach www.br-online.de/alpha/forum/vor0011/20001103_i.html

3.1.2 Weitere Aufgaben des Diskussionsleiters

Neben der Erläuterung und Hinführung zum Thema muss der Diskussionsleiter weitere wichtige Aufgaben erfüllen:[7]

 Kontrolle des zeitlichen Rahmens:
Ist für eine Diskussion eine bestimmte *Dauer* veranschlagt, muss der Diskussionsleiter für die *Einhaltung dieser Vorgaben* sorgen. Dies betrifft nicht nur Eckdaten wie den pünktlichen Beginn und das pünktliche Ende des Gesprächs, sondern auch eine *ausgewogene Verteilung der Redezeiten* auf die Teilnehmer. Man sollte also zumindest eine Armbanduhr dabei haben.

 Rededisziplin gewährleisten:
Die Teilnehmer sollten möglichst *nacheinander* und nicht gleichzeitig ihren Beitrag zur Diskussion leisten. Wenn Sie möchten, können Sie formale Zeichen für eine Wortmeldung festlegen, z.B. das Heben der Hand. Erinnert Sie das zu sehr an die Schulzeit, können Sie auch versuchen, der Diskussion ihren natürlichen Lauf zu lassen. Wenn das Gespräch dann aber ins Stocken gerät, wenn sich ein Streit anbahnt oder ein Wortbeitrag zum Monolog ausartet, müssen Sie regulierend eingreifen.

 Sprachdisziplin einhalten:
Dies ist eigentlich ein Unterpunkt zur Rededisziplin. Achten Sie auf *verbale Fairness* und *Sachlichkeit*. Sie sollten nun nicht jede Wortmeldung schulmeisterlich kommentieren, aber verbale Attacken dürfen Sie schon rügen. Nicht alle Teilnehmer einer Gesprächsrunde können gleich gut reden. *Greifen* Sie *helfend ein*, falls ein Diskutant ins Stocken kommt oder den Faden verliert. Im Zweifelsfall erläutern Sie in Ihren Worten noch einmal den Kern des Gesagten.

 Themendisziplin wahren:
Eine sehr wichtige Aufgabe des Diskussionsleiters. Er oder sie hält den „roten" Faden eisern in seiner Hand. Dazu sollte man sich im betreffenden Themengebiet möglichst *gut auskennen*. Das erleichtert die Beantwortung der inneren Frage, ob ein Wortbeitrag nun zum Thema passt oder nicht. Im Bedarfsfall sollte man als Diskussionsleiter auch in der Lage sein, dem Gespräch *neue Impulse* zu geben, also *neue Teilaspekte* zur Diskussion anzubieten, zwischendurch *wichtige Gesprächsinhalte zusammenzufassen* oder bisher aufgegriffene *Argumente* zu *gewichten*.

---

[7] Vgl. Aßmann/Emmert/Haberkorn/Klausmann, *Mit Sprache. Deutschbuch für Berufsoberschulen und Fachoberschulen*, Neusäß: Kieser Verlag, 1998, S. 52.
Vgl. auch Helmut Ewert, Karl-Josef Weiß, Manfred Burbiel, *Sprache und Text. Ein Lehr- und Arbeitsbuch für den Deutschunterricht der Sekundarstufe II*, Bad Homburg: Verlag Dr. Max Gehlen, 1985, S. 82.

Schlussresümee ziehen:
Am Ende der Diskussion sollte ein *Fazit* des Diskussionsleiters stehen. Greifen Sie *kurz* die *zentralen Argumente* auf, beschreiben Sie deren *Gewichtung* von Seiten der Teilnehmer im Verlauf des Gesprächs und versuchen Sie, ein *abschließendes Ergebnis* zu formulieren.

Als *Beispiel* das Schlussfazit von Ruthart Tresselt aus der Diskussion über die Kompetenzen des vereinten Europa:

3

> *Tresselt: (...) Unser Thema war heute: „Muss sich Europa in alles einmischen?"*
> *Die Antwort – und ich glaube schon, dass das Konsens ist – lautete eindeutig*
> *Nein. Nötig sind stattdessen klarere Kompetenzabgrenzungen, nötig sind mehr*
> *Transparenz und wohl auch mehr Demokratie. Ich danke meinen Gesprächs-*
> *partnern, dass sie bei uns waren: den beiden Vizepräsidenten des Europapar-*
> *laments, Dr. Ingo Friedrich und Dr. Gerhard Schmid, und meinem Journalisten-*
> *kollegen Ernst Fuchs. (...)*[8]

AUFGABE

1. Suchen Sie sich eines der folgenden Themen aus. Versuchen Sie nun, den Part des Diskussionsleiters auszufüllen und schreiben Sie eine kurze Einleitung für eine Diskussion.

   Überlegen Sie vorher, ob und aus welchen Gründen Sie eher einen nüchternen oder einen unterhaltsamen Einstieg wählen wollen.

   A Totgesagte leben länger – Diskutieren Sie die Rolle des Buches im 21. Jahrhundert.

   B Der Menschen-Zoo: Diskutieren Sie die Rolle der Nachmittags-Talkshows im Fernsehen.

   C Die Rechtschreibreform – Sinn oder Unsinn?

---

[8] BR-alpha, 3. November 2000, 20.15 Uhr. Zitiert nach www.br-online.de/alpha/forum/vor0011/20001103_i.html

3.2   Die Vorbereitung auf die Diskussion

Damit eine Diskussion so effektiv wie möglich verlaufen kann, sollten sich *alle* Beteiligten darauf vorbereiten, nicht nur der Diskussionsleiter. Dieser hat jedoch die umfangreichste Vorarbeit zu leisten. Wie in Lektion „3.1.1 Aufgaben des Diskussionsleiters: die Diskussionseröffnung" beschrieben, kann der Diskussionsleiter zur Einführung in das Thema ein Kurzreferat halten.[9] Er kann aber auch vorab ein Thesenpapier für die Diskussionsteilnehmer anfertigen.[10] Der *Duden* definiert die These als

> *behauptend aufgestellter Satz (...), der als Ausgangspunkt für die weitere Argumentation dient (...)*[11]

Ein Thesenpapier macht nun nichts weiter, als in schriftlicher Form Behauptungen anzuführen. Dies klingt zunächst zwar nicht nach einer großen *Diskussionshilfe*, aber Sie sollten den „kleinen Bruder" der Inhaltsangabe nicht unterschätzen. Der Vorteil liegt in der *inhaltlichen Kürze* und der *Konzentration auf das Wesentliche*. Erkenntnisse, Meinungen oder Aussagen werden in Form von *plakativ formulierten Behauptungen* zusammengefasst.

Der Diskussionsleiter präsentiert den Teilnehmern in schriftlicher Form (meistens eine DIN-A4-Seite) eine „Materialgrundlage" für die anschließende Diskussion. Dabei führt er *unterschiedliche Thesen* an, die als *Ausgangspunkt* für eine argumentative Auseinandersetzung dienen könnten. Zwei Umstände sollte man als Verfasser eines Thesenpapiers aber immer berücksichtigen:

> *Überlegen Sie sich (...) gut, ob die Thesen argumentativ auch haltbar sind. Überlegen Sie sich mögliche Einwände und was sich darauf antworten lässt.*[12]

Das Zitat bezieht sich speziell auf den universitären Rahmen. Dort wird unter Umständen zusätzlich zu einer schriftlichen Seminararbeit die Vorstellung der Inhalte in Thesenform verlangt. Als Diskussionsleiter „leiten" Sie nun lediglich die Diskussion, sie führen Sie nicht. Dennoch empfiehlt es sich, bei der Zusammenstellung der Thesen die beiden obigen Überlegungen anzustellen. Es macht wenig Sinn, Behauptungen zu formulieren, über die sich nicht diskutieren lässt, weil sie z.B. faktisch unrichtig sind („Die Erde ist eine Scheibe").

---

[9] Zu den grundsätzlichen Anforderungen an ein Referat vgl. Kapitel „2. Das Referat".

[10] Vgl. zur Anfertigung eines Thesenpapiers: Aßmann/Emmert/Habekorn/Klausmann, *Mit Sprache*, S. 150–154.

[11] *Duden Deutsches Universalwörterbuch*, S. 1532.

[12] Heiner Boehncke, *Schreiben im Studium. Vom Referat bis zur Examensarbeit*, Niederhausen/Ts.: Falken Verlag, 2000, S. 131.

Ein Thesenpapier erfordert, ebenso wie alle anderen Spielarten wissenschaftlichen Arbeitens, eine *vorangehende Recherche*. Diese muss nun nicht so umfangreich wie für ein Referat ausfallen, aber ein gewisses *Einlesen ins Thema* ist auch hier erforderlich.

Als *Beispiel* hier ein Auszug aus einem theaterpolitischen Thesenpapier des Deutschen Bühnenvereins, das sich für eine Beibehaltung der staatlichen Subventionierung des Theaterbetriebs in Deutschland ausspricht:[13]

1. *Artikel 5 Grundgesetz garantiert die Freiheit der Kunst. Er schließt damit die Einflußnahme des Staates auf die Inhalte der Kunst aus, verpflichtet den Staat aber gleichzeitig zu ihrer Pflege und Förderung. Theaterstrukturen haben diesen grundgesetzlichen Anforderungen Rechnung zu tragen.*

2. *Theater bedarf als öffentliche Aufgabe der öffentlichen Finanzierung. Daraus ergibt sich insgesamt die Verpflichtung der für die Kultur zuständigen Bundesländer und ihrer Kommunen, zur Pflege und Förderung der Theater und Orchester ausreichende Finanzmittel zur Verfügung zu stellen. Bei aller Notwendigkeit zur Rationalisierung und zur Sparsamkeit darf Theater nicht Marktgesetzen ausgeliefert werden. Denn die Folge wäre eine der grundgesetzlich garantierten Kunstfreiheit nicht mehr gerecht werdende Verflachung der Inhalte und ästhetischen Formen.*

3. *Jedes Theater muß mit eigenem künstlerischen Profil sein eigenes Publikum finden. Erst dies sichert eine vielfältige, lebendige, in der Gesellschaft verankerte Theaterkunst.*

4. *Theater sind für Städte und Gemeinden, Länder und Regionen von zentraler kulturpolitischer, aber auch wirtschaftlicher Bedeutung.*

   ▶ *Das Theater ist einer der wenigen noch vorhandenen kommunalen öffentlichen Versammlungsorte der am Gemeinwesen interessierten Bürgerinnen und Bürger, ein Denk- und Erlebnisraum.*

   ▶ *In der Wirtschaftsstruktur ist die kulturelle Attraktivität eines Standortes durch ein vorhandenes anspruchsvolles Freizeitangebot ein bedeutender Infrastrukturfaktor. Hierbei bildet vor allem das Theater ein qualitatives Gegengewicht zu den beliebigen, zunehmend kommerzialisierten Angeboten der Unterhaltungsindustrie.*

   ▶ *Theater ist ein Wirtschaftsfaktor, der zu Einnahmen in unterschiedlichen Bereichen führt, die indirekt auch der öffentlichen Hand zugute kommen. Theaterausgaben zahlen sich aus.*

---

[13] „Theaterpolitisches Thesenpapier des Deutschen Bühnenvereins" vom 16. Juli 1993 unter www.buehnenverein.de/pospa/pospa_2.htm

▶ *Theater sind ein wichtiger Arbeitsmarktfaktor, weil sie als personalin-*
tensive Betriebe in großer Anzahl Arbeitsplätze bereitstellen. Fast
60.000 Menschen sind an den deutschen Theatern beschäftigt. Hinzu
kommen noch die Beschäftigten in zahlreichen Zulieferbetrieben. (...)

Anhand einer solchen Materialgrundlage ergibt sich für alle Beteiligten ein *leichterer Zugang* zum Thema. Die aufgestellten Behauptungen geben zudem auch schon einen *Rahmen* für den möglichen *Verlauf* einer anschließenden Diskussion vor. Hatte man vorher z.B. keinen besonderen Bezug zum Thema, reizen nun möglicherweise einige der angeführten Punkte zum Widerspruch, andere wiederum fordern Zustimmung heraus.

Auch als *Teilnehmer* an einer Diskussion sollten Sie sich bemühen, nicht völlig unvorbereitet vor Ort zu erscheinen. Das Thema wird Ihnen vermutlich schon einige Tage im Voraus bekannt sein. Nutzen Sie die Zeit, um sich gedanklich schon einmal damit zu beschäftigen. Sie können auch durchaus ein wenig eigene Recherche betreiben. Bei literarischen Themen bieten sich für einen ersten Überblick z.B. Literaturgeschichten an (vgl. Lektion „2.1.1 Überblick verschaffen"). In den großen Bereich von Politik, Wirtschaft und Gesellschaft bietet z.B. das Online-Artikelarchiv der *Süddeutschen Zeitung*[14] einen sehr umfassenden Einblick. Schießen Sie aber nicht übers Ziel hinaus. Sie müssen nicht alles zum Thema wissen, Sie sollen sich „nur" einen Überblick verschaffen, um bei der Diskussion mitreden zu können.

Zur formalen Vorbereitung einer Diskussion empfehlen Aßmann u.a.[15] dem Diskussionsleiter:

▶ Stoppuhr mitbringen für die zeitliche Kontrolle

▶ Zum Überblick über die Diskussionsbeteiligung: Strichliste über die Wortmeldungen führen

▶ Redezeit auf 30 Sekunden begrenzen

▶ Zeitrahmen von maximal einer Stunde einhalten

▶ Sitzordnung sollte allen Teilnehmern Blickkontakt ermöglichen.

Statt der Stoppuhr tut es sicherlich auch eine normale Armbanduhr, und die Beschränkung auf 30 Sekunden Redezeit ist ziemlich knapp bemessen. Ein Wortbeitrag soll sich ja auch argumentativ entfalten können. Die zeitliche Beschränkung soll lediglich verhindern, dass Diskutanten abschweifen oder sämtliche rele-

---

[14] unter www.szarchiv.de

[15] Aßmann/Emmert/Habekorn/Klausmann, *Mit Sprache*, S. 52.

vanten Teilaspekte in einem langen Monolog auf einmal abhandeln. In einem solchen Fall ist der Diskussionsleiter natürlich gefordert, den redseligen Teilnehmer zu bremsen.

Van Ments rät bei der Sitzordnung von allzu lässigen Arrangements ab:

> Wenn die Umstände zu zwanglos erscheinen, erwecken sie den Eindruck, es ginge eher um eine leichte Unterhaltung anstatt um eine Diskussion.[16]

3

Ob man die Sitzgelegenheiten in Kreis-, U-Form oder rechteckig arrangieren möchte, ist eine reine Geschmacksfrage. Nicht ganz unwichtig ist aber die „Positionierung" des Diskussionsleiters innerhalb der gewählten Sitzordnung. Er sollte nicht in der Mitte Platz nehmen, denn ansonsten konzentrieren sich alle Wortbeiträge auf ihn – was nicht im Sinne der Diskussion ist.

Die Beantwortung der Frage „Tische oder keine Tische" scheint vom Alter der Diskussionsteilnehmer abhängig zu sein. Van Ments, Direktor des Instituts für Fernstudien an der Technischen Universität von Loughborough, empfiehlt eine Sitzordnung an Tischen, denn „sie geben Schülern ein Gefühl von Sicherheit und Platz für Papiere."[17] Prof. Wilhelm Petersen, der Übersetzer des ursprünglich englischsprachigen Werkes, verweist in einer Anmerkung aber darauf, dass sich für Erwachsene eine offenes Arrangement besser eignet:

> Sitzordnungen rund um Tische scheinen Teilnehmern zu oft Gelegenheit zu geben, sich aus Diskussionen herauszuhalten; Tische wirken als Barrieren, hinter die man sich zurückziehen kann.[18]

3.3 Die Teilnehmer der Diskussion: Argumentieren statt Meinung äußern

Als Teilnehmer einer Diskussion sollte man sich auch an selbiger „beteiligen". Allerdings in einer Form, die dem Gespräch nützt (siehe die Punkte „Rede-" und „Sprachdisziplin" unter „3.1.2 Weitere Aufgaben des Diskussionsleiters"). Der Diskussionsleiter darf nicht der Einzige in der Runde sein, der den Gesprächsverlauf aufmerksam von Anfang bis Ende verfolgt. Zu den meisten Themen hat man irgendeine Meinung oder Idee, kann also etwas *beitragen*.

---

[16] Morry van Ments, *Diskussion(en) – aktiv. Ein Leitfaden für den effektiven Einsatz von Diskussionen in Unterricht, Ausbildung, Fort- und Weiterbildung*, München: Ehrenwirth, 1992, S. 41.

[17] Van Ments, *Diskussion(en) – aktiv*, S. 41-42.

[18] Van Ments, *Diskussion(en) – aktiv, Fußnote 1*, S. 42.

Allerdings sollte man den *richtigen Zeitpunkt* für die beabsichtigte Wortmeldung wählen. Folgen Sie dem Verlauf der Diskussion und greifen Sie dann ein, wenn „Ihr" Argument den Verlauf der Diskussion *positiv beeinflussen* könnte. Entweder als eine *Ergänzung* oder *Vertiefung* des bisher Gesagten, als *Gegenargument* zur Beweisführung des Vorredners oder als *Hinweis* auf einen bisher vernachlässigten, aber im augenblicklichen Zusammenhang wichtigen, *neuen Teilaspekt* des Themas.

Im wünschenswerten Idealfall *beziehen sich* die Wortmeldungen *argumentativ aufeinander.* Sie sollten also einen Einstieg nach dem Motto „Das passt jetzt nicht unbedingt zum Thema, aber müssen wir nicht auch über die sozialen Ursachen des Problems reden ..." vermeiden. Eine Diskussion kann sehr frustrierend sein, wenn nach den ersten drei oder vier Wortmeldungen ebenso viele unterschiedliche Argumente im Raum stehen, die überhaupt nichts miteinander zu tun haben.

Lauern Sie aber nicht von Anfang an nur auf die richtige Chance für „Ihr" Argument und schalten ansonsten gedanklich ab. Selbst wenn Sie zu Beginn der Diskussion der Ansicht sind „Dazu fällt mit garantiert nicht viel ein", kann sich diese Befürchtung durch *aktives Zuhören* rasch zerschlagen. Die *Wortbeiträge* der übrigen Teilnehmer können nämlich durchaus *inspirieren* und zur *Bildung neuer eigener Argumente* führen.

Von schriftlichen Arbeiten her kennen Sie sicherlich das Phänomen des „leeren Blattes": Man sitzt am Schreibtisch und blickt mehr oder minder ratlos auf ein leeres Blatt Papier. Beginnt man aber, über die geforderte Aufgabenstellung *intensiv nachzudenken,* füllen sich die Zeilen fast wie von alleine. Ähnlich ist es bei einer Diskussion. Ist man erst mal im Thema „drin", fällt das Mitreden plötzlich sehr viel leichter.

Gerät die Diskussion ins Stocken oder erscheint ein Teilaspekt umfassend abgehandelt, dann können Sie dies als Chance sehen, dem Diskussionsleiter als Impulsgeber zuvorzukommen und selbst einen *neuen Blickwinkel* auf das Thema ins Spiel zu bringen. „Ich glaube zu der sozialen Komponente ist alles gesagt, deshalb denke ich, kann man jetzt auch einmal die wirtschaftlichen Ursachen ansprechen ...". Im Grunde sollte jeder Diskussionsteilnehmer auch ein bisschen Diskussionsleiter sein.

Eine *Meinung* ist noch *kein Argument.*[19] Und in einer Diskussion geht es darum, zu argumentieren. Man sollte also die jeweilige Meinung, die man zu einem bestimmten Themenpunkt hat, auch *begründen.* Ein klassisches *Begründungsmuster* sieht folgendermaßen aus:

---

[19] Siehe dazu auch das Kapitel 4 „Das Argumentieren" in Helmut Ewert u.a., *Sprache und Text,* S. 51-68. Dort wird der Aufbau einer Argumentation in Einzelschritten ausführlich erläutert.

Meinung oder These

Ich glaube, meine Eltern haben mir in Sachen Osterhase nicht die Wahrheit gesagt.

Argument

Nach Angaben des Statistischen Bundesamtes gab es 1999 in Deutschland 37,7 Mio. Haushalte. Rechnet man nur zwei Minuten für das Ausliefern der Ostereier pro Haushalt, ergibt sich eine benötigte Zeitspanne von 75,4 Mio. Minuten oder 1,25 Mio. Stunden. Der Ostersonntag und der Ostermontag haben zusammen aber nur 48 Stunden!

Fazit oder Forderung

Der Osterhase kann unmöglich die Eier bringen! Meine Eltern haben mich beschwindelt!

Die *Grundregeln* einer Argumentation funktionieren unabhängig vom jeweiligen Sachverhalt oder Thema. Denn es geht darum, eine Aussage *zu begründen*. Dabei spielt die Seriosität oder Ernsthaftigkeit des Themas keine Rolle.

In der Diskussionspraxis würde man im ersten Schritt, der Meinungsäußerung, zudem eine Anknüpfung an die Aussagen des Vorredners integrieren. Den Argumentationsteil kann man ebenfalls noch erweitern, z.B. durch die Abwägung einer These und einer Antithese oder durch eine Konkretisierung des Argumentes durch Beispiele. Auch mehrere Argumente können hintereinander zu einer regelrechten Argumentationskette ausgebaut werden.

Noch einmal ein *Beispiel* aus der Diskussion um „Lifestyle-Medikamente",[20] das die eben genannten Punkte noch mal schön veranschaulicht: Anknüpfung an die Aussage des Vorredners, Konkretisierung des Arguments durch Beispiele, Aufbau einer Argumentationskette.

> **Scheider:** *Zu Risiken und Nebenwirkungen befragen wir jetzt unsere Expertenrunde. Herr Professor Adam, ich würde gerne von Ihnen wissen, was denn bei Lifestyle-Medikamenten eigentlich anders ist. Ist der Begriff überhaupt richtig? Was ist da anders als z.B. bei der klassischen Kopfschmerztablette?*

> **Adam:** *Lifestyle-Medikamente werden von einer ganzen Reihe von Leuten eingenommen. Die Leute können diese Medikamente überall, ohne dass sie dabei*   5

---

20 BR-alpha, 9. August 2000, 20.15 Uhr (Erstsendung 9. Februar 2000). Zitiert nach www.br-online.de/ alpha/forum/vor0008/20000809_i.html

irgendeinen Schutz haben, bestellen. Wie wir im Vorspann schon gesehen haben, gibt es nun mal die Interaktion mit zahlreichen anderen Medikamenten. Wenn man z.B. herzkranzgefäßerweiternde Substanzen einnimmt, ist es äußerst gefährlich, dazu auch noch Viagra zu nehmen. Man kann sich auch für 10 all die anderen Medikamente, die erwähnt worden sind, Kombinationen ausdenken, die äußerst gefährlich sind. Aus diesem Grund ist ein solches Anbieten von Wirkungsstoffen, die potentiell auch gesundheitsschädigend sein können, in meinen Augen sehr bedenklich.

Scheider: Herr Professor Glaeske, ich habe so ein wenig den Eindruck, dass 15 man eigentlich gar nicht so sehr von Lifestyle-Medikamenten, sondern eher von Lifestyle-Marketing für diese Medikamente sprechen sollte. Ist mein Eindruck richtig?

Glaeske: Ich will gerne auf Ihre Aussage eingehen. Ich bin der Ansicht, dass diese beiden Begriffe „Lifestyle" und „Medikament" eigentlich überhaupt nicht 20 zusammengehören. Medikamente bzw. Arzneimittel sind ja Stoffe, die bei Kranken eingesetzt werden und sozusagen Krankheiten behandeln bzw. verhüten sollen oder die z.B. auch zu anderen diagnostischen Maßnahmen gegeben werden. Das heißt, wir haben hier ein Therapieziel, das wir mit einem Arzneimittel verbinden. Wenn es nun diese neuen Arzneimittel gibt, die in der Tat 25 auch wirken: denn es ist ja nicht so, dass z.B. Viagra bei denen, die eine krankheitsbedingte Erektionsstörung haben, nicht eingesetzt werden sollte; das ist in der Tat ein Mittel, das auch wirklich wirkt – dann gibt es andererseits natürlich auch einen hohen Prozentsatz meinetwegen an Männern, die mit großer Begehrlichkeit auf dieses Mittel schauen, die aber weit ab von krank sind. Statt- 30 dessen denken solche Männer, dass sich damit die Potenz noch massiv erhöhen lässt. Das heißt, das sind nun plötzlich „Medikamente" für Gesunde. Das heißt, man möchte sich gerne über die Pille, über das Schlucken der Pille ein Gefühl verschaffen, das einem zusätzliche Sensationen bringt: ob das nun Viagra ist oder das Mittel Prozac. 35

Wir haben daher heute das Problem, dass viele Medikamente angeboten werden, die aus dem ursprünglichen Bereich: Krankheiten zu behandeln – herausgenommen worden sind, obwohl sie ursprünglich in der Forschung für die Behandlung von Krankheiten angesetzt worden waren. Vergessen Sie nicht, dass Viagra vom Wirkstoff her ein Präparat war, das typischerweise bei Herz- 40 schwäche eingesetzt worden ist. Denken Sie daran, dass Propecia ein Arzneimittel ist, das ursprünglich mal bei Prostataerkrankungen eingesetzt worden ist. Auch das Reductil, dieser Appetithemmer ist eigentlich ein Mittel, das dem Prozac sehr verwandt ist: Es kommt aus der großen Gruppe der neueren anti-depressivwirksamen Stoffe. Das heißt, zu all diesen Medikamenten gab es ursprünglich 45 *auch mal einen Krankheitsbereich: Man hat aber ganz offensichtlich nicht zuletzt bei den Firmen gemerkt, dass diese Mittel auch irgendwo anders zu positionieren sind. Das halte ich für eine große Gefahr, weil sie natürlich auch mit einem hohen gesellschaftlichen Aufmerksamkeitswert positioniert worden sind: Alle Leute sind sozusagen sensibilisiert gewesen. Wenn dann noch – wie im Film* 50 *gezeigt – die Beschaffungsmöglichkeit ohne Arzt ganz einfach mittels Mausklick funktioniert, dann bekommen wir in der Tat ein Sicherheitsproblem. (...)"*

Worauf Sie als Diskutant achten sollten:[21]

▶ Halten Sie sich an das Diskussionsthema!

▶ *Vermeiden* Sie in Ihren Formulierungen *Platitüden* und *Verallgemeinerungen*: „Wie jeder weiß ...", „Alle Frauen ...", „Der Mensch an und für sich ...", „Erfahrungsgemäß ...", „Auf Regen folgt auch wieder Sonne ..." etc. Schauen wir uns z.B. das Adverb „erfahrungsgemäß" an. Auf wessen Erfahrung soll sich das denn in einer Argumentation beziehen, auf die eigene? Dann kann man das doch auch sagen: „Meiner Erfahrung nach". Oder auf die Erfahrungen eines anderen Menschen? Dann kann man das ja auch genauer ausdrücken: „Nach den Erfahrungen meines Onkels ...".

▶ Verknüpfen Sie Ihre Aussagen durch *Kausaladverbien*, bilden Sie *Kausalsätze*: „Ich bin dieser Meinung, weil ..."

▶ Beziehen Sie sich auf *Aussagen* und *Argumente* im *bisherigen Diskussionsverlauf!* Greifen Sie diese auf, formulieren Sie bereits gefallene Argumente vielleicht noch einmal neu und knüpfen Sie daran Ihre eigene *Beweisführung* an. Das wirkt beeindruckender, als wenn Sie nur lapidar Ihre These und Ihr Argument samt Fazit äußern: „Herr X, Frau Y und Frau Z haben alle den Standpunkt vertreten, dass der Osterhase existiert. Sie haben es zwar auf unterschiedliche Weise begründet, Herr X eher philosophisch, Frau Y von einer kulturhistorischen Warte aus und Frau Z aus einer Mischung von beidem, ich möchte aber nun das exakte Gegenteil behaupten. Es gibt den Osterhasen nicht, es hat ihn nie gegeben, und ich werde das mathematischnaturwissenschaftlich begründen ..."

▶ Greifen Sie andere Teilnehmer nicht persönlich an und fühlen Sie sich auch von anderen Teilnehmern nicht angegriffen, nur weil diese Ihre Meinung nicht teilen. Bleiben Sie auch bei gezielten Provokationen gelassen.

---

21 Vgl. auch Aßmann/Emmert/Habekorn/Klausmann, *Mit Sprache*, S. 53.

▶ Halten Sie die vereinbarte Redezeit bei Ihrer Wortmeldung ein. Auch andere möchten etwas zum Thema beitragen.

▶ Trauen Sie sich, mitzureden.

AUFGABE

2. Untersuchen Sie den Ausschnitt aus der Diskussion um „Lifestyle-Medikamente" von S. 59f. nach dem Muster von These – Argument – Fazit. Notieren Sie sich dazu die jeweiligen Redepassagen.

Weiterführende Literatur:

Knut Hickethier, *Geschichte des deutschen Fernsehens*, Stuttgart, Weimar: Metzler, 1998. *Sehr detailliert, sehr sorgfältig recherchiert und insgesamt sehr empfehlenswert für alle, die sich über die Fernsehgeschichte in DDR und BRD informieren wollen. Kapitel 12.7 (S. 475ff.) z.B. beschäftigt sich mit der Entwicklung der Talkshows und Diskussionssendungen in den 80er Jahren.*

Dr. Hans Miehle, *Wie man privat, beruflich, politisch diskutiert, streitet und gewinnt. Viele einfache Regeln und Hinweise mit vielen praktischen und vergnüglichen Beispielen für den mündigen Bürger ...*, Neubeuern: Verlag für Wirtschaftsrhetorik, 1990. *Tatsächlich ein „amüsantes" Buch mit 83 Regeln und Hinweisen zum erfolgreichen Diskutieren. Zu jeder Regel liefert der Autor konkrete Beispiele (zumeist Zitate aus politischen Debatten). Hoher Schmunzelfaktor beim Leser angesichts der teilweise sehr bissigen Redeauszüge.*

Heinrich von Kleist, „Über die allmähliche Verfertigung der Gedanken beim Reden". Online beim Projekt Gutenberg unter http://gutenberg.aol.de/kleist/erzaehlg/gedanken.htm einsehbar. *„Lernen von den Alten" – Ein großer deutscher Literat über den Nutzen des „Miteinander Redens". Kleist (1777–1811), selbst kein begnadeter Redner, der mitunter sogar stotterte, beschreibt in diesem Brief an Rühle von Lilienstein, wie und warum es ihm half, seine Gedanken zu strukturieren, in dem er sich mit einer anderen Person darüber austauschte.*

Zabriskie Point (1970) von Michelangelo Antonioni. *Zur Abwechslung ein Hinweis auf einen Kinofilm. Antonionis Klassiker, der das 68er Lebensgefühl in den USA porträtiert, beginnt mit einer knapp sechsminütigen Diskussion zwischen Studenten über einen Universitätsstreik. Unbedingt aber bis zum Ende anschauen – wegen der legendären Zeitlupen-Schlusssequenz. Nie explodierte ein Einfamilienhaus ästhetischer!*

4. DAS VORSTELLUNGSGESPRÄCH

Lernziele

◆ Richtige Vorbereitung auf ein Vorstellungsgespräch
◆ Den Verlauf eines Vorstellungsgespräches kennen lernen
◆ Fehler erkennen und vermeiden

4

Man soll allen trauen und am meisten sich selber.[1]

Ein *Vorstellungsgespräch* ist wohl für die meisten Menschen etwas Besonderes, also eine „*Ausnahmesituation*". Schließlich stellt man sich nicht jeden Tag bei einem Unternehmen vor. Dementsprechend groß ist die damit verbundene *Nervosität*. Schließlich geht es bei einem Vorstellungsgespräch auch um viel, um einen *Arbeitsplatz*, ein *geregeltes Einkommen*, *soziale Absicherung*, berufliche und persönliche *Weiterentwicklung*.

Versuchen Sie doch gleich von Anfang an, der ganzen Situation mit einer *positiven Grundeinstellung* zu begegnen: *Freuen* Sie sich, dass Sie zu einem Bewerbungsgespräch eingeladen worden sind. Und Sie haben dabei eine ganze Menge *anzubieten* – Ihre Arbeitskraft, Ihre Kenntnisse und nicht zuletzt sich selbst als Person. Es ist ja nicht so, dass ein Arbeitgeber Ihnen einen Gefallen tut, wenn er Sie einstellt. Sie als Bewerber sind ebenso *Anbieter*. Sie bringen *Qualifikationen* mit, die der Arbeitgeber *sucht*.

---

[1] Norwegisches Sprichwort, zitiert nach Karl Peltzer, Reinhard v. Normann, *Das treffende Zitat*, S. 542.

4.1   Allgemeine Tipps zur Bewerbung[2]

Am Anfang zunächst ein paar *strategische Anmerkungen*: Wenn Sie Ihre Unterlagen an mehrere Unternehmen versenden, schicken Sie nicht alle gleichzeitig los. Fangen Sie mit den „unwichtigeren" zuerst an. Das Angebot, das Sie am meisten reizt, heben Sie sich für den Schluss auf. Dadurch haben Sie die Gelegenheit, bei den ersten Vorstellungsgesprächen quasi kostenlos zu üben.

Zwischen der Absendung der Unterlagen und einer eventuellen Einladung zu einem persönlichen Termin können rund drei bis vier Wochen vergehen. Eine Dauer von bis zu zwei Monaten für ein komplettes Bewerbungsverfahren ist nicht unüblich. Das sollten Sie, gerade bei einem geplanten Stellenwechsel (Stichwort Kündigungsfristen), einkalkulieren.

Sie sollten sich auch darüber im Klaren sein, dass ein potentieller Arbeitgeber im Rahmen eines *Bewerbungsverfahrens* von Ihnen annimmt, dass Sie für ein eventuelles *Gespräch* auch zur Verfügung stehen. Es ist also nicht unbedingt ratsam, die Bewerbung kurz vor dem großen Sommerurlaub oder vor einer Phase höchster beruflicher Auslastung loszuschicken. Können Sie trotzdem einen persönlichen Vorstellungstermin nicht einhalten, ist das noch kein Beinbruch. Eine *einmalige Verlegung*, die Sie *nachvollziehbar begründen* können und *rechtzeitig anmelden*, sollte in den meisten Fällen unproblematisch verlaufen. Schwierig wird es, wenn von Seiten des Unternehmens mehrere Personen, vielleicht sogar noch aus unterschiedlichen Städten oder Ländern, an dem Vorstellungsgespräch teilnehmen. Wer in einem solchen Fall als Bewerber einen Termin absagt, hat unter Umständen seine Chancen schon verspielt.

„Viel hilft nicht unbedingt viel." Sie sollten deshalb nur eine *begrenzte Anzahl* von Bewerbungen in einem *bestimmten Zeitrahmen* abschicken. Sie müssen diese ja auch „abarbeiten" können, z.B. weitere Unterlagen einreichen oder sich frei nehmen für Vorstellungsgespräche.

Noch bevor Sie sich überhaupt um einen bestimmten Arbeitsplatz bewerben, horchen Sie mal tief in sich hinein. Überprüfen Sie Ihre *Motivation*, Ihre *Absichten* und *Zielvorstellungen*, die Sie mit der jeweiligen Tätigkeit verbinden. Aus momentaner Frustration heraus den Job zu wechseln, nützt auf lange Sicht weder Ihnen noch Ihrem neuen Arbeitgeber. Es ist auch wenig sinnvoll, sich um eine neue Stelle zu bewerben, wenn man überhaupt keine klaren Vorstellungen von dem neuen Berufsfeld hat. Gerade *Berufsanfänger*, die soeben die Schule verlassen haben,

---

2 Die Aussagen dieses Kapitels beziehen sich im Weiteren auf Renate Ibelgaufts, *Das überzeugende Vorstellungsgespräch. Erfolgreiche Strategien für den ersten Eindruck. Körpersprache interpretieren und einsetzen*, Niedernhausen: Falken Verlag, 2000.

tun sich da schwer. Früher wollten alle Kinder Lokomotivführer werden, heute hingegen sind z.B. Medienberufe sehr populär. Prestigedenken oder Klischees helfen bei der Arbeitsplatzwahl aber nicht wirklich weiter. Viel wichtiger ist es, dass die *eigenen Fähigkeiten* und das *Anforderungsprofil* der zu besetzenden Stelle zusammenpassen.

4.2 Die Vorbereitung auf das Vorstellungsgespräch

4.2.1 Informationen über das Unternehmen beschaffen

Unternehmen sind eitel. Auf die Frage des Personalchefs „Was wissen Sie über uns?" sollten Sie eine Antwort bereit halten. Schließlich haben Sie durch die Bewerbung ja ein gewisses *Interesse* an der Mitarbeit in diesem Unternehmen angemeldet.

4

Informationen über ein Unternehmen kann man sich auf verschiedenen Wegen beschaffen. Die meisten größeren Firmen betreiben ihre eigene *Public Relation*: Imagebroschüren, Werbeprospekte, Messeunterlagen, Produktbeschreibungen und – inzwischen kaum mehr wegzudenken – der eigene Auftritt auf einer Homepage im Internet. Ferner finden sich im Buchhandel oder in Bibliotheken Nachschlagewerke und Handbücher zu nahezu allen Branchen. Es gibt auch spezielle Wirtschaftsverlage, wie z.B. den Hoppenstedt-Verlag[3] aus Darmstadt, die Bücher, Zeitschriften oder auch Datenbanken auf CD-ROM zu Firmen und Konzernen etc. anbieten.

Für den *Anfang einer Recherche* eignet sich gleichfalls ein Standardwerk aus der journalistischen Praxis, der *Oeckl*[4]. In diesem Nachschlagewerk finden Sie auf über 1000 Seiten Adressen und Ansprechpartner zu allen nur denkbaren Bereichen des öffentlichen Lebens. Ein regelmäßiges Studium des Wirtschaftsteils Ihrer Tageszeitung oder die Lektüre des *Handelsblatts* zahlen sich in solchen Fällen ebenfalls aus.

Ferner bieten die Berufsberatungszentren der Arbeitsämter ein vielfältiges Medien- und Veranstaltungsangebot zu den verschiedensten Berufszweigen an. An die Berufsberater kann man sich dort auch mit Fragen zum Thema Bewerbung und Vorstellungsgespräch wenden. Online können Sie bei der *Bundesanstalt für Arbeit* weitere Informationen abrufen.[5]

---

[3] Unter www.hoppenstedt.de kann man das Verlagsprogramm online abfragen.

[4] Prof. Dr. Albert Oeckl (Hrsg.), *Taschenbuch des öffentlichen Lebens Deutschland 1999/2000*, Bonn: Festland Verlag. Der *Oeckl* wird jährlich aktualisiert.

[5] Vgl. www.arbeitsamt.de/hst/index. html

4.2.2   Über die eigene Person

Selbstverständlich für die Vorbereitung eines Vorstellungsgespräches sollte sein, dass Sie sich in Ihrem eigenen *Lebenslauf* gut auskennen. Es macht einen denkbar schlechten Eindruck, wenn man Fragen nach Schulzeiten, Abschlüssen oder Berufsjahren nicht auswendig beantworten kann.

Außerdem sollten Sie sich über Ihre *Qualifikationen* im Klaren sein und diese auch *formulieren* können. Besitzen Sie schon Berufserfahrung? Dann kennen Sie sich in dem Arbeitsbereich ja schon etwas aus und haben auch bereits einige Erfahrungen gesammelt. Nicht alles davon steht in Ihren schriftlichen Unterlagen. Haben Sie z.B. an Ihrem bisherigen Arbeitsplatz regelmäßig erfolgreich Seminare veranstaltet, dann wäre die abstrakte Umschreibung dafür, dass Sie offenbar ein gewisses Organisationstalent besitzen. Arbeiten Sie gerne in einer Gruppe, sind Sie folglich „team-fähig".

> Stellen Sie sich bei der Betrachtung Ihres Lebenslaufs folgende Fragen:
>
> ▶ Wo liegen meine persönlichen Stärken und Schwächen?
>
> ▶ Wo liegen meine beruflichen Stärken und Schwächen?
>
> ▶ Was erwarte ich mir persönlich und beruflich von dem neuen Arbeitsplatz?
>
> ▶ Kann mir das der neue Arbeitsplatz auch tatsächlich bieten?

Die *Darstellung* und *Kommentierung* des eigenen *beruflichen Werdegangs* spielt in den meisten Vorstellungsgesprächen eine *zentrale Rolle*. Darauf können Sie sich zu Hause vorbereiten. Im Rahmen einer Bewerbung wird der potentielle Arbeitgeber von Ihnen erwarten, dass Sie sich von Ihrer „Schokoladenseite" präsentieren. Das gehört sozusagen zu den *allgemeinen Spielregeln*.

Sehr wahrscheinlich werden Sie nicht der einzige Bewerber für einen freien Arbeitsplatz sein und ebenso wenig als Einziger über die geforderten Qualifikationen verfügen. Ein Vorstellungsgespräch bietet also die Möglichkeit, sich über den schriftlichen Teil der Bewerbung hinaus gegenüber den anderen Bewerbern individuell zu qualifizieren. Je besser man sich selbst kennt, umso besser kann man sich „verkaufen". Deshalb machen die *Vorüberlegungen* zu Ihrer *Person* und Ihrer *Motivation* einen *wichtigen Bestandteil der Vorbereitung* aus.

Natürlich spielt auch die Art und Weise, in der Sie Ihren Lebenslauf *sprachlich* formulieren, eine ganz wichtige Rolle. Vergleichen Sie dazu die Kapitel 1 und 2 dieses Deutschbuches. Üben Sie den „Vortrag" Ihres beruflichen Werdegangs zu Hause ein. Fassen Sie zuerst die *Daten* und *Fakten* in *knappen, präzisen Worten chronologisch* zusammen. Anschließend berichten Sie über die *speziellen Erfahrungen* und *Fachkenntnisse*, die Sie beim jeweiligen Arbeitgeber erworben haben. Ferner können Sie hier auch *private Fortbildungsmaßnahmen* oder *Zusatzqualifikationen* (Abendstudium o.Ä.) einfließen lassen.

4.2.3 Erwartungen des Arbeitgebers einschätzen

Ebenso hilfreich ist es, sich ein möglichst genaues Bild über die *Erwartungen* des „künftigen" Arbeitgebers zu verschaffen. Die allgemeine Recherche über die Firma oder den Betrieb wurde schon erwähnt. Sind die *Ausschreibungsunterlagen* nur sehr knapp formuliert oder ist von vornherein ein *konkreter Ansprechpartner* angegeben, können Sie guten Gewissens vor Ort anrufen und genauere Informationen erfragen.

Vergegenwärtigen Sie sich, wie Sie im Alltag als Konsument oder Käufer ein Produkt aussuchen. Sie haben ein *Bedürfnis* und das Produkt sollte in der Lage sein, genau dieses Bedürfnis zu *erfüllen*. Sie möchten z.B. einen neuen Videorekorder. Der Verkäufer preist Ihnen die aufwändige Sechskopftechnik eines Gerätes an, Zeitlupenfunktion, 24 Timer-Plätze, Stereo-Ton und Videoschnittfunktion. Sie wollen aber einfach nur einen silberfarbenen Videorekorder.

In einem Vorstellungsgespräch ist die Situation ähnlich. Was Sie als Bewerber als die eigenen Vorteile herausstellen möchten, muss sich nicht in allen Belangen mit der *Erwartungshaltung* Ihres Gegenübers decken. Sprechen Sie z.B. fließend Italienisch, stellt das für einen nur regional tätigen Betrieb keine Schlüsselqualifikation dar. In diesem Falle wäre es sicher hilfreicher, wenn Sie darauf verweisen könnten, dass Sie just in dieser Gegend zur Schule gegangen sind und deshalb Land und Leute genauestens kennen.

4.2.4 Die „dunklen Stellen" im Lebenslauf

Wie geht man nun mit den nicht so glanzvollen Kapiteln im eigenen Werdegang um? Vielleicht mit einer früheren, abgebrochenen Ausbildung, einer Kündigung von Seiten eines ehemaligen Arbeitgebers oder ein paar verbummelten Jahren? Ehrlich währt im Prinzip am längsten. Sie müssen sich nun nicht gerade absichtlich schaden, indem Sie solche Punkte von sich aus thematisieren. Manche Auskünfte auch über solche Punkte werden sich aber nicht vermeiden lassen.

Fachkenntnisse vorzugeben, die man nicht besitzt, ist eine schlechte Taktik. Das rächt sich schließlich spätestens während der *Probezeit*. In anderen Fällen kann man sich durch *geschicktes Formulieren* und *Argumentieren* behelfen:

▶ Eine *nicht abgeschlossene Ausbildung*, gerade in jungen Jahren, kann ja auch als Ergebnis eines *Lernprozesses* dargestellt werden: „Schon im zweiten Semester wurde mir klar, dass sich meine hochgesteckten Erwartungen an dieses Fachgebiet nicht erfüllen ließen ...“

▶ Ein früherer, *kurzfristiger Arbeitgeberwechsel* in der Vita lässt sich z.B. mit dem Argument *fehlender beruflicher Perspektiven* begründen.

▶ Manchmal kann man auch das *Bewusstsein um eigene Schwächen* als *Vorteil* verkaufen. Das funktioniert natürlich nicht, wenn es sich dabei um fehlende Schlüsselqualifikationen für den angestrebten Job handelt. Bewerben Sie sich z.B. um einen Stelle als Fachbuchautor, müssen Sie nicht unbedingt „team-fähig“ sein. Und das können Sie in diesem Falle ruhig als Vorteil verkaufen: „Ich arbeite wirklich sehr gerne allein ...“

Um die Wirkung Ihrer Formulierungen und Argumente zu testen, tragen Sie Ihren Lebenslauf am besten einmal (gerne auch öfter) einem Freund oder dem Lebenspartner vor. So trainieren Sie gleich das Reden vor jemand anderem und können bei Bedarf noch Verbesserungen an Ihren Ausführungen vornehmen.

AUFGABE

1. Stellen Sie Ihren Lebenslauf stichpunktartig zusammen, üben Sie ihn nach den Kriterien der Lektionen 4.2.2 und 4.2.3 ein und präsentieren Sie ihn in freier Rede einem Bekannten, Ehepartner, Kollegen etc.

4.3   Das Vorstellungsgespräch

Vorneweg einige *praktische Ratschläge* für den Tag X:

> Je besser Sie sich vorbereitet haben, umso entspannter werden Sie sein.

> Vermeiden Sie Zeitdruck. Sie wissen ja schon seit einiger Zeit, wo das Vorstellungsgespräch stattfindet. Planen Sie einen *üppigen zeitlichen Puffer* bei der Anreise an, damit Sie Ihren Termin auch dann nicht verpassen, wenn Sie z.B. in einen Stau geraten. Denken Sie auch daran, dass Sie vom Firmentor bis zum entsprechenden Raum, in dem das Gespräch stattfinden soll, unter Umständen auch noch eine ganze Weile unterwegs sein könnten.

> Erscheinen Sie *pünktlich*. Selbst wenn Sie auf Grund des ausgebliebenen, aber vorher einkalkulierten Staus sehr zeitig vor Ort sind, sollten Sie *nicht mehr als zehn Minuten zu früh* zum vereinbarten Termin kommen.

> Wählen Sie *Kleidung* aus, in der Sie sich auch *wohlfühlen* und seien Sie *weder over- noch underdressed*. Wer sich für eine Anstellung als Schreiner bewirbt, muss nicht im Armani-Anzug erscheinen. In Jeans und Pulli empfiehlt man sich dagegen nicht unbedingt als potentieller Öffentlichkeitsreferent für einen global operierenden Konzern. Da sich in unangenehmen Situationen bei den meisten Menschen die Körpertemperatur rapide erhöht, können Sie sich immer eine Spur leichter kleiden, als es für die Jahreszeit eigentlich angemessen wäre.

> Reisekosten: Ganz wichtig – Belege immer aufheben! Nach §670 des *Bürgerlichen Gesetzbuches* steht Ihnen als Bewerber eine *Erstattung der Reisekosten* zu, wenn Sie von Seiten eines Unternehmens zu einem Vorstellungsgespräch eingeladen werden. Aber eben nur im Rahmen eines *vernünftigen Maßes*. Wenn eine Anreise mit Auto oder Bahn möglich ist, werden auch nur diese Kosten erstattet. Im Zweifelsfall *klären* Sie die *Modalitäten ab*, und zwar *bevor* Sie einen Erste-Klasse-Flug buchen.

Wenn man Sie schließlich zum Gespräch bittet, sehen Sie weder sich selbst als Bittsteller noch Ihr Gegenüber als Ihren Gegner an. Stellen Sie sich lieber vor, dass sich hier zwei Menschen begegnen, die *gemeinsam* an einem *Strang* ziehen, die das gleiche *Ziel* vor Augen haben: nämlich die beste Person für den ausgeschriebenen Arbeitsplatz zu finden. Und dieser ideale Kandidat sind Sie. Mit einem demütigen, trotzigen, aggressiven oder verschüchterten Auftreten vermindern Sie Ihre Chancen gleich von Anfang an. Versuchen Sie auch nicht, eine *Rolle* zu spielen. Seien Sie nach Möglichkeit Sie selbst. Sie dürfen ruhig aufgeregt sein. Nervosität ist in einer solchen Situation etwas völlig Normales.

In der Höhle des Löwen ...?

Ein *üblicher Gesprächsverlauf* beginnt meist mit der einen oder anderen *Auflockerungsfrage* von Seiten des Interviewers: „Haben Sie's gleich gefunden?", „Tolles Wetter heute", „Was möchten Sie trinken, Wasser oder Kaffee?" o.Ä. Anschließend wird man Sie vermutlich nach Ihrem *beruflichen Werdegang* fragen. Hier können Sie, da Sie sich ja entsprechend vorbereitet haben, schon erste wichtige *Pluspunkte sammeln*. Sie sollten kein zweites Exemplar Ihrer schriftlichen Unterlagen als Gedankenstütze mitbringen. Es macht einen besseren Eindruck, wenn Sie die Informationen über Ihre eigene Person im Kopf haben.

Anschließend wird ihr Gegenüber vermutlich sein Unternehmen und die vakante Position näher beschreiben. Gegen Ende des Gesprächs kommt meist noch der Teil, der für Ihre Fragen vorgesehen ist. Selbst wenn Sie eigentlich keine Fragen haben, fragen Sie *trotzdem*. Damit zeigen Sie Ihr großes *Interesse* an der ausgelobten Position oder der Firma an sich. Zum Schluss sollten Sie den *weiteren Verlauf* des Bewerbungsverfahrens *abklären*, z.B. wann man Ihnen einen Bescheid erteilt oder ob Sie von sich aus zu einem bestimmten Termin wieder anrufen sollen.

Einige Dinge sollten Sie von sich aus noch zusätzlich beachten:

▶ Sehen Sie Ihr Gegenüber an, wenn Sie mit ihm oder er mit Ihnen spricht. Beobachten Sie die *Reaktionen* des Interviewers, seine *Körpersprache*. An einem gelangweilten Fingertippen können Sie erkennen, dass Ihre momentanen Ausführungen nicht auf großes Interesse stoßen.

▶ Reden Sie nicht wie ein Wasserfall. Lassen Sie Ihrem Gegenüber die Möglichkeit, *Zwischenfragen* zu stellen. Es heißt ja schließlich „Vorstellungsgespräch" und nicht „Vorstellungsmonolog".

▶ Das gleiche gilt übrigens auch umgekehrt. Redet der Interviewer ausgiebig drei Viertel der Zeit über den eigenen Betrieb, kann dies nicht in Ihrem Interesse liegen. Schließlich möchten Sie ja Ihre *Vorzüge* und Ihre *Eignung* beweisen. Versuchen Sie, den Vortrag wieder zu einem Gespräch zu machen und an geeigneten Punkten selbst das *Wort* zu *ergreifen*. Zum Beispiel mit einer Überleitung wie dieser: „Interessant, eine ähnliche Konstellation, wie Sie sie gerade eben beschrieben haben, gab es übrigens auch bei meinem letzten Arbeitgeber ...“

Verlassen Sie sich aber nicht zu sehr darauf, dass ein Vorstellungsgespräch immer in diesen *genormten Bahnen* abläuft. *Erfahrene Interviewer* ziehen oft den *Überraschungseffekt* vor. Sie haben Ihre Unterlagen sehr genau studiert und haken gleich zu Beginn des Gespräches an einzelnen Punkten gezielt nach: „Sie schreiben in Ihrer Bewerbung, dass Sie gerne auch im Ausland arbeiten würden. Warum?“ Oder Ihr Gegenüber wählt den privaten Einstieg: „Sie haben als Hobby Theaterbesuche angegeben. Mögen Sie lieber die Oper oder das Drama?“ Solche Fragen müssen nicht in einem direkt erkennbaren Zusammenhang zur angestrebten Position stehen. Der Interviewer versucht damit gelegentlich auch nur, ihre *Flexibilität* zu *testen*. Wie schon erwähnt, sollten Sie Ihre Bewerbung gut im Kopf haben. Es macht eben einen schlechten Eindruck, wenn sich der Interviewer besser damit auskennt als sie selbst.

Für die *Dauer* eines Vorstellungsgespräches gibt es keine allgemein verbindlichen Regeln. Das hängt von der jeweiligen *Firmenphilosophie*, der *persönlichen Einstellung* des Interviewers oder auch von der *Bedeutung* der freien Position ab. Je *wichtiger* eine Position ist, desto *ausführlicher* wird das Vorstellungsgespräch sein. Weit verbreitet ist eine durchschnittlich angesetzte Länge von einer Stunde.

4

AUFGABE

2. Wie würden Sie diesen Einstiegsfragen von Seiten des Interviewers begegnen?

A „Sie haben als Hobby Lesen angegeben. Was lesen Sie denn gerade?“

B „Sie haben in Ihrer Bewerbung angegeben, dass Sie über ausgezeichnete Französisch-Kenntnisse verfügen. C'est magnifique. Je suis enchanté. Vous connaissez naturellement ...?“

C „Sie beschreiben hier in Ihrer Bewerbung Ihre Stärken. Welches sind denn Ihre Schwächen?“

4.4   Fehlervermeidung

Fehler, die Sie unbedingt vermeiden sollten:

▶ Zu spät kommen.

▶ Nicht vorbereitet sein.

▶ Sich im eigenen Lebenslauf nicht auskennen.

▶ Ein Redeschwall ohne Punkt und Komma.

▶ Übertriebene Selbstdarstellung. Sie sollten zwar für eine Position als geeignet erscheinen und dürfen gerne noch auf Zusatzqualifikationen verweisen. Doch übertreiben Sie nicht mit Ihrem Können und Ihren Stärken. Damit wirken Sie schnell prahlerisch und überheblich. Ein gesundes Selbstbewusstsein ist zwar gut, doch gepaart mit etwas Bescheidenheit ist es noch besser – das weckt Sympathien.

▶ Angst vor Gegenfragen. Aus Angst vor Gegenfragen bombadieren manche ihren Gesprächspartner mit Fragen. Tun Sie das nicht! Lassen Sie Fragen zu. Ihr Gegenüber muss schließlich die Chance haben, Sie kennen zu lernen.

▶ Antworten in Minimalsätzen. Zwar sollen Sie nicht unaufhörlich auf Ihren Interviewer einreden, aber wortkarg sollen Sie nun auch nicht sein. Erläutern Sie Ihre Antworten, machen Sie sie anschaulich – und achten Sie gleichzeitig darauf, dass Ihr Gegenüber beizeiten auch wieder zu Wort kommt.

4.5   Inhaltliche Schwerpunkte des Vorstellungsgesprächs

Von Seiten des Interviewers werden Sie während des Gesprächs mit großer Sicherheit zu den folgenden Sachverhalten befragt werden. Diese Punkte müssen aber nicht unbedingt komplett und in der angegebenen Reihenfolge so angesprochen werden:

▶ Ausbildung (Schulzeiten, Studium etc.)

▶ Berufserfahrung

▶ Letzter Arbeitgeber und letzte Position

▶ Zusatzqualifikationen (Weiterbildungen, spezielle Fachkenntnisse o.Ä.)

▶ Grund für die Bewerbung

▶ Allgemeines Interesse am jeweiligen Beruf oder Berufszweig

▶ Persönliches (Hobbys, Interessen)

Nachdem diese Hürde genommen ist, wird Ihr Gegenüber anschließend das Unternehmen und die ausgeschriebene Position näher erläutern. Die Themen, die er wahrscheinlich ansprechen wird, können auch bereits aus den Ausschreibungsunterlagen bekannt sein:

▶ Informationen zum Unternehmen (Zahlen, Fakten, die Unternehmensphilosophie, Weiterbildungs- und Entwicklungsmöglichkeiten im Hause)

▶ Gehalt

▶ Sozialleistungen

▶ Arbeitszeiten und konkreter Arbeitsplatz

▶ Probezeit und Vertragsdauer

▶ Vorgesehener Eintrittstermin

4

Falls noch nicht im Rahmen der schriftlichen Bewerbung geschehen, sollten Sie nun von sich aus weitere wichtige Punkte klären:

▶ Ihre Gehaltswünsche

▶ Ihr frühestmöglicher Eintrittstermin

▶ Eine eventuelle Unterstützung des Unternehmens bei Umzug und Wohnungssuche

▶ Sonstiges, z.B. eine längere Abwesenheit durch Urlaub etc. in der Folgezeit.

AUFGABE

3. Stellen Sie sich vor, Sie hätten ein Vorstellungsgespräch bei Ihrem Traum-Arbeitgeber (z.B. eine bestimmte Bank, eine Gärtnerei, ein Radiosender etc.).

   Überlegen Sie, wie Sie sich darauf vorbereiten wollen, notieren Sie sich in Stichpunkten Antworten und Fragen, die möglicherweise auf Sie zukommen werden.

   Stellen Sie sich anschließend das Vorstellungsgespräch vor und spielen Sie es durch. Nehmen Sie sich dafür eine halbe Stunde Zeit. Am besten überreden Sie einen Bekannten, in die Rolle des Interviewers zu schlüpfen. So können Sie gleich in einer „realitätsnahen" Situation trainieren.

4.6   Das Assessment-Center

Neben dem oben beschriebenen „*klassischen*" *Vorstellungsgespräch* kann es auch passieren, dass man sich über *neuere psychologische Testverfahren* für eine Anstellung qualifizieren muss. Relativ verbreitet ist das so genannte Assessment-Center. Dieses Testverfahren ist vergleichsweise aufwändig und teuer und wird deshalb in der Regel nur von großen Unternehmen durchgeführt. Seit den 70er Jahren übernehmen zunehmend auch deutsche Firmen diese Methode aus den USA.

Das Assessment-Center ist meist ein ein- bis dreitägiges Auswahlverfahren. Die Idee dahinter ist die Schaffung einer möglichst *wirklichkeitsnahen Berufssituation*, in der sich die Bewerber bewähren müssen. Tatsächlich treten hier *mehrere Bewerber gleichzeitig* gegeneinander an. Im Rahmen dieser „Bewertung"[6] müssen die Teilnehmer unterschiedliche Übungen und Aufgaben erledigen, oft unter *Zeitdruck*.

Im Grunde testet man mit diesem Verfahren das *Potential* eines künftigen Mitarbeiters, sein Organisationstalent, seine Stressbelastbarkeit, seine methodische Veranlagung, sein Durchsetzungsvermögen und seine Führungsqualitäten etc. Deshalb wird das Assessment-Center gerne bei *Hochschulabsolventen*, die ja noch keine konkrete Arbeitserfahrung besitzen, und bei der Vergabe von *Führungspositionen* angewendet.

Eine häufig anzutreffende Aufgabenstellung im Rahmen eines Assessment-Centers ist die *Gruppendiskussion*. Die Bewerber müssen bestimmte Rollen, d.h. konkrete Positionen aus dem Unternehmen übernehmen, z.B. Abteilungsleiter, Marketing-Chef, Sachbearbeiter etc. Anschließend muss in der Gruppe im Rahmen einer *Diskussion* eine Aufgabe gelöst werden: „Wie können wir die Betriebskosten senken?", „Wir möchten expandieren" o.Ä. Dazu muss die Gruppe nun Vorschläge erarbeiten. So erkennt der potentielle Arbeitgeber, ob Sie *kreativ* sind, *konstruktiv* mit anderen arbeiten können oder eher ein „machtbesessener" *Einzelkämpfer* sind, ob Sie *präsentieren* und sich *gut artikulieren* können usw. Während dieses Auswahlverfahrens werden Sie in der Regel von Psychologen und Firmenmitarbeitern beobachtet.

Falls Sie in einem solchen Verfahren scheitern sollten, haben Sie im Vergleich zum klassischen Vorstellungsgespräch immerhin ein wenig gewonnen: Die Absage, die Sie erhalten, wird sehr viel *differenzierter* sein. In der Regel wird man Ihnen *Schwachstellen* aus Sicht des Unternehmens konkret nennen. So wissen Sie genau, was Sie beim nächsten Mal besser machen können.[7]

---

[6] engl. to assess = bewerten, abschätzen, veranschlagen

[7] Wer für einen möglichen Leistungstest (eine Überprüfung von Allgemeinbildung und logischen Fähigkeiten) im Rahmen eines Assessment-Centers trainieren möchte, kann dies auf der Homepage des Akademischen Dienstes Berlin einmal ausprobieren: www.akademischerdienst.de/actest1.htm. Die Lösung können Sie per E-Mail einsenden und bekommen Ihre Auswertung dann ebenfalls per E-Mail zurück.

4.7   Die Absage

Im Falle einer Absage sollte man versuchen, *aus Fehlern* zu *lernen*. Deshalb *analysieren* Sie das gesamte Bewerbungsverfahren am besten noch einmal. Fragen Sie sich, wo Sie eventuell nachlässig oder ungenau gehandelt haben. Haben Sie z.B. Termine nicht eingehalten oder Unterlagen nicht fristgerecht nachgereicht?

Nach der Devise „Der konnte mich sowieso nicht leiden" kommen Sie nicht unbedingt weiter. Es kann natürlich passieren, dass zwischen Interviewer und Bewerber die „Chemie" nicht stimmt, aber erhalten Sie häufiger Absagen, liegt es vielleicht doch eher an eigenen Fehlern.

Versuchen Sie bei einer Analyse Ihres Auftretens ehrlich zu sein, auch wenn's weh tut. Das Schöne an Fehlern ist doch, dass man aus ihnen lernen kann.

Fragen, die Sie sich nach einer Absage stellen sollten:

> ▶ Bin ich zu früh/zu spät zum Gesprächstermin erschienen?
>
> ▶ War vielleicht meine Kleidung falsch gewählt: zu auffallend, zu bieder, over- oder underdressed?
>
> ▶ Möglicherweise zu viel Parfüm/Rasierwasser benutzt?
>
> ▶ Habe ich zu viel/zu wenig geredet?
>
> ▶ Habe ich zu viele/zu wenige Fragen gestellt?
>
> ▶ Habe ich auf Fragen des Interviewers ungeschickt geantwortet, zu wenig genau, ausweichend, ironisch?
>
> ▶ Habe ich mein Interesse an der Firma nicht gut genug zum Ausdruck gebracht? War ich vielleicht nicht ausreichend über das Firmenprofil informiert?
>
> ▶ War mein Ton zu salopp oder meine Ausdrucksweise zu formal, zu trocken?
>
> ▶ Habe ich mich in meinem eigenen Lebenslauf nur unzureichend ausgekannt?
>
> ▶ Habe ich zu sehr eine „fremde" Rolle gespielt?
>
> ▶ Habe ich übertriebene Forderungen gestellt? (Gehalt, allgemeine Ausgestaltung der Position, Firmenwagen o.Ä.)
>
> ▶ Habe ich vielleicht in der Zeit nach dem Gesprächstermin durch häufiges Nachfragen zu viel Druck ausgeübt?
>
> ▶ War ich insgesamt nur unzureichend vorbereitet, was z.B. das „Einüben" der Präsentation meines Lebenslaufes betraf?
>
> ▶ Habe ich alle Vorbereitungsmöglichkeiten genutzt, z.B. ein Bewerbungstraining beim Arbeitsamt, oder ein umfangreiches Studium von Ratgebern?

4

Weiterführende Literatur:

Angelika Fuchs/Axel Westerwelle, *Die schriftliche Bewerbung*, Niedernhausen: Falken Verlag, 2000.
Ein etwa 150 Seiten starker Ratgeber übers Bewerben, inklusive einem Kapitel zum Thema „Online bewerben". Im Anhang Literaturtipps und Adressenlisten zur Informationsbeschaffung.

Dr. Roland Metzger/Christopher Funk/Kerstin Post, *Bewerben im Internet. Stellenangebote & Bewerbungen online*, Niedernhausen/Ts.: Falken, 2001.
Ein mit 128 Seiten recht handlicher Ratgeber über den neuen Bewerbungsweg Internet. Das Buch konzentriert sich überwiegend auf praktische Ratschläge, stellt z.B. ausführlich Suchmaschinen und elektronische Stellenmärkte im Internet vor. Speziell das Kapitel über die Internet-Job-Börsen lohnt sich. In Tabellenform stellen die Autoren rund 40 ausgewählte Adressen ausführlich vor.

Jürgen Hesse/Hans Christian Schrader, *Das Hesse/Schrader Bewerbungshandbuch. Alles, was Sie für ein erfolgreiches Berufsleben wissen müssen*, Frankfurt am Main: Eichborn, 2000.
Ein etwas großspuriger Titel, dem das sehr umfangreiche Werk (510 Seiten) aber annähernd gerecht wird. Insgesamt zehn Kapitel mit der Beschreibung von Bewerbungswegen, einer Einführung in die Sprache von Zeugnissen, der Vorstellung von verschiedenen Einstellungstests, Tipps fürs Vorstellungsgespräch u.v.m. Sehr anschaulich sind die zahlreichen kommentierten Beispiele sowie eine ganze Reihe von Ankreuz-Tests, mit denen man als Leser z.B. mehr über die eigenen Stärken und Schwächen herausfinden kann.

Jürgen Hesse/Hans Christian Schrader, *Die 100 häufigsten Fragen im Vorstellungsgespräch*, Frankfurt am Main: Eichborn, 1999.
Konkrete Fragebeispiele zu den Bereichen Bewerbungsmotive, beruflicher Werdegang, familiärer Hintergrund, Gesundheitszustand und berufliche Kompetenz. Zu jedem Fragenbeispiel werden die Zielsetzungen aus Sicht des Interviewers erläutert. Dazu bieten die Autoren jeweils Tipps zu möglichen Antworten an. Mit 156 Seiten recht handlich.

Doris und Frank Brenner, *Das große Testbuch der Allgemeinbildung. Ausgabe 2001*, München: Axel Juncker Verlag, 2001.
Rund 800 Fragen mit Lösungen aus den Bereichen Staat, Geschichte, Politik, Geographie, Reisen, Technik, Wissenschaft, Biologie, Literatur, Musik, Sport, Natur, Kunst, Wirtschaft, Chemie und Medizin. Zur Vorbereitung auf Einstellungstests, die die Allgemeinbildung abprüfen. Die Fragen sind durchaus anspruchsvoll. Kann man auch einfach nur so, als Freizeitbeschäftigung, durchlesen und dann „mitraten".

Claus Coelius, *Arbeitszeugnisse im Klartext*, Hamburg: CC-Verlag, 2000.
Sehr informativ ist speziell das zweite Kapitel, in dem anhand von Textbausteinen konkrete Formulierungen und ihre „wahre" Bedeutung aufgeschlüsselt werden.

Jürgen Hesse/Hans Christian Schrader, *Praxismappe für das perfekte Arbeitszeugnis: mit ausführlicher Anleitung sowie zahlreichen Textbausteinen und Formulierungshilfen*, Frankfurt am Main: Eichborn, 2000.
Ein weiterer Ratgeber des fleißigen Autorenduos. Detaillierte Einzel-Analysen zahlreicher Zeugnisse. Sehr anschaulich ist die Arbeitsweise, die Zeugnisse in unterschiedlichen, kommentierten Versionen zu präsentieren.

5. NACHRICHT, REPORTAGE, FEATURE

Lernziele

- Informierende journalistische Darstellungsformen kennen und unterscheiden lernen
- Aufbau und Merkmale von Nachricht, Reportage und Feature erfahren

Nachricht ist, was sich unterscheidet.[1]

5

Einer der ersten Sätze, die jeder Journalistenschüler zu hören bekommt, lautet: „Trennen Sie Information und Meinung!" Das ist auch gut so, denn als *Mediennutzer* möchte man sich schließlich darauf verlassen können, dass das, was man liest, hört oder sieht, auf *Tatsachen* beruht und nicht auf *Meinungen*, d.h. auf *subjektiven Einschätzungen* von Sachverhalten. Denn eine Einschätzung kann sowohl „richtig" als auch „falsch" sein. Tatsachen müssen nicht zwingend interpretiert werden, Meinungen schon.

Nachricht, Reportage und Feature gehören zu den *informierenden journalistischen Darstellungsformen*. Ihnen gegenüber stehen die *meinungsäußernden Formen* wie *Glosse* oder *Kommentar*, die Sie in Kapitel 6 kennen lernen werden.

Im weiteren Verlauf folgt dieses Kapitel den beiden journalistischen Standardwerken *Einführung in den praktischen Journalismus* von Walther von La Roche und dem *ABC des Journalismus*[2] von Claudia Mast.

---

[1] Walther von La Roche, *Einführung in den praktischen Journalismus*, München: List Verlag, 1999, S. 64.

[2] Claudia Mast (Hrsg.), *ABC des Journalismus. Ein Leitfaden für die Redaktionsarbeit*, (Reihe praktischer Journalismus; Bd. 1), Konstanz: UVK Medien Verlagsgesellschaft, 1998.

5.1   Die Nachricht

Nicht jede Information taugt zur Nachricht. Im Zusammenhang mit den Kriterien, die eine gute Schlagzeile ausmachen, haben Sie vielleicht schon einmal das Beispiel „Mann beißt Hund" gehört.

Als Urheber dieser journalistischen „Weisheit" gilt der US-Journalist John B. Bogart, der im Jahre 1880 den denkwürdigen Satz formuliert haben soll: „When a dog bites a man, that's not news, but when a man bites a dog, that's news."[3]

Eine *Information* wird erst zur *Nachricht* durch ihren *„Nachrichtenwert"*. Der Sachverhalt muss sich vom Alltäglichen, vom Gewohnten abheben, also auf irgendeine Weise *unerwartet* oder *überraschend* sein. Wie schon am Anfang des Kapitels zitiert: Eine Nachricht ist nur, was sich vom „Normalen" unterscheidet.

Wenn ein Bus fünf Minuten Verspätung hat, „unterscheidet" sich das ja aber auch schon vom „Normalen", den geplanten Abfahrtszeiten auf dem Fahrplan. Eine Nachricht muss folglich noch ein weiteres Kriterium erfüllen: Sie muss von *allgemeinem Interesse* sein.

Ein einfaches *Beispiel* aus der Tageszeitung:

> *Feuchte und etwas mildere Luft bestimmt das Wetter. Vorhersage: Wechselnd bewölkt, gebietsweise neblig-trüb. Im Nordwesten Schnee oder Schneeregen. Höchstwerte null bis plus 8 Grad.*[4]

Das Wetter von gestern und das Wetter von heute unterscheiden sich oft ganz beträchtlich und Regen, Sonnenschein oder Schnee betreffen alleine in Deutschland täglich auf sehr konkrete Weise über 80 Millionen Menschen. Da kann man sicherlich von einem „vorhandenen allgemeinen Interesse" sprechen.

---

[3] In dt. Übersetzung: „Wenn ein Hund einen Mann beißt, ist das keine Nachricht, aber wenn ein Mann einen Hund beißt, dann ist das eine Nachricht". Walther von La Roche, *Einführung in den praktischen Journalismus*, S. 64.

[4] *Süddeutsche Zeitung* vom 27. Dezember 2000, S. 1.

„Allgemeines Interesse" bedeutet aber wiederum nicht, dass eine Information auch wirklich „alle" interessieren muss. Für den Leser einer *Regionalzeitung* sind bestimmte lokale Informationen wichtig. In einer bundesweiten Nachrichtensendung werden diese Informationen selbstverständlich nicht behandelt. Eine Bürgermeister-Wahl in Ulm wird in der lokalen *Südwest Presse* ein Top-Thema sein, in der „Tagesschau" erfährt man darüber sicher nichts. Walther von La Roche hat einen Katalog von Faktoren zusammengestellt, die ein „allgemeines Interesse" (das in Wahrheit sehr spezifisch ist) erzeugen:[5]

▶ Prominenz   ▶ Folgenschwere Wichtigkeit

▶ Nähe (Lokaler Bezug)   ▶ Konflikt

▶ Gefühl   ▶ Dramatik

▶ Sex   ▶ Kuriosität

▶ Fortschritt   ▶ Nützlichkeit

5

Zur Erläuterung dieses Katalogs hat der langjährige Ausbildungsbeauftragte und ehemalige Nachrichtenchef des Bayerischen Rundfunks eine *Beispiel-Nachricht* mit allen Faktoren bis auf die „Nützlichkeit" konstruiert:

> *Der Industrielle Robert Müller (Prominenz)*
> *aus unserer Stadt (Nähe)*
> *übergibt auf dem Sterbebett (Gefühl)*
> *seiner Geliebten (Sex)*
> *die Konstruktionspläne (Fortschritt)*
> *einer Wunderwaffe (Folgenschwere Wichtigkeit),*
> *die er trotz wiederholter verlockender Angebote und Erpressungsversuche (Konflikt, Kampf)*
> *und eines Einbruchs in seinen Safe (Dramatik)*
> *bis heute verwahrt hat (Gefühl);*
> *jetzt aber taugen sie, weil überholt, nur noch zum Bau von Kinderspielzeug (Kuriosität, ungewöhnlicher Ablauf)[6]*

Je mehr dieser Faktoren eine Nachricht enthält, umso mehr Interesse erzeugt sie. Und erst wenn eine Information eine dieser Anforderungen erfüllt, schafft sie vielleicht den Weg zur Nachricht.

---

[5] Walther von La Roche, *Einführung in den praktischen Journalismus*, S. 72 ff.

[6] Ebenda, S. 73.

Seit längerem haben sich auch die Begriffe „hard news" und „soft news" im Journalisten-Deutsch eingebürgert. Provokativ formuliert geht es dabei um die Unterscheidung zwischen Nachrichten, die den Mediennutzer interessieren *sollten* und Nachrichten, die den Leser, Hörer oder Zuschauer *wirklich interessieren*. Unter die erste Rubrik fallen meist Politik und Wirtschaft, unter die zweite Showbusiness, Glanz, Glamour und Skandale:

> *Nachrichten, bei denen der Nachrichtenfaktor 'Bedeutung' im Vordergrund steht, werden auch als harte Nachrichten (hard news) bezeichnet. Weiche Nachrichten (soft news) sind solche, deren Nachrichtenwert durch das Publikumsinteresse bestimmt wird bei eher fehlender objektiver Bedeutung. Folglich ist der Unterhaltungswert von Soft News höher als deren Nützlichkeit.*[7]

Eine Nachricht besitzt ferner einen *inhaltlich* und *formal* definierten *Aufbau*. Die Abgrenzung gegenüber dem „kleinen" und dem „großen" Bruder der Nachricht, der *Meldung* und dem *Bericht*, ist aber selbst unter ausgewiesenen Experten nicht ganz einheitlich. Walther von La Roche weist in seiner Definition der Nachricht eine Länge von bis zu 20 Druckzeilen (in einer Tageszeitung) zu. Für Claudia Mast ist alles unter 25 Zeilen eine Meldung. Allerdings bezeichnet Claudia Mast Meldungen auch als Kurznachrichten:

> *Der Übergang zwischen diesen Darstellungsformen ist jedoch fließend, zumal der formale Aufbau den gleichen Grundprinzipien folgt. Deshalb werden 'Meldungen' und 'Berichte' auch als Nachrichtendarstellungsformen bezeichnet – der Begriff 'Nachricht' ist in diesem Fall eher eine Gattungsbezeichnung, die verschiedene Formen aufweist, als die Benennung einer spezifischen Darstellungsform.*[8]

Einig sind sich die beiden Autoren darüber, dass eine Meldung kürzer ist als eine Nachricht. Ein Bericht schließlich ist länger als eine Nachricht.

Der inhaltliche Aufbau einer Nachricht sieht im Grunde aus, wie eine auf den Kopf gestellte Pyramide. Das Wichtigste kommt zuerst und jede Information,[9] die danach folgt, ist weniger bedeutsam als die vorangegangene. Als Grundprinzip gilt, dass eine Nachricht von hinten her (um die unwichtigeren Informationen) kürzbar sein muss, wobei die wichtigste Information (also der erste Satz) bis zum Schluss erhalten bleibt.

---

[7] Claudia Mast, *ABC des Journalismus*, S. 227.

[8] Ebenda, S. 227.

[9] Damit keine Begriffsverwirrung entsteht, denn es hieß ja zuvor, nicht jede Information ist eine Nachricht: Eine Nachricht beinhaltet eine *Aneinanderreihung von Informationen*. Je mehr Informationen von allgemeinem Interesse sind, desto größer ist die Chance, dass aus der Basis-Information („Rentenreform gescheitert") eine Nachricht, mit *zusätzlichen*, ebenfalls interessanten Informationen und einer gewissen *formalen Länge*, entsteht.

Der Nachrichtenanfang wird fachsprachlich auch als „Lead"[10] bezeichnet. Er umfasst in etwa die ersten beiden Sätze, in denen die *zentralen Informationen* bereits enthalten sein müssen. Doch was ist denn nun das Wichtigste für eine Nachricht? Hier helfen die *W-Fragen* weiter:

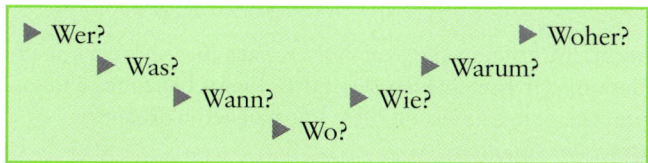

▶ Wer?   ▶ Woher?
   ▶ Was?   ▶ Warum?
      ▶ Wann?   ▶ Wie?
            ▶ Wo?

Der Aufbau einer Nachricht ist also genau *gegenteilig* zur *literarischen Erzähl-struktur*. In einer Kurzgeschichte oder einem Roman würde ein Autor nie mit dem Höhepunkt beginnen. Beim literarischen Erzählen *steigert* sich die Handlung *allmählich* bis zur *Klimax*. In einer Nachricht wird das „spannende Ende" hinge-gen gleich am Anfang verraten.

Schauen Sie mal in Ihre Tageszeitung oder hören Sie bei den Nachrichten im Radio und Fernsehen genau hin. Mit diesen W-Fragen lässt sich jeder Nachrich-tenanfang analysieren, egal ob in der *Zeitung*, im *Hörfunk* oder im *Fernsehen*. Nicht immer muss ausnahmslos auf alle W-Fragen eine Antwort gegeben werden. Manche Ereignisse haben keinen bestimmten Ort oder die Erklärung ihrer Ursa-che, „das Warum", ist zu aufwändig für den Lead.

Sehen wir uns ein *Beispiel* an:

München (SZ) – Der Euro hat am Diens-tag seinen Höhenflug fortgesetzt. Im asiatischen Handel stieg er bis auf 0,9314 Dollar und damit auf das höchste	Niveau seit Ende Juli dieses Jahres. Um 22.00 Uhr wurde er unter Banken mit 0,9320/27 Dollar gehandelt. (Seite 4 und Wirtschaft)[11]

So sehen die Antworten auf die W-Fragen aus:

▶ Wer?   „Der Euro"

▶ Was?   „hat seinen Höhenflug fortgesetzt"

▶ Wann?   „am Dienstag"

▶ Wo?   „im asiatischen Handel"

▶ Wie?   „stieg er bis auf 0,9314 Dollar"

---

[10] Engl. „to lead" = führen, anführen.

[11] *Süddeutsche Zeitung* vom 27. Dezember 2000, S. 1.

> ▶ Warum?   Ein eigentlicher Grund ist hier noch nicht genannt, der wird sich aber mit großer Wahrscheinlichkeit unter dem Verweis „(Seite 4 und Wirtschaft)" finden.
>
> ▶ Woher?   die Quellenangabe, hier: „München (SZ)"

Diese Kurznachricht können Sie von hinten Satz für Satz kürzen und die wichtigste Information, der Kursanstieg des Euro, bleibt bis zum Schluss erhalten. Es ist auch keine Meinungsäußerung des Journalisten vorhanden, es werden nur *objektive Tatsachen* mitgeteilt.

Dem Lead einer Nachricht schließt sich der Hauptteil oder „Body"[12] an, der ausführlichere Informationen enthält. Es wird also auf die W-Fragen noch einmal *umfassender eingegangen*, eventuell werden *Vorgeschichte* und weitere *Details* geschildert.

5.2   Die Reportage

Die Reportageform hat ihre Wurzeln im *literarischen Reise-* und *Augenzeugenbericht*:

> *Die Wegbereiter waren vor allem englische und französische Schriftsteller, in erster Linie Balzac und Zola, die auf Reporterweise ihr Jahrhundert beschrieben haben. Die deutsche Tradition basiert auf Literaten wie Heinrich Heine mit seiner Gerichtsreportage 'Old Bailey' aus London (1828) oder Theodor Fontane mit seinem aufsehenerregenden Bericht 'Eine Stunde bei den Werbern' (1858).*[13]

Die Schriftsteller machten es also den Journalisten vor, wie man einem Leser Ereignisse aus der Perspektive des *stellvertretenden Beobachters* schildern kann. Das ist es, was das *Wesen der Reportage* ausmacht: Sie beschreibt dem Leser, Hörer oder Zuschauer Geschehnisse so, wie sie der Reporter *erlebt* und *wahrgenommen* hat.

Die Reportage gehört, wie schon erwähnt, zu den informierenden journalistischen Darstellungsformen. Der Journalist soll hier *über die Wiedergabe der bloßen Tatsachen hinaus*, seine *eigenen persönlichen Erfahrungen* „vor Ort" einbringen. Eine Reportage kann man also nicht vom Schreibtisch aus schreiben, sondern man muss hinaus und *hinein ins Geschehen*. Hier ist *Authentizität* gefordert. Reportagen sind also trotz der *persönlichen Färbung* keine erfundenen Geschichten. Die *Grundlage* bilden immer *Tatsachen*.

---

[12] Engl. „body" = Körper.

[13] Claudia Mast, *ABC des Journalismus*, S. 240.

„Lassen Sie die Menschen zu Wort kommen":[14] Das ist das inhaltliche A und O einer Reportage. Ein guter Reporter wird die Dinge und Personen *für sich selbst* sprechen lassen. Er wird nicht *über* sie sprechen. Eine gelungene Fernsehreportage z.B. muss eigentlich ganz ohne zusätzlichen Off-Text[15] auskommen – eben weil die Bilder und die Aussagen der Beteiligten so *aussagekräftig* sein sollten, dass sie keiner weiteren Erklärung mehr bedürfen.

Im Gegensatz zur Nachricht ist die Reportage *dramaturgisch* aufgebaut. Wie ein guter Roman wird sie im weiteren Verlauf immer spannender. Eine Reportage kann man nicht nach der Nachrichtenregel von der abnehmenden Wichtigkeit von hinten her kürzen. Trotzdem spielt auch bei einer Reportage der Anfang eine sehr wichtige Rolle. Schon mit den ersten paar Worten sollte es dem Autor gelingen, das Interesse des Lesers zu wecken, ihn neugierig zu machen, wie die „Geschichte" weitergeht. „Ein Schulaufsatz beginnt mit dem Allgemeinen und führt dann zum Besonderen weiter"[16] schreibt La Roche. Die Reportage dagegen „beginnt mit dem Besonderen und leitet dann zum Allgemeinen über".[17]

Stellen Sie sich vor, Sie müssten eine Reportage zum Oberthema „Ein Tag auf dem Wertstoffhof" schreiben. Wenn Sie diese Reportage mit einer trockenen Abhandlung über die Öffnungszeiten sowie die täglich anfallenden Altmetall-Mengen beginnen, liest das garantiert niemand. Bei einem Anfang wie dem folgenden sind die Aussichten etwas besser:

„Vieles ist ja noch fast ganz neu. Manchmal tut mir das schon weh." So, wie Rainer B. das sagt, glaubt man ihm das auch, wie er da mit fast ärgerlichen, zusammengekniffenen Augen vor der CS-6450 steht. Ein grüner Knopf und 6000 Watt, so sieht also das Fegefeuer für „Billy" und Co. aus. Die CS 6450-Hydraulikpresse ist das Standardmodell auf allen Münchner Wertstoffhöfen ...

Von den *zentralen Anforderungen* her gibt es zwischen Reportagen in Zeitungen, Hörfunk oder Fernsehen keine wesentlichen Unterschiede. Die verschiedenen Medien bieten aber natürlich *unterschiedliche Möglichkeiten der Umsetzung.* Eine *Fernsehreportage* kann *Bilder sprechen* lassen, ein *Hörfunkreporter* kann zwar *Beteiligte zu Wort kommen* lassen, muss aber die äußeren Umstände beschreiben. In einem *Zeitungstext* muss allein das Mittel *Sprache* das Geschehene und Erlebte wiedergeben.

---

[14] Walther von La Roche, *Einführung in den praktischen Journalismus*, S. 136.

[15] Wenn in einer Fernsehsendung ein Sprecher die Bildern erläutert, illustriert, kommentiert, etc., dabei aber nicht selbst im Bild zu sehen ist, so nennt man den gesprochenen Text fachsprachlich „Off-Text".

[16] Walther von La Roche, *Einführung in den praktischen Journalismus*, S. 136.

[17] Ebenda, S. 136.

Seit 1977 vergibt das Magazin *Stern* jährlich den renommierten Egon-Erwin-Kisch-Preis für die beste deutschsprachige Reportage. 1999 erhielt Alexander Osang von der Berliner Zeitung den 2. Preis für seine Reportage über den ehemaligen DDR-Radprofi Täve Schur. Lesen Sie die folgenden Auszüge:

Ein brauchbarer Held

(...)

LEIPZIG, im April. Eigentlich erzählt der Briefkasten schon die ganze Geschichte. Ein Blechbriefkasten, auf dem Täve steht. Nur Täve. Sonst nichts.

Ein Mann, der allen gehört, erzählt der Briefkasten. Jemand, den man anfassen darf. Jemand, den man duzen muß. Jemand, der sich in seine Rolle gefügt hat. Ein Weltmeister. Ein Held. Einer für alle. Ein Mensch wie ein Spitzname. Ein lebender Schlachtruf. Kinder brüllten seinen Namen am Straßenrand, ohne zu wissen, was er bedeutet. Ein ostdeutscher Superman mit Rädern unten dran. Eine Figur. Man kann sie bewegen. Hier hinstellen und dort hinstellen. Und wenn man will, kann man sie auch Symbol nennen. Niemals würde sich Boris Becker „Bobele" auf den Briefkasten schreiben. Oder Michael Schumacher „Schumi". Das ist der Unterschied. Das ist die Geschichte.

Man könnte jetzt gehen, wenn der Mann, den jeder Täve nennen darf, nicht schon in der Tür seines Heyrothsberger Hauses stehen würde, gebeugt, aber lachend. „Komm rin, Mensch", ruft er. „Hier draußen frierste dir doch 'n Arsch weg." Täve Schur zerrt sich jeden Fremden sofort an die Brust. Auch weil er ein bißchen unsicher ist. Weil er glaubt, wer ihn duzt, tut ihm nicht weh. Irgendwo im Haus wartet seine Frau mit der Kaffeekanne und dem Kuchenteller. Die Frau des Helden. Das kann man in ihrem Gesicht lesen und in der Art, wie sie den Käsekuchen serviert. Als sei sie ein Geist. Eine Frau, die nicht stören darf, wenn sich die Männer über Politik unterhalten. Heute wird über Politik geredet. Im Wohnzimmer sitzt ein Mann mit einem roten Bart. Das ist Dr. Volker Külow von der PDS Leipzig, der Schur berät. Täve Schur kandidiert für den Bundestag. Da muß man ein bißchen aufpassen, was man so erzählt.

Mensch, Mandela

„Mensch beim MDR, da hab ich jetzt Scheiße gebaut", sagt Schur. „Da habe ich gesagt, daß die bürgerlichen Medien die Menschen manipulieren, so, als wenn man den Negern sagt, in der Wüste gibt's Wasser und Brot, und die rennen alle in den Tod. Die Neger. Das war große Scheiße, Mensch. Das kann man ja so und so deuten."

„*Der Täve hat da 'ne viel differenziertere Meinung zur Wende*", *sagt Külow.* „*Die hab ich jetzt nicht da. Könnte ich Ihnen aber zufaxen.*"

„*Mann, der Külow, der haut mich immer raus, das alte Wildschwein*", *sagt Schur.* „*Ich bin ja jetzt praktisch sieben Jahre raus aus der Politik. Seit der Volkskammerzeit. Wenn man da nicht autodidaktisch liest, ist man weg vom Fenster. Aber ich lese ja Neues Deutschland, da weiß ich, was nicht in der bürgerlichen Presse steht. Also, daß was drinne stehen müßte im Sinne der, äh, Veränderung der Welt. Ja.*"

„*Also der Täve meint ...*", *beginnt Külow.*

„*Mensch, Külow. Jetzt sei aber mal stille*", *unterbricht Schur.* „*Ich hab ja hier auch jede Menge Bücher zu hängen. Mensch hier. Der Wolff und die Daniela Dahn, wunderbar, und alles vom Gregor Gysi. Ein Schlitzohr, Junge. Eben von Berlin. Und dann natürlich Mandela. Mensch, Mandela. Der lange Weg zur Freiheit. Hab ich jetzt angefangen. Ein Bombending. Der Mandela also, muß man den Hut ziehen. Der hat vom Lehmboden gefressen, und jetzt als Präsident, Mensch. Aber das Geld haben die Weißen. Und wer das Geld hat, hat die Macht. Das müssen wir ändern.*"

Külow stopft sich schnell weiteren Käsekuchen in den Mund.

(...)

Es läßt sich nicht mehr genau rekonstruieren, wer darauf kam, Täve Schur als PDS-Kandidaten für den Bundestag zu nominieren. Schur glaubt, es lag an einer Veranstaltung in Zwickau, zu der er 600 Leute lockte. Gysi sagt, ihm sei das eingefallen, als er im vorigen Jahr den Jubel sah, der Täve Schur bei der Friedensfahrt entgegenschlug. Und die sächsische Landtagsabgeordnete Ingrid Mattern aus Hoyerswerda glaubt an eine Art Eingebung. „*Es war zur Sachsentour von Gysis Bundestagstruppe, da fragte mich der Gregor, wer in Sachsen einen Blumentopf gewinnen könnte. Da habe ich gesagt, daß ein Sportler eine gute Nummer sein könnte. Es ist nicht ausgesprochen worden. Aber wir haben beide gewußt, daß ich in diesem Moment an Täve dachte.*"

(...)

Denn er ist ein Symbol. Für Gregor Gysi sogar ein Doppelsymbol. „*Einerseits symbolisiert er, daß es auch in der DDR aufrechte und erfolgreiche Menschen gab. Andererseits ist er der Beweis, daß nicht alle Ostler nach der Wende den Kopf in den Sand steckten. Er hat schließlich die Friedensfahrt wiederbelebt.*"

(...)

Ob er im Bundestag mehr sein kann als Symbol, ist im Augenblick weniger wichtig. „*Er wird natürlich kein Politiker, der eine spezielle Kompetenz hätte*", *sagt André Brie.* „*Um es mal vorsichtig zu sagen.*"

Die Frage ist, ob das auch Täve Schur weiß. Der sitzt mit ausdrucksloser Miene an seinem Wohnzimmertisch. Es ist ruhig. Külow träumt. Schur kann Ruhe nicht ertragen. Er muß in die Lücke springen, weil er denkt, daß es von ihm erwartet wird. „Ja, die sozialen Bedingungen, Mensch", sagt er plötzlich. „Die Interessen vertreten. Für die Unteren. Ich kann jetzt nicht kneifen. Ich muß kämpfen." (...)

Gregor macht uns rund

Am Abend gibt es im riesigen Speisesaal des Leipziger Ordnungsamtes noch ein Gesprächsforum mit Gysi und Schur. Es kommen 27 Leute. Gregor Gysi verschwindet erst mal, um sich von diesem Schock zu erholen. Täve Schur plaudert fröhlich mit einem alten Ehepaar. Der Leipziger PDS-Stadtvorsitzende Dieter Pellmann, der die Veranstaltung organisiert hat, flüstert Volker Külow zu: „Der Gregor macht uns rund", und bereitet sich darauf vor, indem er zügig ein großes Bier leert. Irgendwie fängt es dann doch an. Gysi redet sich warm, und Schur erzählt wieder, wie viele Milliardäre und wie viele Millionäre es in der Bundesrepublik gibt. Und daß das alles relativ sei. Was immer er damit meint. Am Ende fragt eine Frau nach der Zunahme des Rechtsradikalismus. Schur redet von Nazirichtern, „die in der BRD in Fülle Anstellung gefunden haben", von Broschüren aus Dänemark und daß nach dem Mauerfall „die ganze braune Soße zu uns rübergeschwappt" sei. Dann sagt er: „Hitler hat die Probleme ja noch in den Griff gekriegt, indem er Autobahnen baute. Heute sind die Probleme zu groß dafür."

Gysi starrte blaß durch Schur hindurch. Vielleicht dachte er daran, daß sich sein Kandidat hier um Kopf und Kragen redete. Vielleicht verstand er, daß der Mann einen Ruf zu verlieren hatte. Als Sportler. Und als Mensch. Vielleicht dachte er dieses eine Mal an Täve Schur. Und nicht ans Gewinnen."[18] „

AUFGABEN

Analysieren Sie diese Reportage.

1. Wie ist sie dramaturgisch und sprachlich aufgebaut?

2. Wodurch wirkt die Reportage so „persönlich"?

---

[18] *Berliner Zeitung* vom 4. April 1998, zitiert nach www.berlinonline.de/wissen/berliner_zeitung/ archiv/1998/0404/blickpunkt/0003/index.html

5.3 Das Feature

Das Feature gehört wie die Reportage zu den *formal umfangreicheren informie-renden journalistischen Darstellungsformen*. Wenn Sie in eine Programmzeit-schrift schauen, werden Sie allerdings feststellen, dass sich der Begriff „Feature" hauptsächlich in Verbindung mit *Hörfunksendungen* findet. Das heißt nicht, dass es im Fernsehen oder in den Printmedien keine Sendungen mit Feature-Charak-ter gäbe, dort dominiert aber der Begriff der „Reportage".

Ist also nun ein Feature eine Reportage? Im Prinzip ja, eine „besonders umfassend angelegte Reportage, kann man sagen."[19] Zum Feature finden sich auch in Fach-büchern allerhand unterschiedliche Definitionen. Zwar betonen die jeweiligen Fachautoren den eigenen Charakter dieser Form, doch es festigt sich der Ein-druck, dass die Grenzen zur Reportage doch mehr als fließend sind.

> *Die Hauptfunktion der Reportage ist das Teilnehmenlassen, diejenige des Fea-tures besteht im Anschaulichmachen abstrakter Sachverhalte, um Strukturen durchsichtig werden zu lassen.*[20]

5

Etwas weniger verklausuliert ausgedrückt: Eine Reportage schildert einen *Einzel-fall*, ein Feature benutzt die Schilderung des Einzelfalles um einen *größeren (abstrakten) Zusammenhang* oder *Sachverhalt zu verdeutlichen*. Dem könnte man entgegenhalten: „Niemand ist eine Insel".[21] Kein Einzelschicksal entwickelt sich isoliert von äußeren Umständen.

Im Grunde unterscheiden sich Reportage und Feature also nicht in Form oder Inhalt voneinander, sondern in ihrem *Blickwinkel*. Der Einzelne als Einzelner oder der Einzelne als Beispiel für etwas größeres Ganzes:

> *Eine Reportage hingegen müsste den Eindruck vermitteln, dass die Akteure nicht austauschbar sind und die Erlebnisse einmalig, mithin unwiederbringlich.*[22]

Wenn Sie sich die Reportage von Alexander Osang durchlesen, erfahren Sie durch die Person Täve Schur – quasi nebenbei – auch eine Menge über das Leben in der DDR. Aber im Vordergrund steht der Mensch Täve Schur. Er dient nicht als sym-bolischer Aufhänger für ein Feature über das Wesen der Deutschen Demokrati-schen Republik oder über die Einsamkeit des Leistungssportlers nach dem Kar-riere-Ende.

---

[19] Walther von La Roche, *Einführung in den praktischen Journalismus*, S. 139.

[20] Claudia Mast, *ABC des Journalismus*, S. 250.

[21] „No man is an island, entire of it self (...)". Der berühmte englische Dichter John Donne (1572-1631) in den *Devotions upon Emergent Occasions* (1624). Zitiert nach *The Oxford Dictionary of Quotations*, edited by Angela Partington, Oxford/New York: Oxford University Press, 1996, S. 253.

[22] Claudia Mast, *ABC des Journalismus*, S. 250.

Ein Feature darf im Gegensatz zur Reportage den „realistischen" Rahmen verlassen. In der Fernsehform können z.B. fiktive Szenen mit Schauspielern o.Ä. integriert werden. Ein Feature darf nahezu alle Register ziehen, um den (abstrakten) thematischen Schwerpunkt zu illustrieren. Im Hörfunk, der offiziellen Enklave des Features, können dies die Verteilung des Textes auf mehrere Sprecher, akustische Effekte, Hörspiel-Elemente, Musik, Interviews, O-Töne etc. sein, die alle innerhalb ein und desselben Features auftauchen können. Themen, die der Bayerische Rundfunk in Feature-Form umgesetzt hat, waren z.B.:

Das gemanagte Leitbild
Idole und Ideale von heute
Der Bürger aus Dingsda
Die Provinz – gibt es sie noch?[23]

Damit Sie sich diese wahrscheinlich nicht so ganz vertraute journalistische Form etwas besser vorstellen können, ist hier nachfolgend ein Auszug eines Hörfunk-Feature-Manuskripts aus La Roches Einführung in den praktischen Journalismus abgedruckt.[24] Das Thema, das La Roche leider nicht explizit nennt, beschäftigt sich offensichtlich mit der Problematik von Adoptionen:

(...) ZUSPIELUNG   0.13
        Dann hatte ich einfach Angst, was meine Eltern sagen
        würden, was die Umgebung sagen würde, hatte auch
        Angst überhaupt vor der Schwangerschaft und was aus
        mir selber wird mit dem Kind.

Erz. [Erzähler]: Und es war ganz allein und da hat sich's hingesetzt und geweint und da sitzt es noch und ist ganz allein ...

ZUSPIELUNG   Da hatte ich einfach Angst

UNTER DER LETZTEN ZUSPIELUNG UNTERBLENDEN: ESTHER OFARIM 'SOMETIMES I FEEL LIKE A MOTHERLESS CHILD' 3. STROPHE ca. 0.50

1. Spr. [Sprecher]: Adoption – Annahme an Kindes statt, geregelt im BGB, viertes Buch, Familienrecht, achter Titel, Paragraphen 1741 bis 1772.

---

[23] Walther von La Roche, Einführung in den praktischen Journalismus, S. 141.

[24] Ebenda, S. 141.

2. Spr.: Paragraph 1741: Wer keine Abkömmlinge hat, kann durch Vertrag mit einem anderen diesen an Kindes Statt annehmen. Der Vertrag bedarf der Bestätigung durch das zuständige Gericht.

KOMMENTAR ÜBER DEN ZITIERTEN GESETZESTEXT BLENDEN

Komm. [Kommentator]: Wir fragten aus gegebenem Anlaß: wegen der Änderung von Vorschriften des Adoptionsrechts. Wir waren selten willkommen, so, als wollten wir nicht Stellungnahmen, sondern – ein Geständnis! Wir waren lästig, obwohl unser Thema vertraut ist. In Zeitungen und Illustrierten werden regelmäßig Kinder zur Adoption angeboten: (...)

La Roche kann von den Lesern seines Fachbuches erwarten, dass sie aus der journalistischen Praxis kommen. Das können wir in diesem Deutschkurs natürlich nicht voraussetzen, deshalb bedarf dieser Textauszug zum besseren Verständnis einiger *Erläuterungen*:

▶ Dieses Skript war die Grundlage für die Aufzeichnung des Features in einem Tonstudio. Offenbar waren hier vier verschiedene Sprecher (1. und 2. Sprecher, Erzähler, Kommentator) beteiligt. Der Ausdruck „Zuspielung" besagt, dass es sich dabei um einen Teil eines vorab aufgezeichneten Interviews handelt (mit einer Frau, die ihr Kind zur Adoption frei gegeben hat).

▶ Die Aufnahmesituation können Sie sich in etwa so vorstellen: In einem Sprecherraum sitzen die vier Sprecher, in einem Nebenraum befindet sich der Tontechniker, der die Aufnahme vornimmt. Meist befindet sich zwischen der Tonregie und dem Sprecherraum eine Glasscheibe, um direkten Sichtkontakt für eventuelle Regieanweisungen zu gewährleisten.

▶ Alle Beteiligten haben eine Kopie des Manuskriptes vor sich liegen. Entsprechend der Rollenverteilung des Textes schaltet der Tontechniker die jeweiligen Mikrofone der Sprecher ein und aus, spielt vorbereitete Zuspielungen ein und unterlegt den Text an den richtigen Stellen mit Musik o.Ä. – gemäß den Regieanweisungen des Autors.

▶ Der Ausschnitt aus dem Feature beginnt mit einer voraufgezeichneten 13-sekündigen Zuspielung einer Mutter, die offensichtlich ihr Kind zur Adoption frei gegeben hat. Der Sprecher mit der Rollenzuweisung „Erzähler" setzt zum richtigen Zeitpunkt, nach „....Kind.", mit seinem Text ein. Die drei Punkte nach dem letzten Satz sind für den Tontechniker das Zeichen, hier etwas „Luft" zu lassen. Die folgende Zuspielung wird nicht sofort „hart" angehängt, sondern es schließt sich erst eine kurze Pause (vermutlich ein bis zwei Sekunden) an.

▶ Unter „Da hatte ich einfach Angst." blendet der Tontechniker die vom Autor gewünschte dritte Strophe von „Sometimes I feel like a motherless child" ein. Die Regieanweisung zeigt ferner an, dass dieser Musikteil für ca. 50 Sekunden unter dem nachfolgenden Text präsent sein soll. In dem vorliegenden Auszug aus dem Feature ist das Motiv von „Da hatte ich einfach Angst." bis zum Ende unter dem gesprochenen Text immer leise zu hören.

▶ Nach der zweiten Zuspielung folgen die Einsätze von Sprecher 1 und 2, die aber durch den Text des „Kommentators" überblendet werden. Die Regieanweisung gibt keine genaue Textstelle für den Beginn der Überblendung vor, hier wird sich der Autor mit dem Tontechniker vor Ort in der Tonregie abgesprochen haben.

▶ Unter der Textpassage des „Kommentators" hört man im sendefertigen Endprodukt nun im Hintergrund immer noch „Sometimes I feel like a motherless child" sowie gleichzeitig die Sprecher 1 und 2 mit den Zitaten aus dem Gesetzestext.

Weiterführende Literatur:

Schreib das auf! Egon Erwin Kisch-Preis 2000 Die besten deutschsprachigen Reportagen, Berlin: Aufbau-Verlag, 2000.
Zum Egon-Erwin-Kisch-Preis 2000 wurden 375 Reportagen aus Deutschland und der Schweiz eingereicht. Die 36 Reportagen, die in die Endauswahl kamen, sind in diesem Buch abgedruckt.

Alles über die Nachricht. Das dpa-Handbuch, hrsg. von der Deutschen Presse-Agentur, Starnberg: Verlag R. S. Schulz, 1998.
Ein lexikalisches Bedeutungswörterbuch speziell für dpa-Mitarbeiter. Häufig vorkommendes Nachrichtenvokabular wird mit Bedeutung, richtiger Schreibweise und evtl. mit Angaben zum historischen, politischen o.Ä. Hintergrund erläutert. Hier lernt man z.B., dass „abnormal" schlichtweg falsch ist, in Wirklichkeit heißt es nämlich „abnorm" oder „anormal".

Udo Zindel, Wolfgang Rein (Hrsg.), *Das Radio-Feature. Ein Werkstattbuch inklusive CD mit Hörbeispielen*, Konstanz: UVK Medien, 1997.
Der Titel besagt es, nicht nur etwas zum Lesen, sondern auch zum Hören. Ein Einblick in die Arbeitspraxis von Feature-Autoren.

6. KOMMENTAR, LEITARTIKEL, GLOSSE

Lernziele

◆ Auseinandersetzung mit meinungsbildenden journalistischen Darstellungsformen
◆ Erste Arbeitsschritte für die Textanalyse kennen lernen
◆ Texte einschätzen, beurteilen und einordnen können

Ein Kerl muß eine Meinung haben.[1]

Natürlich muss nicht nur ein Kerl eine Meinung haben. Jeder Mensch sollte eine Meinung haben, vor allem wenn er diese auch kundtun will. Für den Journalisten bedeutet dies: Aus den *Informationen*, die ihm zur Verfügung stehen, die er recherchiert hat, muss er sich eine *Meinung* bilden können und er muss sie auch so formulieren, dass andere seine *Argumentation* nachvollziehen können – unabhängig davon, ob sie sich dieser Argumentation anschließen oder nicht.

Der Satz Döblins lässt sich also erweitern: Ein Mensch muss nicht nur eine Meinung haben, er muss auch fähig sein, sie auszudrücken. Es gibt diesen Satz übrigens in Scherzform auch umgekehrt: Es reicht nicht, keine Meinung zu haben, man sollte auch noch unfähig sein, sie auszudrücken. Kein gutes Motto für Sie als Telekollegiaten. Denn letztlich sollten auch Sie in der Lage sein, sich mithilfe verschiedener Quellen zu informieren, sich dadurch eine Meinung zu bilden und sie schriftlich oder mündlich zu formulieren. Schließlich ist das Ziel dieses Deutschkurses nicht nur das *Er*fassen, sondern auch das *Ver*fassen von Sachtexten, ein Ziel, dem wir uns nun schrittweise annähern.

6.1 Der Kommentar

Im Band *Lesen, Zappen, Surfen* haben wir uns bereits kurz mit dieser *journalistischen Darstellungsform* beschäftigt. Nun wollen wir einzelne Möglichkeiten der Kommentierung genauer ansehen und einzelne Kommentare in ihrer Aussage- und Argumentationskraft einschätzen lernen.

---

[1] Alfred Döblin, *Ein Kerl muß eine Meinung haben*, Berichte und Kritiken 1921–1924, München: dtv, 1981. Der Ausspruch Döblins ist Titel des Buches. Er findet sich aber auch in einer Theaterkritik von 1924, S. 238.

Der Kommentar ist eine *meinungsäußernde Darstellungsform*. Walther von La Roche unterscheidet drei Arten von Kommentar, eine Einteilung, die auch andere Fachleute vornehmen, gelegentlich auch ergänzen:[2]

Der Argumentations-Kommentar

Der Autor sammelt Argumente für seine Meinung und bemüht sich, die Leser zu überzeugen. „Wer den Andersdenkenden ernst nimmt, der wirbt mit Argumenten um ihn; *er holt den Leser dort ab*, wo er sich vermutlich befindet, beginnt also nicht mit einer unpopulären Meinung – um die Chance nicht zu verspielen, Andersdenkende nachdenklich zu machen, wenn nicht gar umzustimmen."[3]

Der Geradeaus-Kommentar

Laut La Roche wird dabei einfach drauflosgeschimpft und kritisiert. Schneider und Raue nennen dies „Kurzkommentar": „Wer kurz und knapp kommentiert, der hat fast keinen Platz für Argumente."[4] Vor allem Boulevard-Zeitungen bedienen sich gerne dieser Kommentarform. Für den Leser hat sie durchaus angenehme Seiten: Der Text ist meist sprachlich leicht verständlich gehalten, er ist kurz, er ist auf einen bestimmten Punkt zugespitzt, man kann sich der Meinung leicht anschließen oder dagegenhalten, weil sie so griffig, so wenig differenziert ist. Schneider und Raue nennen das Pamphlet als eine besonders scharfe Form des Kurzkommentars: „Die gröbste Form des Kommentars ist eine Spielart des Kurzkommentars; auch sie kommt ohne Argumente aus und wirkt wie ein Keulenschlag. (...) Doch wer die Polemik liebt, gerät schnell in die Gefahr, die Sprache der Demagogen und Propagandisten zu nutzen."[5]

Der Einerseits-Andererseits-Kommentar

Der Autor lässt die Argumente der verschiedenen Seiten zu Wort kommen und wägt sie gegeneinander ab. Für Schneider und Raue sind die meisten Leitartikel in Deutschland nach diesem Muster aufgebaut, „ein Filigran aus

---

[2] Walther von La Roche, *Einführung in den praktischen Journalismus*, München: List Verlag, 1999, S. 151ff.; Wolf Schneider/Paul-Josef Raue, *Handbuch des Journalismus*, Reinbek: Rowohlt Taschenbuch Verlag, 1998, S. 137ff.; Claudia Mast (Hrsg.), *ABC des Journalismus. Ein Leitfaden für die Redaktionsarbeit*, Konstanz: UVK Medien, 1994, S. 188ff.

[3] Wolf Schneider/Paul-Josef Raue, *Handbuch des Journalismus*, S. 139.

[4] Ebenda, S. 140.

[5] Ebenda, S. 141.

Analyse, Andeutungen und bedächtigem Urteil".[6] Dennoch, so heißt es weiter, lasse es diese Kommentarform häufig an einem *klaren Fazit* fehlen. Deshalb sei es von Vorteil, pro und contra zu argumentieren, also weniger „sowohl-als-auch", sondern mehr „entweder-oder". Diese Kommentarform gut zu kennen, ist für alle Menschen von Vorteil, die ihre Meinung gerne einmal in differenzierter Weise vortragen wollen.

Werden alle drei Elemente – Dafür, Dagegen, Und was nun? – formalisiert und durch Zwischenüberschriften kenntlich gemacht wie in der Zeit, so entstehen für den Leser drei zusätzliche Vorzüge:
Er kann dem Autor bei der Würdigung der gegensätzlichen Standpunkte auf die Finger sehen; er ist gespannt, zu welcher Entscheidung der Kommentator wohl kommen wird, da doch beide Meinungen so viel für sich zu haben scheinen; und er ist aufgeschlossen für ein bloß seufzendes, zähneknirschendes Ja zu einer der beiden Positionen, wie es den vertrackten irdischen Verhältnissen ohnehin am ehesten gerecht wird.[7]

6.2   Der Leitartikel

Der *Leitartikel* ist aus der Sicht des Lesers ein großer Kommentar, der – da meistens umfangreich – gut duchstrukturiert ist und im besten Fall auch eine *klare Meinung* vertritt. Denn nichts ist aus Sicht des Lesers frustrierender, als wenn er sich 300 Zeilen zu Gemüte führt und am Ende doch nicht weiß, was ihm der Autor sagen wollte. Im *ABC des Journalismus* wird dies so definiert:

Leitartikel beziehen viel eindeutiger und kompromißloser Stellung zu einem aktuellen Thema als Kommentare. Mit dieser Darstellungsform und der bewußten Planung von Leitartikeln will die Zeitung der Leserschaft etwas sagen, deutlich Position beziehen. Sie geben nicht nur die Meinung eines Verfassers wieder, sondern einer ganzen Redaktionsgemeinschaft. Dieses Ziel schließt eine Kommentierung nach dem Muster „einerseits-andererseits" aus. Am Ende des Leitartikels steht für den Leser eine Schlußfolgerung eher nach dem Muster „entweder-oder". Leitartikel vermitteln dem Leser den Standpunkt seiner Zeitung zu Themen, die nicht tagesaktuell sein müssen, wohl aber einen klaren Zeitbezug zu Entwicklungen in der Gesellschaft aufweisen.[8]

---

[6] Wolf Schneider/Paul-Josef Raue, *Handbuch des Journalismus*, S. 138.

[7] Ebenda, S. 138f.

[8] Claudia Mast, *ABC des Journalismus*, S. 190; vgl. die ähnliche Definition in: Wilhelm Eggerer/Wilhelm Dietl, *Die Nachricht. Journalistische Darstellungsformen*, Sekundarstufe, München: Manz Verlag, 1990, S. 184. In diesem Buch finden Sie übrigens auch Arbeitstexte und Aufgaben zu journalistischen Darstellungsformen.

6.3   Die sprachliche Gestaltung

Prägnant formulieren kann nur der, der weiß, was er sagen will. Es ist schwierig zu formulieren, wenn einem die *Aussage* fehlt. Sollten Sie also selbst einmal aufgefordert sein, Argumente für oder wider einen Standpunkt zu sammeln und dann Stellung zu beziehen, überlegen Sie gründlich und schreiben Sie erst dann. Ob ein Kommentator wirklich eine Meinung hat, können Sie häufig an seinem *Sprachgebrauch* erkennen: An Formulierungen wie „möglicherweise", „vielleicht", „ansatzweise", „könnte", „sollte", „wollte", „unter Umständen", „es wäre denkbar" etc. kann man erkennen, dass hier ein Kommentator Vorsicht walten lässt – jedes der Worte lässt ein Hintertürchen offen, falls ihn jemand mit seiner eigenen Meinung konfrontieren sollte. Und vieles von dem, was für den Journalisten gilt, gilt auch für Sie.

Wer einen Kommentar schreibt, sollte

▶ sich *verständlich* äußern; er schreibt oder spricht für ein Publikum, nicht für Kollegen oder Fachleute.

▶ sich vorher *sachkundig* machen.

▶ den Kommentar *gedanklich* bereits *fertig* haben, bevor er ihn niederschreibt.[9]

Beim Kommentar, der Meinung vermitteln, Zusammenhänge darlegen und Leser vielleicht gedanklich überzeugen will, ist Sorgfalt beim Satzbau und im Umgang mit der Sprache besonders wichtig. Lange Sätze müssen vermieden werden – zu leicht verheddert sich der Leser in Gedanken- und Satzketten. Eine klare Aussage äußert sich in einem klaren Satzbau und in einer klaren Sprache.[10]

6.4   Die Glosse

Die Glosse wird zu den *Meinungsbeiträgen im Journalismus* gezählt. Während manche die Auffassung vertreten, sie sollte ein ähnliches Schema befolgen wie der Kommentar, sehen andere sie in Form und Inhalt erheblich freier.

Die Glosse ist grundsätzlich nicht an eine bestimmte, feste Form gebunden. Sie kann im Aufbau dem Kommentar im engeren Sinne folgen, sie kann aber auch gedanklich und sprachlich so weit verdichtet werden, daß sie sich auf einige wenige Sätze, ja sogar nur auf einen Satz reduziert.[11]

---

[9] Vgl. Heinz Pürer (Hrsg.), *Praktischer Journalismus in Zeitung, Radio und Fernsehen*, Konstanz: UVK Medien, 1996, S. 179f.

[10] Ebenda, S. 181.

[11] Ebenda, S. 184.

Der entscheidende Unterschied im Vergleich zum Kommentar liegt allerdings in der *Sprache*. Die Glosse ist ironisch, witzig, geistreich, bissig, pointiert; sie spielt mit den Möglichkeiten der Sprache, ohne allerdings die Aussage, auf die sie hinsteuert, zu vernachlässigen. Eine hohe Kunst, die nicht jedem gegeben ist. Die Glosse hört auch auf andere Namen, wie sich bei Schneider und Raue zeigt. Nach deren Definition wird der Begriff Glosse vor allem gerne in *Lokalredaktionen* als Synonym für *Satire* gebraucht.

Die beiden Autoren gliedern daher die Begriffe etwas anders. Sie sprechen von der Satire in ihren Ausprägungen als *Kolumne* (wenn das Thema etwas ernster ist) und als *Glosse*, wie beispielsweise das „Streiflicht" in der *Süddeutschen Zeitung*. Häufig steht über Glossen auch „Am Rande" oder „Aufgespießt", oder wie Schneider und Raue schreiben, „Zwischenruf" oder „Schlaglicht". Der Text steht oft im Kasten oder wird kursiv gesetzt. Auf jeden Fall bemühen sich die Redaktionen darum, dass der Leser die besondere Textform auch als solche erkennt und die Glosse nicht für bare Münze nimmt.

Die Satire ist „die leichtlebige Schwester des Kommentars", schreiben Schneider und Raue,[12] und dass leichtlebig auch bissig sein kann, beweisen sie selbst, indem sie aus einer Glosse der Münchner *Abendzeitung* zitieren, die sich damit befasst, warum Frauen keine Glossen schreiben können.

> *Frauen haben zu kurze Daumen. Erst der lange männliche Daumen macht aus einem staubtrockenen Thema eine witzige Glosse: Über ihn wird gepeilt, er wird gedrückt und draufgehalten. Weiblichen Däumlingen fehlt diese Feinschliffpolitur-Fähigkeit ... Glossenschreiben ist eine sture, mühselige, fast immer unterbewertete und unterbezahlte Tätigkeit. Also eine typische Männerarbeit. Frauen sind sich dafür viel zu schade.[13]*

Abgesehen von der bissigen und (hoffentlich) nicht ernst gemeinten Aussage arbeitet diese Glosse brillant mit sprachlichen Mitteln. Am Anfang steht eine Behauptung, mit der in der Vergangenheit immer wieder begründet wurde, warum Frauen keine Begabung für handwerkliche Tätigkeiten haben: „Frauen haben zu kurze Daumen." Das Stichwort Daumen benutzt der Autor dann, um zu zeigen, welch wichtige Rolle der Daumen in der deutschen Sprache spielt: „über den Daumen peilen", „Daumen drücken", „Daumen draufhalten". Das können alles nur Männer, behauptet er. Und deutet mit dem Wort „Feinschliffpolitur" gleich an, was schon am Anfang stand: Frauen haben eben zu kurze Daumen, sind deshalb handwerklich unbegabt, auch Feinschliffpolitur liegt ihnen nicht.

6

---

12 Wolf Schneider/Paul-Josef Raue, *Handbuch des Journalismus*, S. 145.
13 Ebenda, S. 144f.

Während der Autor also zunächst ein Vorurteil ausspielt, stellt er im nächsten Satz eine Tatsache auf den Kopf, verdreht sie völlig. Im Allgemeinen gelten Frauen als diejenigen, deren Arbeit unterbewertet und unterbezahlt wird, doch hier wird dies zur Männersache – weil sich Frauen dafür zu schade sind. Ein schönes Spiel mit Sprache, mit Vorurteilen, mit gängigen Klischees und Formulierungen.

Zum Schluss noch einmal eine Zusammenfassung zum Thema Glosse und Kommentar. Doch aufgepasst, folgende klare Struktur gilt vor allem für den Kommentar, die Glosse ist freier zu behandeln. Denn wenn sie, wie Schneider und Raue behaupten, Satire ist, dann darf sie fast alles.

> *Glosse und Kommentar ähneln einander im Aufbau. Der Einstieg soll den Leser zum Weiterlesen reizen. Das Thema wird dem Leser kurz vorgestellt, zum Verständnis notwendige Informationen und Fakten werden weitergegeben. Eine Meinung sollte bereits enthalten sein. Im Mittelteil wird argumentiert. Ausgehend von der Faktenlage werden Argumente und Gegenargumente entwickelt. Die Pro-Argumente werden klar und schlüssig, für den Leser nachvollziehbar, aufgebaut. Gegenargumente dürfen nicht fehlen, sonst wirkt der Kommentar für den Leser unglaubwürdig. Bevor der Kommentator seine Schlußfolgerungen zieht, sollte er alles gesagt haben, was seine abschließende Meinungsäußerung stützt. Im Schlußteil muß er Farbe bekennen. Der Kommentar ist ein Meinungsbeitrag. Dies setzt voraus, daß der Kommentator sich eine Meinung zum Thema gebildet hat und diese schlüssig formuliert. Die Schlußfolgerung soll den Standpunkt des Autors klar darlegen. Sie soll den Leser oder Hörer zum Nachdenken anregen oder ihn provozieren, sich eine eigene Meinung zu bilden (...)*[14]

---

[14] Claudia Mast, *ABC des Journalismus*, S. 191.

6.5 Arbeitstechniken für den Umgang mit journalistischen Texten

Die Auseinandersetzung mit verschiedenen journalistischen Texten mag vielleicht nicht Ihre liebste Freizeitbeschäftigung sein. Tatsache ist jedoch, dass Sie irgendwann eine Prüfung ablegen wollen – und eine der Aufgaben wird mit Sicherheit auf einen journalistischen Text zurückgreifen und Sie mit verschiedenen Fragen zu diesem Text konfrontieren. Deshalb wollen wir es in diesem Buch nicht dabei belassen, den Text zu lesen, in seinen Grundzügen zu verstehen und ein paar Sätze dazu zu schreiben, sondern wollen versuchen, *systematisch* an Texte heranzugehen.[15]

Viele Ratschläge mögen Ihnen banal vorkommen, doch seien sie der Vollständigkeit halber angeführt und eingeübt – denn im Ernstfall tun viele Menschen oft den zweiten vor dem ersten Schritt, formulieren beispielsweise eine Zusammenfassung des Textes, bevor sie ihn überhaupt eingehend gelesen haben. Das sollte Ihnen nicht passieren.

Wenn Sie also mit einem Text konfrontiert werden, sieht eine Möglichkeit, mit ihm umzugehen, so aus:

6

Verschaffen Sie sich einen Überblick

Der Text hat im Normalfall eine *Struktur*: Die *Überschrift*, die *Zwischenüberschriften*, die *Absätze*, vielleicht auch die *Schrift* oder die *Aufmachung* geben einen Hinweis darauf, mit welcher *Textform* Sie es zu tun haben, wie sie herangehen sollten, was Sie als Leser erwartet, wie der Text gegliedert ist. „Überblick verschaffen" – das ist für viele eine Sache von Sekunden. Sie sehen den Text an und wissen: Ah, Kommentar, *FAZ* oder *Süddeutsche Zeitung*. Lassen Sie sich dennoch Zeit, sich den Artikel insgesamt anzusehen und ein Gefühl für ihn zu entwickeln.

Fragen stellen

Es klingt kompliziert, Fragen an einen Text zu stellen, den man noch gar nicht gelesen hat. Trotzdem gehen Sie immer mit Fragen an einen Text heran: Was will der Text sagen? Verstehe ich ihn wohl? An welchen Stellen wird er schwierig sein? Die wichtigsten Fragen sind sicherlich: Um welche *Textart* handelt es sich, um eine Nachricht, einen Kommentar, eine Glosse? Was für ein *Thema* hat er? Ist er lang oder kurz?

---

[15] Die folgende Darstellung folgt weitgehend den Ratschlägen von Heiko Pohlmann/Dr. Alfons Brendel, *Arbeit mit Gebrauchstexten. Eine Lernhilfe zur Textanalyse für Schüler der berufsbildenden Schulen*, München: Manz, 1987, S. 33ff.

6.5.1   Lesen

Bevor Sie mit dem Lesen anfangen, nehmen Sie sich die beiden eben genannten Ratschläge zu Herzen: Überblick verschaffen und Fragen stellen. Nehmen Sie sich *Zeit*. Sehen Sie sich den Text erst einmal *insgesamt* an und machen Sie sich dann die eigene *Leseabsicht* klar: Warum und in welchem Zusammenhang setze ich mich mit dem Text auseinander? Erst nach dieser kurzen *Vorbereitung* sollten Sie sich den Text vornehmen.

Wenn Sie den Text zunächst im Gesamtzusammenhang lesen und nicht gleich in Teile zerlegen und analysieren wollen, so tun Sie das. Das Lesen ist das A und O des Textverständnisses und Sie sollten da ganz Ihrer eigenen Methode folgen. Letztlich aber sollten Sie in der Lage sein, nach jedem Absatz eine *Hauptaussage* festzuhalten. Häufig gibt Ihnen der Text selbst Hilfen dafür.

Pohlmann und Brendel nennen Ausdrücke wie „abschließend" und „zusammenfassend", die auf ein Fazit hindeuten. Gerade beim Kommentar helfen aber auch Formulierungen wie „einerseits" und „andererseits", die eine differenzierte Sicht der Dinge klarmachen. Vage Formulierungen wie „vielleicht" oder „möglicherweise" zeigen, dass ein Autor nicht zu hart Stellung beziehen möchte, sondern seine Aussage sofort wieder aufweicht.

Gründliches Lesen beinhaltet nach Pohlmann und Brendel:

▶ Klären von unbekannten Wortbedeutungen

▶ Erschließen komplexer Sätze

▶ Ermitteln von Beziehungen zwischen den Sätzen

▶ Erschließen von Textabschnitten

▶ Ermitteln des Textaufbaus

Gestalten Sie den Text, sofern dies möglich ist, optisch. *Unterstreichen* Sie wichtige Aussagen, *gliedern* Sie ihn mit Hilfe einer Nummerierung oder anderer Zeichen.

Vermutlich ist *mehrfaches Lesen* notwendig, um einen etwas komplexeren Text zu erfassen. Ob Sie ihn verstanden haben, wird meist in Form einer Zusammenfassung überprüft. Erste Schritte in diese Richtung haben wir bereits bei einigen Aufgaben im Band *Lesen, Zappen, Surfen* unternommen. Jetzt geht es darum, *systematisch vorzugehen*, den Text in seiner Struktur so zu erfassen, dass die Aufgabe des Verstehens und Zusammenfassens auch als *Vorbereitung zur Textanalyse* dient.

6.5.2 Rekapitulieren

Das bedeutet, dass sie sich das Gelesene noch einmal in *Erinnerung rufen* sollten. Dabei geht es vor allem darum zu überprüfen, ob Sie den Text auch verstanden haben. Der einfachste Test dafür ist, ob Sie ihn in ihren eigenen Worten wiedergeben können.

Wir haben dies in *Lesen, Zappen, Surfen* schon einige Male geübt. Versuchen Sie es immer wieder. Was Sie nicht verstanden haben, können Sie nicht in eigene Worte fassen – und vor allem können Sie damit nicht weiterarbeiten.

Das Rekapitulieren ist das, was sich letztlich auch in einer Prüfung schwarz auf weiß niederschlägt, wenn Sie gebeten werden, eine *Zusammenfassung* der Argumente, eine *Inhaltsangabe* o.Ä. zu liefern. Je nach Anforderung kann dies in Form von Stichworten passieren oder auch in zusammenhängenden Sätzen. Dies ist eine Frage der Aufgabenstellung oder – wenn es Ihnen freigestellt ist – der persönlichen Vorliebe.

6.5.3 Repetieren

Sehen Sie sich noch einmal durch, was Sie gemacht haben. Versuchen Sie, den Text *einzuordnen* auf Grund der *Erkenntnisse*, die Sie bislang gewonnen haben.

Wohlgemerkt: Bis zu diesem Punkt haben Sie den Text nur „präpariert", um sich weiter mit ihm befassen zu können. Es ging erst einmal nur darum, einen *Zugang* zum Text zu finden. *Textanalyse* und *Textinterpretation* sind weitere Schritte.

Die von Pohlmann und Brendel vorgeschlagene und hier dargestellte Herangehensweise an die Bearbeitung von Texten ist natürlich als *Empfehlung* zu verstehen, nicht als die einzig richtige Methode.

6.6 Erste Schritte zum Erfassen und Verfassen von Sachtexten – ein Musterbeispiel

Gehen wir die skizzierten Schritte an einem *Beispiel* durch. Die Münchner *Abendzeitung* veröffentlichte unter der Rubrik „Meinung" am 8. September 2000 folgenden Kommentar:

Moderne Technik und das Urheberrecht

Unnötiger Aufschrei

Technik entwickelt sich weiter. Elektrolokomotiven lösten Dampfmaschinen ab. Roboter ersetzten Schweißer in der Autofabrik. Und aus riesigen Rechenmaschinen sind heute kleine Computer geworden.

Diese Entwicklung geht weiter. Internet-Nutzer schauen sich Spielfilme über das Internet an. Wer braucht noch einen Videorekorder? Und Musikliebhaber laden sich die neuesten Hits aus dem Netz herunter. Hifi-Anlagen werden überflüssig.

Bislang bekommen diejenigen, die Unterhaltung machen – also Musiker, Drehbuchautoren, Bücherschreiber –, Tantiemen, wenn ein Kassettenrekorder oder ein Kopierer verkauft wird. Bei Computern aber gehen sie bislang leer aus. Eine Ungerechtigkeit, die Bundesjustizministerin Herta Däubler-Gmelin ändern möchte.

Schon schreien die PC-Hersteller auf: Die PC-Preise könnten um 30 Prozent steigen. Aber mit welch aberwitzig hohen Beträgen rechnet die Industrie? Heute werden auf einen Kassettenrekorder 2,50 Mark fällig, auf einen Videorekorder 18 Mark. Ein unnötiger Aufschrei!

Ingenieure entwickeln Technik weiter. Und Politiker schreiben Gesetze fort. So einfach ist das. **Marco Völklein**[16]

6.6.1 Überblick gewinnen

Die Dachzeile könnte auf den ersten Blick durchaus Unbehagen hervorrufen. Urheberrecht – das ist etwas für Spezialisten, etwas Juristisches, von dem niemand eine Ahnung hat. Offenbar wurde hier ein sehr schwieriges Thema gewählt. Technik und Urheberrecht – bei einer Prüfung würden sich viele Telekollegiaten sicherlich einen Text mit einem attraktiveren Thema wünschen.

Die Schlagzeile hilft nicht viel weiter. Wer auch immer aufgeschrien hat wegen Technik und Urheberrecht – der Autor des Textes ist der Meinung, dies war nicht nötig.

Es handelt sich um einen Kommentar. Dies wird schnell deutlich, selbst wenn man nicht sehen kann, dass der Text unter der Rubrik „Meinung" erschien.

Der Text ist kurz, wer ihn überfliegt, kann jetzt schon feststellen, dass auch die Sätze kurz und einfach strukturiert sind.

---

[16] *Abendzeitung* vom 8. September 2000, S. 3.

6.6.2 Fragen stellen

Gibt es irgendwelche Vorinformationen, die ich zu dem Thema habe?
Kann ich mir unter Urheberrecht überhaupt etwas vorstellen?
Ob ich überhaupt kapiere, worum es geht?

Fragen an den Text aber können auch anders aussehen:

Was hat Technik mit Urheberrecht zu tun?
Wer schreit warum und warum ist dies unnötig?
Sind – trotz des schwierigen Themas – die Aussagen auch für einen Laien verständlich?
Kann ich der Argumentation folgen?
Kann ich mich ihr anschließen?

6.6.3 Lesen

Lesen Sie den vollständigen Text in Ruhe durch, lassen Sie ihn auf sich wirken.

6.6.3.1 Klären unbekannter Wortbedeutungen

Klären Sie zunächst unbekannte Begriffe. In der Prüfung dürfen Sie einen *Duden* verwenden, das hilft oft weiter. Unser Text enthält – vielleicht mit Ausnahme des Wortes „Tantiemen" (= Gewinnanteil) – keine schwer verständlichen Begriffe. Das spricht dafür, dass der Autor sein kompliziertes Thema relativ einfach darzustellen versteht.

6.6.3.2 Erschließen komplexer Sätze

Setzen Sie sich mit komplexen Sätzen auseinander und versuchen Sie diese für sich zu „übersetzen". Zerlegen Sie einen komplizierten, verschachtelten Satz in mehrere Hauptsätze, vereinfachen Sie ihn, bis er Ihnen verständlich erscheint. Erfreulicherweise ist auch dies bei unserem Textbeispiel nicht unbedingt erforderlich.

6.6.3.3 Ermitteln von Beziehungen zwischen den Sätzen

Ermitteln Sie die Beziehungen zwischen den Sätzen. In unserem Fall arbeitet der Autor mit Gegenüberstellungen: Bisher war es so – das wird uns die Zukunft bringen. Heute regelt man die Dinge auf diese Weise – wie kann man es besser machen? Früher – heute – künftig ist für ihn eine Linie, an der er sich in seiner Argumentation entlanghangelt. Zudem arbeitet er mit Fragesätzen. Die erste Frage ist rhetorisch – eine Antwort erübrigt sich. Die zweite Frage hingegen ist eine indirekte Kritik an der Industrie und wird mit einer Information beantwortet.

6.6.3.4 Erschließen von Textabschnitten und Ermitteln des Textaufbaus

Teilen Sie den Text in Abschnitte ein, das macht ihn für Sie übersichtlicher und es fällt Ihnen leichter, der Argumentation des Autors zu folgen.

Erster Abschnitt: Technik früher und heute.

Zweiter Abschnitt: Die Technik entwickelt sich weiter. Das Internet spielt dabei eine maßgebliche Rolle, weil es einzelne technische Errungenschaften wie Videorekorder und Hifi-Anlagen überflüssig macht.

Dritter Abschnitt: Autoren und Musiker bekommen Tantiemen. Bislang wurden diese auch über den Verkauf von Kassettenrekordern oder Videorekordern eingetrieben. Warum nicht beim Computer?

Vierter Abschnitt: Die Angst, Computer könnten dadurch erheblich teurer werden, ist unbegründet. Als Beispiel nennt der Autor, was bislang bei einem Kassetten- oder Videorekorder an Tantiemen fällig wird.

Fünfter Abschnitt: Die Computerexperten sind für die Technik zuständig. Aber die Politiker müssen dafür sorgen, dass das System funktioniert. Der Autor bezieht damit eindeutig Stellung für die Initiative der Justizministerin. Er plädiert dafür, eine Ungerechtigkeit zu beseitigen, die sich aus der technischen Entwicklung ergab.

Mit diesem Ergebnis müssten die eingangs gestellten Fragen („6.6.2 Fragen stellen") zu beantworten sein. Auch wenn der Kommentar nicht allzu viele Informationen enthält, können Sie dennoch Stellung beziehen. Es zeigt sich also, dass man einen Kommentar auch dann analysieren kann, wenn man vom Thema möglicherweise nicht viel versteht. Oder einfacher gesagt: Es war doch gar nicht so schwer.

AUFGABEN

Der folgende Text befasst sich mit einem Thema, von dem jeder direkt betroffen ist: die Rechtschreibung bzw. die Rechtschreibreform.

Am 1. August 2000, ein Jahr nach der Umstellung, kehrte die *Frankfurter Allgemeine Zeitung* zur alten Rechtschreibung zurück. Als Grund gab die Zeitung an, die Reform stifte nur Verwirrung. Die Überschrift lautete: „Die *FAZ* kehrt zur alten Rechtschreibung zurück", die Unterzeile: „Schluß damit: Die Reform stiftet nur Verwirrung / Von Kurt Reumann".

Neben einem einleitenden Artikel auf der ersten Seite stand auch ein Leitartikel, der die Hintergründe erklärte und die Argumente der Zeitung darlegte.

Dieser Leitartikel ist insofern eine Besonderheit, als er in eigener Sache verfasst wurde. Zugleich erfüllt er damit das bereits genannte Kriterium, dass ein Leitartikel weniger die Meinung eines einzelnen Autors, als vielmehr die Sichtweise der Zeitung vermittelt.

1. Strukturieren Sie den Text! Fassen Sie jeden Absatz kurz zusammen und formulieren Sie jeweils ein Fazit.

Welche Meinung wird vertreten und mit welchen Hauptargumenten wird sie begründet?

Nehmen Sie in 10-15 Sätzen selbst Stellung zu dem Thema.

Sprache und Politik

Von Thomas Steinfeld

Unsere Schüler lernen die falsche Rechtschreibung. Wenn sie das Klassenzimmer verlassen, stoßen sie auf eine Orthographie, die dem Diktat ihrer Lehrer nicht entspricht. Die Masse des in der alten Orthographie verfassten Schriftguts ist auf absehbare Zeit unendlich viel größer als alles, was in der neuen entstanden ist. Viele Verlage haben, als lebten wir noch im neunzehnten Jahrhundert, vor Einführung einer einheitlichen Rechtschreibung, eigene Hausregeln eingeführt. Die meisten Buchverlage nehmen auf die neuen Vorschriften keine Rücksicht. Dort aber, wo die neue Rechtschreibung tatsächlich eingeführt worden ist, sind lauter private Orthographien aufgeblüht. In ihrer fortdauernden Unsicherheit vermeiden die meisten Menschen darüber hinaus Formulierungen, die sie in die Nähe des Neugeregelten bringen – viele Menschen schreiben heute nicht mehr, was sie schreiben wollen. Eine neue Sprache, eine Vermeidungssprache ist entstanden, und es ist keine gute Sprache.

Wir wollten unseren Lesern keine doppelte Rechtschreibung zumuten.

Ein Jahr lang, seit dem 1. August 1999, haben wir uns nach Kräften bemüht, uns an die neue amtliche Regelung zu halten. Aber es ist nicht gut gegangen. Statt einer neuen Orthographie haben wir viele neue Orthographien bekommen. Die Fehler und Undurchschaubarkeiten in der Schreibung haben sich unendlich vermehrt. Der Widerstand gegen die vielen sinnentstellenden Groß- und Getrenntschreibungen ist nicht erloschen. Nach einem Jahr muss man eine Summe ziehen können: Der Versuch, mit den neuen amtlichen Regeln für die Orthographie zu leben, ist gescheitert.

Die neue Rechtschreibung war ein politisches Unternehmen von der ersten Stunde an: Die deutsche Orthographie sollte einfacher werden, weil Fehler angeblich soziale Unterschiede verrieten. Sie sollte moderner werden, und dabei schien vor allem die Großschreibung der deutschen Substantive zu stören. Im Wettbewerb zur Sprachwissenschaft der DDR übertrumpften sich die Linguisten gegenseitig mit Verbesserungsvorschlägen für die Rechtschreibung.

Noch heute bekennen die Reformer, das Monopol des „Dudens", eines Privatunternehmens, habe ihren Kampf um eine neue Orthographie erst richtig beflügelt – und das ist wahrlich kein linguistisches, sondern ein ebenso politisches wie törichtes Argument. Wenig war von den gewaltigen Plänen der sechziger und siebziger Jahre übrig geblieben, als die Kultusministerkonferenz Ende 1995 die neue Rechtschreibung beschloss. Aber es hat gereicht: Mit der amtlichen Verordnung zog die große Verwirrung in die Sprache ein, und in der neuen Rechtschreibung gibt es seit diesem Beschluss keine Einheitlichkeit mehr.

Man kann die Rechtschreibung nicht auf dem Weg einer amtlichen Verordnung regeln. Überhaupt gibt es keinen wirklichen Grund, in eine offensichtlich funktionierende Sprache einzugreifen. Dass es dennoch versucht worden ist, offenbart neben der Lebensferne einiger Sprachwissenschaftler und Pädagogen die Vermessenheit von Politikern, die das einmal Beschlossene auf dem undemokratischen Weg eines Verwaltungsaktes zu Ende brachten – einem massiven öffentlichen Widerstand zum Trotz, um ihr Gesicht zu wahren und ihre Zuständigkeit um ein völlig neues Feld zu erweitern. Die Schriftsprache ist etwas Gewachsenes und weiter Wachsendes. Sie reift, sie bildet sich an ihrem Gebrauch und an ihrem Nutzen.

Deswegen tat der alte „Duden" gut daran, Veränderungen der Schriftsprache nicht zu dekretieren, sondern ihnen in gebührendem Abstand zu folgen. Und deswegen war die alte Rechtschreibung mit ihren Kommata zwischen den Hauptsätzen, mit ihren Zusammenschreibungen und sogar mit ihrem scharfen „ß" am Ende einer Silbe so leserfreundlich. Die neue

Rechtschreibung ist es nicht. Was sie uns, von „nichts sagend" über „Aufsehen erregend" bis „Leid tun", an sinnwidrigen Formen zumutet, verrät das absurde Ideal einer am Englischen orientierten Sprachästhetik, aber nicht das mindeste Verständnis für die Muttersprache.

Der Versuch, die Rechtschreibung mit den Mitteln der Politik zu ordnen, hat sich furchtbar gerächt. Von den vielen Wörterbüchern, die seitdem geschrieben worden sind, ist nicht eines mit einem anderen identisch. Jedem neuen Versuch folgt innerhalb kürzester Frist eine Revision. Als die Kultusminister die Einführung der neuen Orthographie beschlossen, taten sie das gegen den erklärten Willen der von ihnen selbst bestellten Experten – denn diese waren längst dabei, die Fehler ihrer jüngsten Variante der deutschen Orthographie durch die Fehler der nächsten Variante zu ersetzen. Im letzten Bericht der zwischenstaatlichen Kommission für die deutsche Rechtschreibung an die Kultusminister, abgeliefert im März dieses Jahres, wird sogar die Hoffnung bekundet, nach dem Ende der „Übergangsphase" im Jahr 2005 erst recht an der „Optimierung" der neuen Rechtschreibung zu arbeiten. Das alles hat mit Sprache nichts zu tun. Das alles ist nur schlechte Politik. Man muss sich von ihr lossagen.

Als die Zeitung am 1. August des vergangenen Jahres die neue Rechtschreibung übernahm, geschah es aus praktischen Überlegungen. Bis zuletzt hatten wir uns gewehrt. Aber die Nachrichtenagenturen hatten ebenso wie die öffentlichen Institutionen umgestellt. Die Einheit der Orthographie, eine der zentralen Errungenschaften der Schriftkultur, schien in Gefahr zu sein. Und tatsächlich ist die Einheit der deutschen Rechtschreibung verloren – und zwar für alle, die sich auf dem Terrain der reformierten Orthographie bewegen. Daneben aber existiert das Alte so fort, wie es gewachsen ist, in der Literatur, in den Büchern, in Millionen und Abermillionen von Briefen und persönlichen Texten. Diese Sprache ist unsere Sprache. Das soll sie auch in Zukunft wieder sein. Ab dem 1. August kehrt diese Zeitung zu einer Rechtschreibung zurück, die der alten Regelung entspricht.[17]

2. Die *Süddeutsche Zeitung* reagierte am Tag darauf mit einem „Streiflicht" auf die Ankündigung der *FAZ*.
Inwiefern unterscheidet sich dieser Artikel vom ersten?
Um welche Textart handelt es sich?

3. In welche Abschnitte lässt sich der Text gliedern? Begründen Sie Ihre Einteilung.

4. Suchen Sie nach den sprachlichen Finessen, mit denen das „Streiflicht" der *Süddeutschen Zeitung* die Rück-Umstellung der *FAZ* zu charakterisieren versucht.

6

Das Streiflicht

(SZ) Im Leben gibt es viele Dinge, die man gerne rückgängig machen würde. Die eine zum Beispiel heiratet einen Mann, weil der in der Balzzeit unter heftigem Einsatz unergründlich tiefer brauner Augen vor Verständnis und Zärtlichkeit überfloss. Später entpuppt er sich als nicht-abwaschender Stinkstiefel sowie als Sekretärinnen jagender Stiesel, dessen wirklicher Traum vom Glück ein verspoilter Opel ist. Ein anderer freut sich auf den neuen Chef, weil der kooperativen Führungsstil, höhere Gehälter und allgemeines Wohlbefinden verspricht. Alsbald aber merkt man, dass in der Höhle des alten Wolfs jetzt nur ein neuer sitzt, der jünger ist und deswegen noch schärfere Reißzähne hat. Ach, was würde man sie gerne einfach abschaffen, die lieblosen Partner, die intrigierenden Dienstwagenfahrer, die dauerklingelnden Handys. Man müsste einfach sagen können: Ich kehre zurück zum alten Zustand, in dem ich auch unglücklich war, aber doch nicht so unglücklich, wie ich es jetzt bin. Es geht nur nicht, die Zeit lässt sich nicht zurückdrehen.

Geht nicht? Geht doch. Die *Frankfurter Allgemeine Zeitung* hat gestern auf ihrer ersten Seite verkündet: „Die *FAZ* kehrt zur alten Rechtschreibung zurück." *SZ*-Leser muss dies eigentlich nicht kümmern, denn es gilt der Grundsatz: Du sollst keine andere Zeitung neben der *SZ* haben. Außerdem ist es ziemlich egal, ob es in einem weitgehend im Konjunktiv gehaltenen 270-Zeilen-*FAZ*-Artikel über apokryphe Vorgänge im SPD-Präsidium heißt, Müntefering wolle Lafontaine nicht wieder sehen oder nicht wiedersehen, weil es auf das Selbe, um nicht zu sagen: dasselbe, hinausläuft oder auch hinaus läuft. Es ist wurscht, ob

---

[17] *Frankfurter Allgemeine Zeitung* vom 27. Juli 2000, S. 1.

ein Text nach alten, neuen oder gar keinen Regeln geschrieben wird, solange er gut und interessant ist. Der Geheimrat Goethe folgte einer anderen Orthographie als Thomas Mann und der wieder einer anderen als Günter Grass. Aber schließlich leben wir in Deutschland, wo man sich schon immer mehr über Regeln als über Inhalte aufgeregt hat.

Trotzdem muss man den *FAZ*-Kollegen zugestehen, dass ihre Entscheidung zum jetzigen Zeitpunkt nicht ungeschickt ist. Erstens hatten wir alle schon befürchtet, es gäbe kein richtiges Sommerloch-Thema (wen interessiert schon noch die CDU außer vielleicht die *FAZ*?). Zweitens haben skurrile Widerstandskämpfer – Michael Kohlhaas, die *FAZ*-Redaktion, Oskar Lafontaine – auch etwas Liebenswertes, manchmal sogar Niedliches. Sie wehren sich mit dem Mut der wachsenden Verzweiflung gegen Veränderung, vor allem dann, wenn sie glauben, Veränderung widerspreche dem gesunden, also ihrem, Menschenverstand. In Berlin übrigens ist zu hören, dass *Die Welt* am Samstag mit der Schlagzeile erscheinen soll: „*Die Welt* kehrt zur alten Bundesregierung zurück".[18]

Weiterführende Literatur:

Wilhelm Eggerer/Wilhelm Dietl, *Die Nachricht, Journalistische Darstellungsformen*, Sekundarstufe, München: Manz Verlag, 1990.
Der Manz-Verlag gibt eine Reihe von Büchern heraus, die sich als Ergänzung zu Schulbüchern verstehen, die den Lernstoff erweitern und vertiefen. Einige davon werden im Folgenden noch zitiert. Dieses Buch lohnt auf jeden Fall einen Blick.

Claudia Mast (Hrsg.), *ABC des Journalismus. Ein Leitfaden für die Redaktionsarbeit*, Konstanz: UVK Medien, 1994.
Ein Standardwerk für alle, die sich für Journalismus interessieren.

Walther von La Roche, *Einführung in den praktischen Journalismus*, München: List Verlag, 1999.
Auf dieses Buch wurde bereits in Lesen, Zappen, Surfen *hingewiesen. Es ist jedem zu empfehlen, der sich genauer mit journalistischen Darstellungsformen beschäftigen möchte.*

Heiko Pohlmann/Dr. Alfred Brendel, *Arbeit mit Gebrauchstexten. Eine Lernhilfe zur Textanalyse für Schüler der berufsbildenden Schulen*, München: Manz, 1987.
Ein guter Einstieg in den Umgang mit Texten, in dem Schritt für Schritt die Vorgehensweise erläutert wird.

Heinz Pürer (Hrsg.), *Praktischer Journalismus in Zeitung, Radio und Fernsehen*, Konstanz: UVK Medien, 1996.

Wolf Schneider/Paul-Josef Raue, *Handbuch des Journalismus*, Reinbek: Rowohlt Taschenbuch Verlag, 1998.
Beide Bücher wenden sich an ein Fachpublikum – und sind dennoch auch für „Laien" gut verständlich und informativ.

---

[18] *Süddeutsche Zeitung* vom 28. Juli 2000, S. 1.

7. REZENSION UND KRITIK

Schlagt ihn tot, den Hund! Es ist ein Rezensent.[1]

Der Journalist hat's schwer. Haben wir im sechsten Kapitel noch gelesen, dass ein Kerl eine Meinung haben soll, so wird nun deutlich, dass diese Meinung für Leib und Leben gefährlich werden kann. Natürlich soll jeder Mensch eine Meinung haben und sie auch äußern dürfen, aber wer kritisiert, muss auch mit Reaktionen rechnen, mit Beleidigungen oder zumindest mit einem verbalen Schlagabtausch.

Dass Goethe aber gleich einen Totschlag als Lösung des Rezensenten-Problems vorschlägt, geht allerdings zu weit. Schließlich hat er selbst als Literaturkritiker gearbeitet, Zeitschriften herausgegeben und für Zeitschriften geschrieben. Er hat also die aktuelle Literaturdebatte um 1800 begleitet und mitgeprägt.

Doch *Kritik üben* und *Kritik vertragen* sind zwei völlig unterschiedliche Dinge – das gilt in großen Kulturfragen ebenso wie im täglichen Leben.

---

[1] Johann Wolfgang von Goethe, *Sämtliche Werke* in 18 Bänden, hrsg. von Ernst Beutler unter Mitwirkung zahlreicher Fachgelehrter, Band 1 *Sämtliche Gedichte*, München: Deutscher Taschenbuch Verlag, 1977 (Unveränderter Nachdruck der Bände 1-17 der Artemis-Gedenkausgabe zu Goethes 200. Geburtstag am 28. August 1949), S. 402.

7.1   Was kann die Rezension leisten?

Die Rezension kann nur beurteilen, was sie zuvor dem Leser, Zuhörer oder Zuschauer auch präsentiert hat. Das heißt, sie sollte nicht ins Blaue hinein eine *Wertung abgeben*, sondern zunächst einmal *Informationen vermitteln*. Das sieht bei einer *Buchkritik* oft so aus: Zunächst schreibt man einige Sätze zum *Autor* sowie zum *Inhalt* des Buches und stellt das Buch vielleicht auch in einen zeitgenössischen, aktuellen oder literarischen *Zusammenhang*. Erst dann kann ein Kritiker sagen, ob das Werk die *Erwartungen* erfüllt oder nicht, ob es sich lohnt, es zu lesen oder nicht.

Kritik und Rezension bewegen sich inhaltlich zwischen Tatsachenbericht und fachlicher, jedoch persönlich-subjektiv gefärbter Betrachtung und Interpreta-

tion. In der Regel steht am Beginn der Rezension die Darstellung von Fakten, also die Wiedergabe des Inhaltes eines Theaterstückes, einer Oper, eines Buches oder eines Films; die Nennung des Autors und der Darsteller; die Beschreibung der Ausstattung, Regie eines Bühnenstückes usw. Mit diesen eher sachorientierten Informationen soll der Zeitungsleser (aber auch Radiohörer oder Fernseh-Zuseher) die Grundlagen für das Verständnis der nachfolgenden kritischen Betrachtung erhalten. Anschließend an die eher objektive Schilderung der Fakten folgt die Einordnung, Prüfung und Wertung des Betrachteten. Dabei versucht der Rezensent oder Kritiker, charakteristische Merkmale eines Kunstwerkes bzw. einer künstlerischen Leistung zu fixieren und sie nach Merkmalen des Ausdrucks, des Stils, der Echtheit, der Ethik und Ästhetik zu bewerten. Da vieles künstlerische Schaffen eminent gesellschaftliche Bezüge aufweist, kommt der Kritiker oder Rezensent oft nicht umhin, auch (gesellschafts-)politische Wertungen miteinfließen zu lassen.[2]

---

[2] Heinz Pürer, *Praktischer Journalismus in Zeitung, Radio und Fernsehen*, S. 187.

Die Mischung von *Information* und *Wertung* kennzeichnet also die Rezension. Oft allerdings bleibt es bei dem frommen Wunsch, dass neben der Wertung auch die Information nicht zu kurz kommt. Leider ist vielen Rezensenten ihre persönliche Sicht der Dinge wichtiger als die Information für den Leser. Dabei bedienen sie sich häufig auch noch einer Form und Sprache, die der normale Durchschnittsleser nur mit Mühe verstehen kann. Nicht umsonst genießt das *Feuilleton* zwar einen *guten Ruf*, wird aber nicht unbedingt geschätzt. Lokales und Sport sind den meisten Zeitungslesern deutlich lieber als 200 Zeilen schwer verdauliche Kulturkritik.

Dabei hat die Rezension Möglichkeiten, die in anderen Ressorts so nicht bestehen. Die Vermischung von Information und Wertung ist nicht nur erlaubt, sondern auch erwünscht. Die Rezension ist an *keine bestimmte Darstellungsform* gebunden, sie kann sich der Glosse oder Satire nähern, aber auch dem Feature, sie kann kommentierend-wertend oder auch nachrichtlich gehalten sein, sie kann den Einstieg der Reportage verwenden oder auch ausführlich aus Texten zitieren. Feuilleton bedeutet meist auch *Freiheit in der Darstellung*. Die Freiheit des Inhalts wird lediglich durch einen Punkt eingeschränkt, der leider oft übersehen wird: Der Kritiker sollte *kompetent* sein.

> *Kritik ist immer subjektiv, muß aber von erkennbarer fachlicher Kompetenz getragen sein. Sie soll engagiert sein, darf sich jedoch nie in jene Manie steigern, die mehr dem eigenen Ich des Kritikers dient als dem Kunstwerk und dem Publikum. Solche Kritik disqualifiziert sich selbst und macht sich lächerlich.* [3]

Die Frage nach der Kompetenz ist allerdings schwierig. Wer ist kompetent, eine Buchkritik zu schreiben? Jeder Leser oder nur der studierte Leser oder nur der studierte Leser mit journalistischer Zusatzausbildung? Während sich viele Journalisten im Lokalen dezent zurückhalten, wenn es darum geht, Konzerte mit klassischer Musik zu rezensieren, ist es doch allgemein beliebt, Buch- und Kinokritiken zu schreiben oder über Rockkonzerte oder Theateraufführungen zu berichten.

Es geht also zunächst einmal darum, die *eigene Kompetenz einzuschätzen*. Das ist zum einen die Sache des einzelnen Autors, zum anderen aber auch die Sache desjenigen, der für den Inhalt einer Zeitung oder Zeitschrift verantwortlich ist, also des Redakteurs. Aber auch jeder Leser darf und muss mitentscheiden, ob er etwas auf die kritische Stimme eines Journalisten oder Rezensenten gibt oder ob er ihn als inkompetent einstuft und seine Texte nicht mehr liest.

7

---

[3] Heinz Pürer, *Praktischer Journalismus in Zeitung, Radio und Fernsehen*, S. 187f.

7.2   Die Orientierung am Publikum

Wenn ein Leser einem Rezensenten den Vorzug vor einem anderen gibt, wird er selbst als Kritiker tätig. Er wählt aus, beurteilt, kann sein Urteil meist auch begründen, wendet sich ab oder zu, informiert sich hier und dort nicht und überblättert bestimmte Seiten in der Zeitung. Besonders ungern schlagen die meisten Leser das Feuilleton auf.

Das Feuilleton war immer ein Tummelplatz für interessante Zeitgenossen. Viele Autoren, die heute zu den Klassikern gehören, haben für Zeitungen und Zeitschriften geschrieben, viele haben die Werke anderer rezensiert und mit ihren Artikeln zur *öffentlichen Diskussion* beigetragen. Heute scheint sich der Feuilletonist in erster Linie an denen zu orientieren, *über* die er schreibt, und nicht an denen, *für* die er schreibt.

Feuilleton ist eine Sache für *Spezialisten* geworden. Es richtet sich anscheinend an Menschen, die viel Zeit zum Lesen und Nachdenken haben, die auch mal zu einer Ausstellung nach Paris fahren und sich eine Premiere in London ansehen können, die bei den Salzburger Festspielen ebenso im Publikum sitzen wie beim Musikfestival in Schleswig-Holstein, die von Bayreuth unmittelbar zu den Münchner Opernfestspielen reisen, vom Broadway ganz zu schweigen. Kunst und Kultur scheinen immer noch etwas Elitäres zu sein, eine Beschäftigung für Menschen mit Geld, Bildung und Zeit. Viele Zeitungen unterstützen diese Haltung leider, indem sie ihre Berichterstattung daran orientieren.

Ein *leserfreundliches* und *publikumorientiertes* Feuilleton hat andere Aufgaben:

▶ Im *lokalen Bereich* berichtet es über die Arbeit der *Kulturvereine* des Ortes oder Landkreises. Die Arbeit dieser Kulturvereine ist ein unermesslicher Fundus für die Berichterstattung. Dadurch erfährt der Kulturbegriff eine Erweiterung. „Kultur" verliert seinen elitären Beigeschmack und wird „bürgernäher".

▶ Es schöpft die *ganze Bandbreite journalistischer Darstellungsformen* aus, indem es nicht nur geschraubte Rezensionen und Kritiken enthält, sondern auch Porträts, Glossen, Interviews, Reportagen, Features etc.

▶ Es berichtet nicht nur über konventionelle und etablierte Kulturbereiche, sondern auch über das, was die Jugend an *Neuem* und *Innovativem* beisteuert, beispielsweise Sprayen, Breakdance, Computerdesign, Comics etc.

▶ Information, Interpretation und Bewertung halten sich die Waage.

▶ Die Sprache hat einen hohen Stellenwert, aber sie wird nicht künstlich aufgeplustert.

Die Berichterstattung orientiert sich an den *Bedürfnissen der Leser*, d.h. es gibt Kulturtipps, Anregungen und Neuentdeckungen für ein *breites Publikum*. Die Zeitung reagiert also nicht nur auf Ereignisse, die bereits stattgefunden haben, sondern setzt selbst Akzente.

Kulturjournalismus muß Orientierungshilfen und Informationsangebote zur Kultur bereithalten. Im Sinne der vielzitierten „aktiven Freizeitgestaltung" steuern längst nicht mehr nur Bildungsbürger Kultur-Ziele an, die neuen Orte der Erbauung. Das bedeutet in der Praxis: Wer ins Museum will, wird schon irgendeines finden; wer sich frei zwischen Oper und Rock-Konzert bewegt, entscheidet sich nicht mehr nach den trennenden E- und U-Ordnungsmustern des orthodoxen Feuilletons. Aber gerade diese sogenannte „Freizeitgestaltung", die ganz unterschiedliche Neugier und Lernbereitschaft bedeuten kann, bedarf kritisch-informativer Begleitung durch den Kulturjournalismus. Welches Museum, welches Konzert, welches Buch und welcher Film aus welchen Gründen in Frage kommen, kann dann leichter entschieden werden.[4]

Die Lesefreundlichkeit des Feuilletons wird sich erst dann verbessern, wenn die Journalisten und Rezensenten die Perspektive wechseln. Es geht also darum, Kultur nicht mehr als etwas zu betrachten, was nur wenige praktizieren und genauso wenige Rezensenten von oben nach unten vermitteln, sondern als etwas, das viele Menschen *interessiert*, etwas, an dem *jeder teilhaben* kann, etwas, das sich *entwickelt*. Die Frage des Feuilletonisten lautet dann nicht mehr: „Was interessiert die 'kulturelle Elite'?", sondern: „Was interessiert unsere Leser?" Damit verändert sich der Blickwinkel entscheidend.

Ein *Beispiel*:

Bei mehr als 100.000 Neuerscheinungen auf dem Buchmarkt ist es jedem noch so kulturinteressierten Menschen unmöglich, sich umfassend zu informieren. Viele Zeitungen und besonders Zeitschriften, die ja zielgruppenspezifisch arbeiten, sind dazu übergegangen, ihre Leser mit Tipps zu beraten. Die Computerzeitschrift schreibt über Neuerscheinungen in ihrem Gebiet, die Tierzeitschrift informiert über Bücher zum Thema Tiere, die Frauenzeitschrift gibt Tipps für Bücher zum Schmökern, zum Lachen, zum Nachdenken, zur Vertiefung eines Themas – aber immer unter dem Aspekt, ob dieses Buch für Frauen interessant ist. Die Zeitung oder Zeitschrift wird dadurch zu einer Art *Sieb*, da sie dem Publikum eine *Auswahl* präsentiert.

---

[4] Dieter Heß (Hrsg.), *Kulturjournalismus. Ein Handbuch für Ausbildung und Praxis*, München: List Verlag, 1992, S. 11.

Viele Leser nehmen diese Hilfe dankbar an. Wer eine Zeitschrift gerne liest, wird vermutlich auch dem Geschmack der Rezensenten vertrauen. Man hat damit die Möglichkeit, sich einige Enttäuschungen bei der Lektüre von Neuerscheinungen zu ersparen. Ähnliches gilt natürlich für Kino, Theater und andere kulturelle Ereignisse.

Dieter Heß bescheinigt dem Kulturjournalismus *„Realitätsverlust"*. Außerdem ist er der Ansicht, dass sich Feuilletonisten mehr mit sich selbst und ihrem Wissen befassen als mit den Bedürfnissen der Leser.

> *Theaterkritiker besprechen Theateraufführungen, ohne sich zu fragen, wer ihre Besprechungen lesen wird; Literaturkritiker helfen mit ihren Rezensionen am liebsten besonders „hilfsbedürftigen" Büchern und lassen 90 Prozent ebenso in Betracht kommender Neuerscheinungen rein aus Neigungsgründen unberück-sichtigt; und die Kunstkritik tummelt sich auf Vernissagen (oder auch auf Finissagen) von Off-Galerien – ob die Warteschlangen vor der Tutanchamun-Ausstellung nun zwanzig oder zweihundert Meter lang sind.[5]*

Ein gutes Feuilleton hat also die *Bedürfnisse* des Lesers, Zuhörers oder Zuschauers im Blick. Es gibt *Orientierung*, es gibt *Tipps*, es geht auf Begleiterscheinungen wie die Warteschlange vor der Ausstellung ein. Auch im Feuilleton kann der Journalist *Anwalt des Lesers* sein, die *Interessen der Leser* vertreten, beispielsweise wenn die Rahmenbedingungen einer Veranstaltung nicht stimmen oder wenn nicht geboten wird, was versprochen wurde.

Das Feuilleton ist aber mehr als nur ein bestimmter Teil einer Zeitung. Es ist auch eine *Haltung*, die weit über den Kulturbereich hinausgehen und auch in anderen Ressorts Platz finden kann. Im besten Fall bezeichnet man damit witzige, geistreiche oder sehr lesenswerte Beiträge:

> *Mit Feuilleton wird nicht nur das Ressort einer Zeitung, der Kulturteil, bezeichnet, sondern auch eine persönliche Schreibweise mit Erlebnis und Phantasie, ansprechend und gefällig, originell. Während sonst Nachricht und Meinung nicht vermengt werden sollen, gilt diese strenge Trennung nicht für das Feuilleton. Das hat seine Ursache wohl in der Kulturkritik mit ihren individuellen Standpunkten. Was wäre ein Artikel, der von einer Theateraufführung nur berichtet, wann, wer, was, wo getan hat?*
> *Der Feuilletonist will seine Leser unterhalten und fesseln, will Kritik üben und seine Intentionen unauffällig an den Leser herantragen. Er schreibt geistreich, spielerisch, oft witzig, anschaulich, impressionistisch, einfallsreich, mit Wortspielen und Pointen, paradox und suggestiv. (...)[6]*

---

[5] Dieter Heß, *Kulturjournalismus*, S. 11f.

[6] Wilhelm Eggerer/Wilhelm Dietl, *Die Nachricht. Journalistische Darstellungsformen*, S. 225.

7.3 Die „Rezension" der Rezension

Ähnlich wie im Kapitel zum Thema Kommentar geht es auch jetzt nicht nur darum, verschiedene feuilletonistische Texte kennen zu lernen, sondern Texte verstehen und analysieren zu können. Wir haben im Kapitel „6. Kommentar, Leitartikel, Glosse" schon eine Möglichkeit kennen gelernt, sich einem Text zuzuwenden: ihn also zunächst zu überfliegen, dann intensiv zu lesen und zum Schluss zu analysieren. Wir wollen dieses Verfahren nun an einem Feuilleton-Text erproben. Die *Buchkritik* stammt aus einer Münchner Kulturzeitschrift; besprochen wird im Übrigen ein Buch, das im Jahr 2000 erschienen ist und das schon in dem Band *Lesen, Zappen, Surfen* zitiert wurde. Zunächst der Text:

---

matthias politycki
Ein Mann von 40 Jahren

Klappern gehört zum Handwerk. Eine Gruppe junger deutscher Schriftsteller hat dies dermaßen verinnerlicht, dass man gar nicht mehr weiß, ob man ihre literarischen Erzeugnisse noch wahrnehmen muss. Vielleicht genügt es ja, ihre Statements, Lifestyle- und Surf-Tipps morgendlich einzuwerfen wie eine dieser Vitamintabletten.

Matthias Politycki ist einer von dieser Sorte. Wie der klappert, aber holla! Vor allem die Ausrufung einer „78er-Generation" und sein „Kampf für eine neue Äußerlichkeit" haben Echos erzeugt. Nebenbei natürlich auch sein *Weiberroman* von 1997 und jetzt die Nach- und Fortschrift dazu, der Roman *Ein Mann von vierzig Jahren*.

Darin geht es wieder um Gregor Schattschneider, Tropf und Hallodri und natürlich mitten drin im Schlamassel. Mal wieder sind die Frauen schuld. Eine, um genau zu sein, Marietta heißt sie, ist alles andere als schön, dafür kapriziös und Professorengattin. In sie hat sich Schattschneider „ganz furchtbar beschämend vollständig" und auf eine „schlichtweg indiskutable Weise verliebt". Der erotisch-libidinöse Schwurbel wirft den Buchklappentexter dermaßen aus der Bahn, dass er die kasachische Stripperin Mascha ebenso wie Wollmäuse, überreife Camemberts und all die anderen Dinge seines müßiggängerischen Lebens links liegen lässt.

Ungemein amüsant ist das. Zumal für jemanden, der mit den Münchner Verhältnissen vertraut ist, pendelt der Held doch ständig zwischen Schwabing und Feldafing. Mit Lokalkolorit wird ebensowenig gegeizt wie mit feinen Momentaufnahmen der 90er. Germanisten dürfen sich zudem am Spiel mit Herausgeberfiktionen und Anmerkungen erfreuen. An diesen Stellen winken von fern Polityckis Ahnherren Laurence Sterne und Arno Schmidt. Aber damit hat es sich auch schon. Denn so unterhaltsam und reich an Possierlichkeiten *Ein Mann von vierzig Jahren* auch ist, in die Tiefe geht hier nichts. Man liest, man grinst, liest zu Ende, sagt sich „War doch nett" und trägt das Buch zum Antiquar.[7]

---

[7] *Applaus*, Kultur-Magazin, 9/2000, S. 26.

7.3.1   Überblick gewinnen – Der erste Blick auf den Text

▶ In der Überschrift werden nur der Autor des zu besprechenden Buches sowie der Buchtitel genannt. Sie verrät weder die Haltung des Rezensenten, noch gibt sie einen Hinweis auf dessen abschließendes Urteil.

▶ Der Text ist relativ kurz und in verschiedene Abschnitte gegliedert. Der Name des Rezensenten wird nicht genannt.

▶ Kursiv gesetzt sind die beiden Buchtitel: Polityckis erster Roman und der hier besprochene.

7.3.2   Fragen stellen – Was fällt mir ein, wenn der Text noch ungelesen vor mir liegt?

▶ Kenne ich den Autor?

▶ Was sagt der Titel des Buches aus?

▶ Interessiert mich das Buch auf Anhieb?

▶ Würde ich die Kritik auch lesen, wenn ich sie in einer Zeitschrift sähe?

▶ Warum hat der Text keine Überschrift, aus der ich etwas entnehmen kann?

▶ Was kann man über ein Buch in dieser Kürze sagen?

7.3.3   Die Lektüre des Textes

7.3.3.1 Lesen

Lesen Sie den Text einmal in Ruhe ganz durch, damit Sie einen inhaltlichen Überblick bekommen.

7.3.3.2 Klären unbekannter Wortbedeutungen

Falls Sie die Möglichkeit haben, Begriffe, die Sie nicht kennen, nachzuschlagen, nutzen Sie diese.

„Statement" könnte ein solcher sein, ebenso „kasachisch". Der Blick in den *Duden* hilft da weiter: Ein „Statement" ist eine Erklärung, Verlautbarung, „kasachisch" ist ein Adjektiv und kommt von „Kasache". Unter Kasachen versteht man Angehörige eines Turkvolkes in Mittelasien. Ein weiteres unbekanntes Wort ist sicherlich „Schwurbel", und das lässt sich leider nicht im *Duden* finden. Das Wort, ob nun ansatzweise verständlich oder komplett unverständlich, weist aber auf eines hin: Hier wird mit Sprache gespielt, hier können auch Elemente der Umgangssprache auftauchen („holla", „Tropf", „Hallodri", „Schlamassel", „grinsen").

Wenn Sie mit dem Wort „Herausgeberfiktionen" nichts anfangen können, so wird die Sache problematischer. Eigentlich wird mit dieser lapidaren Äußerung in der Rezension zu viel vorausgesetzt. Denn wenn Sie dieses Buch noch nicht gelesen haben, auch den *Weiberroman* nicht kennen, so werden sie auch nicht wissen, dass Politycki seinem Roman den Anschein gibt, es handele es sich um ein wissenschaftliches Werk. Es gibt Fußnoten und Anmerkungen. Politycki als Autor gibt vor, der Text sei von Gregor Schattschneider geschrieben und von einem gewissen Leopold Wegensteiner herausgegeben worden. Ungefähr so, als ob Goethes Werke von einem Germanisten ediert und kommentiert werden.

> *Vollständige Ausgabe nach dem Text der Fragmente, wie sie von Gregor Schattschneider in seiner Pension auf Frauenchiemsee, Bayern, zurückgelassen und von Eckart Beinhofer bis zu dessen Verschwinden gesichtet, numeriert und vorsortiert wurden. Nach grundsätzlicher Revision neu angeordnet, herausgegeben und mit Anmerkungen versehen von Leopold Wegensteiner. Mit einer Nachschrift von M.P.*[8]

Vielleicht wollen Sie noch nachsehen, wer Laurence Sterne und Arno Schmidt waren. Nehmen Sie also ein Lexikon zur Hand. Sie werden sehen, dass Sterne ein irisch-englischer Schriftsteller des 18. Jahrhunderts ist, der beispielsweise seinen Romanhelden Tristram Shandy in einem Roman mal ernste, mal sehr heitere Episoden erleben lässt. „Derbkomisch", „tiefsinnig-heiter", „an absonderlichen Typen reich", so bezeichnet das als erstes Nachschlagewerk herangezogene *dtv-Lexikon* den Roman.[9] Arno Schmidt hingegen ist ein Autor des 20. Jahrhunderts. Gero von Wilpert beschreibt ihn so:

> *Intellektueller Erzähler der Gegenwart von eigenwilliger Phantasie und bizarrem, geistreichem Humor; radikaler Avantgardist auf der Suche nach neuen, zeitgemäßen und den Bewußtseinsvorgängen (bzw. dem, was sie beeinflußt) angemessenen Erzählformen unter Verwendung von Montage, Rastermethode, innerem Monolog, additor. Prinzip und verblüffendem Wortwitz in e. äußerst konzentrierten, z.T. bis zur Manier übersteigerten Sprache.*[10]

Zugegeben, ein kompliziertes Zitat zur Erklärung eines Textes. Eigentlich bedarf es selbst einiger Erklärung. Aber dennoch hat dieser Ausflug in den Bereich der *Literaturgeschichte* seinen Sinn: Politycki wird also in eine *Tradition* gestellt, in der eigenwillig, geistreich und phantasievoll mit Geschichten und Figuren umgegangen wird.

---

[8] Matthias Politycki, *Ein Mann von vierzig Jahren*, München: Luchterhand, 2000, S. 4.

[9] *dtv-Lexikon* in 20 Bänden, München: dtv, 1982, Band 17, S. 261.

[10] Gero von Wilpert, *Deutsches Dichterlexikon*, Stuttgart: Alfred Kröner Verlag, 1976, S. 626f.

Sicherlich ist es nicht möglich, während einer Prüfung entsprechende Fakten nachzuschlagen. Aber im Rahmen einer Übung sei dieser kleine Exkurs erlaubt. Zumal das Zitat aus Wilperts Standardwerk zu unserem nächsten Arbeitsschritt überleitet, dem Erschließen komplexer Sätze.

7.3.3.3 Erschließen komplexer Sätze

Die vorliegende Rezension ist, was die Satzkonstruktionen angeht, nicht besonders kompliziert. Sie ist eher unterhaltsam geschrieben, mit kurzen, prägnanten Sätzen, vielen Hauptsätzen und keinen Verschachtelungen. Sie ist in einer flotten Sprache geschrieben, mit vielen Ausrufezeichen versehen und enthält wenig schwergeistiges Bildungsgut – mit Ausnahme von Sterne und Schmidt.

7.3.3.4 Ermitteln von Beziehungen zwischen den Sätzen

Auch das kann man sich bei diesem Text weitgehend sparen, da die Beziehungen nicht besonders kompliziert sind. Anders könnte dies sein, wenn beispielsweise viel mit *Anspielungen*, mit *literarischen Zitaten* oder mit *sprunghaften Gedanken* gearbeitet wird. Der vorliegende Text aber ist in *Abschnitte* gegliedert, die leicht erkennbar sind, weil sie auch grafisch als Absätze gestaltet wurden.

7.3.3.5 Erschließen von Textabschnitten

Der Text ist in Absätze gegliedert, die tatsächlich auch *inhaltlich aufeinander aufbauen* und jeweils weiterführen. Auch dieser Arbeitsschritt lässt sich also problemlos durchführen. Es wäre sicherlich anders, wenn es keine Absätze gäbe, bzw. wenn die Absätze nicht auch inhaltlich strukturiert wären.

7.3.3.6 Ermitteln des Textaufbaus

▶ Der erste Absatz spricht über eine Gruppe junger Schriftsteller.

▶ Der zweite wendet sich einem von ihnen zu, nämlich dem Autor des vorliegenden Buches.

▶ Der dritte Absatz stellt den Helden des Buches vor, Gregor Schattschneider.

▶ Im vierten Absatz wird *gewertet*. Ist das Buch lesenswert? Was macht es lesenswert?

7.3.4 Rekapitulieren

Eine *Zusammenfassung* der *wesentlichen Gedanken* dieser Rezension zu schreiben, dürfte Ihnen nicht schwer fallen, nachdem Sie den Textaufbau bereits ermittelt haben.

▶ Der Autor spricht zunächst von einer Gruppe junger Schriftsteller, die sich nicht allein der Literatur, sondern auch dem schönen Leben verpflichtet haben, die als Trendsetter und Experten für Lifestyle wirken – und sich damit eher einen Namen machen als durch ihre Werke. Werbung in eigener Sache sozusagen.

▶ Einer von ihnen ist Matthias Politycki, der durch zwei Romane in Erscheinung getreten ist, aber auch dadurch, dass er sich zu Zeitgeist-Themen geäußert hat.

▶ Sein Held ist im zweiten wie im ersten Roman Gregor Schattschneider. Offenbar ist dieser Held verliebt, und zwar so sehr, dass diese neue Liebe sein bisheriges Leben völlig auf den Kopf stellt – oder zumindest stark verändert.

▶ Das Buch ist besonders amüsant für Kenner der Münchner Szene und für Germanisten. Der Rezensent ordnet Politycki zwischen zwei Autoren ein, die durch Witz und Originalität in ihrer Zeit aufgefallen sind. Er bewertet das Buch als lesenswert, gibt ihm aber keinen höheren Stellenwert. Der Leser könne sich amüsieren, sich aber auch leichten Herzens wieder von dem Buch trennen.

7.3.5 Repetieren

Sehen Sie sich die eingangs gestellten Fragen und die Analyse der einzelnen Abschnitte noch einmal an. Lesen Sie den Text noch einmal durch und auch Ihre Erkenntnisse zum Text. Haben Sie etwas vergessen? Gibt es noch etwas Wichtiges, über das Sie hinweggegangen sind, weil es schwierig war oder weil Sie es übersehen haben? Kurz: Gibt es noch etwas zu tun?

Aufgaben

Lesen Sie den folgenden Literaturtipp und die Rezension zu dem Buch von Connie Palmen *J. M. – Ischa Meijer – In Margine, In Memoriam.*
Es mag unfair sein, einen kurzen Literaturtipp und eine lange Rezension zum selben Buch nebeneinander zu stellen. Natürlich kann der Literaturtipp in seiner Kürze nicht die Analyse leisten, die die Rezension zu leisten vermag, wenn sie gut ist.

Dennoch kann man an den Texten aus *Emma* und der *Berliner Zeitung* Gemeinsamkeiten und Unterschiede gut festmachen, sowohl was die feuilletonistische Form angeht, als auch was den Blickwinkel auf das Buch, bzw. die Perspektive der Rezensentin und des Rezensenten betrifft.

1. Versuchen Sie, die folgenden beiden Texte zu verstehen und zu „zerlegen". Wenden Sie dafür die in den Lektionen 7.3.1 bis 7.3.5 exemplarisch durchgeführten Arbeitsschritte nun selbst an!

2. Welche Gemeinsamkeiten haben die Texte?
   Welche Unterschiede erkennen Sie?

Die große Liebe

Als Connie Palmen 1991 mit ihrem ersten Buch „Die Gesetze" über Nacht zum Shootingstar der niederländischen Literaturszene wird, wird sie auch von dem scharfzüngigen Journalisten Ischa Meijer interviewt. Auf der Stelle verlieben sich die beiden ineinander, und es beginnt eine Beziehung, die über den überraschenden Tod des 52-Jährigen hinaus geht. Palmen teilt von nun an ihr Leben mit ihm, und zwar ausschließlich. Mit akribischer Besessenheit beschreibt sie die Jahre der intellektuellen und körperlichen Intimität, ohne dabei wirklich intim zu werden. Sie lässt die Leserin teilnehmen an der Obsession, den Reisen, den Liebkosungen und Streitereien. Doch ihr Glücksgefühl, endlich ein Alter Ego, einen intellektuellen Partner, einen Halt gefunden zu haben, ist verschattet von seiner chronischen Untreue und seiner schriftstellerischen Ausbeutung sämtlicher gemeinsamer Erlebnisse. Hinzu kommt die tiefe Verstörung eines jüdischen Mannes, der als Kind mit seinen Eltern das KZ überlebt hat. An seinem 52. Geburtstag stirbt Ischa Meijer. Schonungslos schildert Palmen den Schmerz, der sie überschwemmt. Sollte je ein Mann seiner verstorbenen Freundin mit einem solch überwältigend ehrlichen und liebevollen Buch ein Denkmal setzen, wäre Emma überflüssig geworden. ZIS[11]

---

[11] *Emma*, März/April 2000, S. 100.

Mein Geliebter ist tot

Connie Palmens vier Jahre mit Ischa Meijer und die fürchterliche Zeit danach
von Michael Schweizer

Anfang 1991 erschien „Die Gesetze", das erste Buch der 1955 geborenen Niederländerin Connie Palmen. Der Roman hatte sofort großen Erfolg. Am 5. Februar wurde Palmen von Ischa Meijer interviewt, einem in Holland sehr bekannten Journalisten. Wenig später beschließen die beiden, sich nie mehr zu trennen. Sie sind vier Jahre lang zusammen glücklich, dann stirbt der 1943 geborene Meijer an einem Herzinfarkt. Palmen fühlt sich vernichtet und lebt weiter. All das erzählt sie in „I. M. – Ischa Meijer – In Margine, In Memoriam".

Palmens und Meijers Geschichte ist bewegend. Aber in der Literatur kommt es nicht darauf an, was jemand erlebt hat, sondern wie er schreibt. „In Margine", der erste Teil des Buches, ist viel zu lang. Nicht an Seiten, sondern an Duozentrik. Vieles ist zwar wunderschön, schön als Wunder: Zwei notorische Affärenspringer finden sich in großer Liebe, meinen, jetzt werde alles besser, und behalten Recht. Wie das passieren kann, wie ein schwieriges Rad plötzlich ins andere greift, analysiert Palmen klug. Aber das hat man, gerade weil es so schlüssig erklärt ist, bald verstanden, und von da wird die Preisung des Paares fad. Liebe macht ja nicht nur gesund und kreativ, sondern auch selbstgerecht.

Wenn einem jemand ständig sagt, man sei genau richtig, ist es bloß menschlich, ihm zu glauben. Palmen und Meijer haben das wechselseitig getan, dadurch enthält das Buch lauter Momentaufnahmen des Ganz-toll-Seins. Meijer sagt etwas Selbstverständliches, gleich ist Palmen hingerissen von seiner Klugheit. Endlich hat sie einen Ebenbürtigen gefunden, mit dem sie aus der „Einsamkeit des Verstandes" ausbrechen kann. Auch die meisten anderen Leute, mit denen die zwei zu tun haben, sind warmherzig, gebildet und wohlhabend – Prachtstücke unter sich.

Ischa Meijer war Jude. Mit seinen Eltern überlebte er das Konzentrationslager Bergen-Belsen. Danach wuchs er, von Vater und Mutter abgelehnt, bei ihnen unter Verhältnissen auf, die Connie Palmen als „das zweite KZ" qualifiziert. Er wurde frauensüchtig und beziehungsunfähig; mit Palmen gelang ihm lange nach dem Trauma binnen weniger Jahre eine Selbstheilung. Das verdient jeden Respekt und ist gut beschrieben, doch man muss sich zwingen, die nötige Aufmerksamkeit aufzubringen: Es ist schon wieder eine Erfolgsgeschichte.

Vielleicht fällt einem die Ich-Erzählerin manchmal so auf die Nerven, weil man sie schon lange kennt. Schon in „Die Gesetze" ist es eine der Autorin ähnelnde Frau, die über die bewussten und unbewussten Regeln nachdenkt, auf deren Grundlage sieben Männer ihr Leben führen. Und nicht nur die Personen, sondern auch die Konstellationen aus „Die Freundschaft" (1995) sind ebenfalls „echt". Im dritten Buch nun beharrt Palmen zwar gegenüber Meijer mit Recht darauf, dass sie die Wirklichkeit nicht einfach abschreibe. Aber sie denkt sich auch nicht viel aus. Palmens Bücher drehen sich um Palmen und ihre Freunde.

Dabei ist sie offenbar ehrlich. Erstens lässt sie, wenn es zum Thema gehört, auch Peinliches stehen, zum Beispiel die Mitteilung, dass sie ausweislich eines Tests zum intelligentesten Prozent der Menschheit zählt. Zweitens kann man in gutem Stil nicht lügen, und ihr Stil ist gut: klar, flüssig, genau, fast jedes Wort sitzt. Angesichts einer deutschsprachigen Literatur, in der fast niemand mehr den Konjunktiv beherrscht, ist das viel.

Die Form passt zum Inhalt: Palmen hat eine einfache, präzise Sprache entwickelt, in der man über sich selbst und ein paar Nahestehende die nicht allzu verwickelte Wahrheit sagen kann. Die „gnadenlose, brillante, erbarmungslose Selbsterforschung", die sie Harold Brodkey zugute hält, leistet diese Autorin auf ihre Weise. Auch das ist viel, aber reicht es? In großer Literatur läuft ein scharfes Selbstporträt wie nebenbei mit unter. Der Vorwurf ist oft dumm, aber hier trifft er: Das Kapitel „In Margine" und damit sieben Achtel von Connie Palmens neuem Buch haben nicht genug Welt.

„In Memoriam" dann, die letzten vierzig Seiten, sind überwältigend. Sie handeln von Meijers Tod und Palmens Betäubung, Raserei und Trauer. Dieses Kapitel zerschlägt das gefrorene Meer im Leser. Verzweifelt denkt er an eigene Tote, für die er bisher nichts gefühlt hatte, und will sein Leben ändern.[12]

---

[12] *Berliner Zeitung* vom 25. September 1999 (Dem Internet entnommen: www.Berlinonline.de/kultur/lesen/belle/html/belle.1999.39.03.html, vom 8. September 2000).

Weiterführende Literatur:

Claudia Mast (Hrsg.), *ABC des Journalismus. Ein Leitfaden für die Redaktionsarbeit*, Konstanz: UVK Medien, 1994.
Ein Standardwerk für alle, die sich für Journalismus interessieren.

Walther von La Roche, *Einführung in den praktischen Journalismus*, München: List Verlag, 1999.
Auf dieses Buch wurde bereits in Lesen, Zappen, Surfen *empfohlen. Jedem zu empfehlen, der sich genauer mit journalistischen Darstellungsformen beschäftigen möchte.*

Heiko Pohlmann/Dr. Alfred Brendel, *Arbeit mit Gebrauchstexten. Eine Lernhilfe zur Textanalyse für Schüler der berufsbildenden Schulen*, München: Manz, 1987.
Ein guter Einstieg in den Umgang mit Texten, in dem Schritt für Schritt die Vorgehensweise erläutert wird.

Wolf Schneider/Paul-Josef Raue, *Handbuch des Journalismus*, Reinbek: Rowohlt Taschenbuch Verlag, 1998.
Beide Bücher wenden sich an ein Fachpublikum – und sind dennoch auch für „Laien" gut verständlich und informativ.

Dieter Heß (Hrsg.), *Kulturjournalismus. Ein Handbuch für Ausbildung und Praxis*, München: Paul List Verlag, 1992.
Das Buch von Dieter Heß befasst sich mit dem Begriff Kultur und setzt sich kritisch mit der Arbeit der Feuilletonisten auseinander. Es stellt verschiedene Bereiche des Kulturjournalismus vor und nennt auch berufliche Alternativen, z.B. Kulturmanagement.

7

Als Anregung hier noch einige Literaturtipps, die etwas über das Thema hinausgehen. Die angegebenen Werke befassen sich mit Journalismus und Ethik des Journalismus in dokumentarischer oder fiktiver Form – oder es sind ganz einfach Texte, die zu lesen sich lohnt.

Heinrich Böll, *Die verlorene Ehre der Katharina Blum oder: Wie Gewalt entstehen und wohin sie führen kann*, München: dtv, 1976.
In den 70er Jahren galt Bölls Erzählung als Klassiker in der Diskussion um Möglichkeiten und Grenzen des Journalismus. Wie ein Mensch durch die Berichterstattung einer Zeitung ruiniert werden kann, das zeigt dieser Text.

Wolfgang Ebert, *Der Blattmacher*, Satirischer Roman, München: dtv, 1986.
Die Redakteure einer kleinen Provinzzeitung proben den Aufstand gegen ihre Chefs. Ebert befasst sich mit dem Selbstbild der Journalisten, die sich alle als tapfer, kritisch, kämpferisch einstufen – und sind dann doch nicht sind.

Axel Hacke, Heinrich Meyer, Herbert Riehl-Heyse, Rainer Stephan, Hermann Unterstöger (Hrsg.), *Das neue Streiflichtbuch. Kopfnüsse und Musenküsse aus der Süddeutschen Zeitung*, München: Kunstmann, 2000.
Ein Buch für alle, die gerne Glossen lesen.

Marcel Reich-Ranicki, *Lauter Verrisse*, München: dtv, 1994.
Das Schöne an diesem Buch: Es vereint Verrisse, die nahezu ausnahmslos große Autoren der Nachkriegszeit treffen, so Stefan Heym, Alfred Andersch, Peter Weiss, Martin Walser oder Günter Grass.
Vielleicht macht die Schadenfreude die Lektüre des Buches amüsant, vielleicht ist es das Gefühl, dass auch große Autoren nicht immer Lobeshymnen einheimsen, vielleicht freut sich der Leser auch, weil selbst Reich-Ranicki in seiner Einschätzung manchmal danebenliegen kann.

Günter Wallraff, *Der Aufmacher. Der Mann, der bei Bild Hans Esser war*, Köln: Kiepenheuer & Witsch, 1982.
Günter Wallraff arbeitete als Journalist bei der Bild-Zeitung und schrieb dann dieses Buch. Ein Einblick in die Arbeitsweise von Zeitungen und Journalisten, denen die „heiße" Geschichte wichtiger ist als die reine Wahrheit.

8. DIE SPRACHE DER WERBUNG

◆ Definition des Begriffs Werbung

◆ Erkennen von Werbung im Alltag, in den Medien, in der Sprache

◆ Rhetorische Mittel der Werbung aufgreifen und analysieren

◆ Beziehungen zwischen Werbung und Literatur erkunden

Der Lastzug hat Matratzen geladen, seine Wände werben für eine Dr.-Grotappel-Matratze: Im Hellen und im Schummer – wir garantieren Schlummer. Das Deutsch der Werbung, denkt Heller und sagt, mit dem Daumen auf die Matratzen-Reklame zeigend: man müßte mal die Sprache der Werbung untersuchen. Und die Gesinnung, sagt Rita Süßfeldt. Anstelle der backenbärtigen Vorbilder, sagt Heller, sollten wir dies Kapitel in unser Lesebuch aufnehmen: Sprache und Gesinnung der Werbung.[1]

Der Roman von Siegfried Lenz, aus dem das Zitat stammt, erschien Anfang der siebziger Jahre. Drei Pädagogen treffen sich, um Texte für ein repräsentatives Lesebuch zusammenzustellen. Sie scheitern am Kapitel, das die Überschrift „Lebensbilder – Vorbilder" trägt. Der Vorschlag des fortschrittlichen Studienrats Heller, sich mit der Werbung zu befassen, war vielleicht vor dreißig Jahren noch ungewöhnlich. Heute ist die Beschäftigung mit Werbung im Deutschunterricht fast selbstverständlich.

Es gab eine Zeit, da gehörte es zur umfassenden Bildung, aus den Werken der Klassiker zitieren zu können. Ein paar weise Sätze von Goethe und Schiller, aus der Bibel oder von Shakespeare zierten jede Rede und wer nicht auf sein eigenes Gedächtnis zurückgreifen konnte oder nur wenig verwertbare Sprüche kannte (etwa: „Durch diese hohle Gasse muß er kommen", Schiller, *Wilhelm Tell*), der wandte sich an einschlägige Fachliteratur, Sammlungen von Zitaten und Aphorismen.

8

---

[1] Siegfried Lenz, *Das Vorbild*, München: dtv 1979, S. 72.

Heute ist das klassische Zitat seltener geworden. Deswegen wird jungen Leuten gern vorgeworfen, dass sie sich nicht für Bildung interessieren oder dass sie nichts Ordentliches mehr lernen. Diese Klagen sind sehr alt, es soll sie schon bei den Römern gegeben haben. Wie faul oder wie fleißig die Jugend ist, ist sicherlich streitbar.

Allerdings hat sich der Umgang mit „geflügelten Worten" tatsächlich gewandelt: Es werden nicht mehr einzelne Sätze aus den Werken zitiert, sondern ihre Titel. *Die Angst des Tormanns beim Elfmeter* (Peter Handke) wurde sprichwörtlich und unter jedem zweiten Politikerbild stand in der Zeitung *Gruppenbild mit Dame* (Heinrich Böll), sofern eine Frau darauf zu sehen war.[2]

Inzwischen hat sich auch die Werbung in den Bereich der geflügelten Worte vorgedrängt. Bei „Nichts ist unmöglich" denkt man unweigerlich an eine bestimmte Automarke, bei „Bin ich drin? Ich bin drin!" kommen einem sofort ein Tennisspieler und ein Internet-Provider in den Sinn.

Unter den Werbesprüchen gibt es wahre Klassiker, die auch die älteren Semester noch kennen, etwa: „Halt, mein Freund, wer wird denn gleich in die Luft gehen?" Drei Dinge brauchte in den sechziger Jahren ein Mann, nämlich Feuer, Pfeife und einen bestimmten Tabak, während eine Haushaltswarenfirma genau wusste, was Frauen wünschten. Soweit zum Thema Geschlechterrollen. Manche Werbesprüche haben schon Generationen geprägt und vielleicht sogar das Produkt überlebt, für das sie werben sollten.

8.1   Werbung, Alltag und Medien

8.1.1   Der Begriff der Werbung

Werbung ist inzwischen „ein weites Feld", um mit diesem Zitat aus Fontanes *Effi Briest* noch einmal in den Bereich der geflügelten Worte zu wechseln.[3] Es gibt vermutlich kaum noch einen Lebensbereich, der frei ist von Werbung. Zunächst einmal einige *Definitionen*, die zeigen, wie verschiedene Lexika und Fachbücher das Phänomen beschreiben:

---

[2] Diesen Gedanken übernahm die Autorin von ihrem Lehrer, Prof. Dr. Konrad Feilchenfeldt.

[3] Dies ist ein oft getaner Ausspruch von Effi Briests Vater. Vgl. Theodor Fontane, *Effi Briest*, Frankfurt am Main/Berlin/Wien: Ullstein, 1976, S. 37: „(...) jedenfalls wollen wir darüber nicht streiten; es ist ein weites Feld." Briest wiederholt seine Floskel leicht verändert am Schluss des Romans, S. 296: „Ach, Luise, laß ... das ist ein *zu* weites Feld." Inzwischen wurde der Spruch zum Titel eines Romans von Günter Grass: *Ein weites Feld*.

Auch die **Werbung** *gehört zu den Formen beeinflussender Kommunikation. Man definiert sie als planmäßigen Einsatz von Bild und Sprache zur Steuerung menschlicher Entscheidungen, aber auch zur Weckung von Bedürfnissen. Die beiden wichtigsten Bereiche der Werbung sind heute die Politik, aber vor allem die Wirtschaft. Werbestrategien werden vor allem von Erkenntnissen der Sozialwissenschaften, der Massenpsychologie, der Sprachpsychologie und der Informationstheorie beeinflusst.*

Obwohl Werbung in den audiovisuellen Medien immer wichtiger wird, behält die Werbung in den Printmedien ihren Stellenwert, weil sie konserviert und daher beliebig verfügbar ist. In Werbetexten findet sich fast immer das Zusammenwirken der drei Komponenten: Hersteller/Anbieter – Ware/Idee – Käufer/Interessent. Neben der eindeutig erkennbaren Werbeanzeige gibt es auch die sich als Information tarnende indirekte Werbung.[4]

Eine zweite Definition aus dem Hauslexikon – vielleicht weniger spezifisch, aber doch für einen ersten Eindruck gut:

Werbung, *absichtl. und zwangsfreie Form der Beeinflussung, die die Umworbenen für die Werbeziele gewinnen soll. Im allg. Sprachgebrauch wird unter W. meistens die Absatz-W. verstanden. Sie hat die Aufgabe, die Produkte und Dienstleistungen der Unternehmung bekanntzumachen, die Einstellung zum betriebl. Angebot zu beeinflussen, die Akquisition zu unterstützen sowie den Einsatz der übrigen absatzpolit. Instrumente zu ergänzen (...).[5]*

Eine dritte Definition aus einem Fachbuch für Massenmedien:

Um die Konsumenten dennoch vor dem Bildschirm zu halten, kennt die Phantasie der Werbetreibenden keine Grenzen.

Bislang bekannt sind

▶ **Infomercials:** *Langformatige Werbefilme, die von den Werbetreibenden selbst produziert werden (Vermögenstips, „Wie werde ich schlank?"),*

▶ **Storiemercials:** *Produktbezogene Informationen zu Markenartikeln, die zu den Konsumgütern des täglichen Gebrauchs gehören.*

---

[4] Monika Müller/Walter Eschenbacher/Siegfried Kaulfersch, *Deutsch für die berufliche Oberstufe. Ein Lehr-, Text- und Arbeitsbuch*, Köln: Stam Verlag, 1997, S. 153.

[5] *dtv-Lexikon*, Bd. 20, S. 37.

Neu und in Deutschland noch umstritten sind

▶ **Split-Screening:** *Die parallele Ausstrahlung redaktioneller und werblicher Inhalte, wobei die Trennung von Werbung und Programm durch die Aufteilung des Bildschirmes vorgenommen wird,*[6]

▶ **virtuelle Werbung:** *Werbung durch Produkte, Logos, Marken- und Firmennamen, die nur in der filmischen Abbildung, nicht aber in der abgebildeten Realität zu sehen sind.*[7]

AUFGABE

1. Vergleichen Sie die drei Definitionen auf den Seiten 125 und 126.

Auf welche Bereiche des Lebens beziehen sie sich?

Worin unterscheiden sie sich? Auf welche Medien gehen sie ein?

8.1.2   Werbung ist überall

Der Selbstbeobachtungsversuch in Sachen Werbung startet in den eigenen vier Wänden. Bereits die Verpackung des Toilettenpapiers macht darauf aufmerksam, dass dies „wahrscheinlich das dickste und kostbarste Toilettenpapier der Welt" sei – eine Anspielung auf einen Schokoriegel, der sich als „wahrscheinlich längste Praline der Welt" ausgibt. Es bedarf nun keiner Diskussion, wie ein kostbares Toilettenpapier beschaffen sein muss, doch wird deutlich, dass häufig auch die Verpackung eines Produkts als Werbefläche genutzt wird: die Farben, die Logos, die Sprüche, die Aufmachung, dies alles soll sagen: Kauf mich!

Schlimmer wird es natürlich, wenn man sich den *Massenmedien* zuwendet. Zeitungen sind voll von Werbung, Zeitschriften noch voller, denn dort kann die Werbung entsprechend dem Zielpublikum der Zeitschrift sehr viel spezifischer auf ein bestimmtes Publikum zugeschnitten werden. Auch im Fernsehen spielt Werbung natürlich eine wichtige Rolle. Für viele Fernsehsender ist Werbung die einzige *Einnahmequelle.*

---

[6] Formel-1-Zuschauer kennen dies bereits vom Fernsehen – Anmerkung Lieselotte Kinskofer.

[7] Hermann Meyn, *Massenmedien in Deutschland*, Konstanz: UVK-Medien 1999, S. 249. Meyn erläutert hier außerdem die (noch) sehr schwer nachvollziehbare Vorstellung einer virtuellen Werbung, mit einem Zitat des Intendanten des Hessischen Rundfunks: „Wenn die Zuschauer künftig Sportler in Kleidung sehen, die sie gar nicht tragen, auf Spielfeldern, die so nicht existieren, und vor einem Stadionhintergrund, der nicht dem tatsächlichen entspricht, dann dient dies ausschließlich dazu, Werbung unterschwellig an das Fernsehpublikum heranzubringen." [*Journalist*, 4/1998, S. 40].

Die Massenmedien leben von den Werbeeinnahmen und sie ergänzen diese Einnahmen durch einige geschickte Schachzüge. Werbung ist nicht mehr nur das, was zu bestimmten Zeiten im Vorabendprogramm läuft, sondern es ist auch die Werbesendung, die sich als Programm tarnt (z.B. Quiz-Sendung), die Bierdose, die im Fernsehfilm auf dem Tisch steht sowie das Sponsoring bestimmter Sendungen oder Sendeteile durch einzelne Firmen („Das Wetter wurde Ihnen präsentiert von ..."). Für den Kosmetik-Tipp in den Frauenblättern oder den Autotest in den Publikationen für den Motorfreund gilt dasselbe – die Grenzen zwischen *Ratgeber* und *Werbung* sind fließend geworden.

Angesichts dieser neuen Möglichkeiten der Werbung hat in den letzten Jahren die Ratlosigkeit derer zugenommen, die eine *Trennung* von *redaktioneller Berichterstattung* und *Werbung* aufrechterhalten wollen. Denn den Werbefachleuten fällt immer wieder etwas Neues ein, um ihre Produkte erfolgreich zu vermarkten.

Ein Formel-1-Fahrer ist, ebenso wie sein Auto, mit Werbung beklebt. Als sich zeigte, dass im Fernsehen bei Interviews häufig nur sein Kopf zu sehen ist, kamen die Sponsoren auf die Idee, ihm eine mit Werbung bestückte Mütze aufzusetzen und auch seinen Hemdkragen als Werbefläche zu nutzen. Auch bei anderen Sportlern und Trainern wird gerne auf diese Praxis zurückgegriffen. Natürlich überlegt sich ein Prominenter inzwischen ganz genau, wofür er Werbung machen möchte, welches Produkt zu ihm passt und wie es sein *Image* beeinflusst.

Im *journalistischen Bereich* wird Werbung oft als *Information* getarnt. So werden Fernsehsendern z.B. gerne fertig produzierte „Dokumentarfilme" angeboten, die sich letztlich als *Werbesendungen einzelner Firmen* entpuppen. Der eine Sender nimmt sie, der andere nicht. Natürlich gibt es diese Tendenzen auch im Hörfunk oder bei Zeitungen und Zeitschriften.

8

Dies alles mag sehr negativ klingen. Dennoch kann man, was *Ideenreichtum*, *Kreativität* und *Phantasie* angeht, von den Werbeexperten sehr viel lernen. In diesem Buch wurde schon mehrmals darauf eingegangen, was es bedeutet, *Werbung in eigener Sache* zu machen. Wer eine Rede hält, wer sich bewirbt, wer an einer Diskussion teilnehmen möchte, der muss für sich oder seine Meinung Werbung machen, sie so vertreten, dass er andere überzeugen kann. Werbung für sich selbst – das kennen auch die Politiker. Ihnen ist schon längst klar, dass es nicht so sehr darauf ankommt, *was* sie sagen, sondern *wie* sie es sagen, dass es nicht ohne Bedeutung ist, mit wem sie sich zeigen, was sie anhaben, wo sie auftauchen. *Image-Kampagne* heißt das Zauberwort.

Zum Beispiel die Kampagne für die Bild-Zeitung: Der Slogan „Bild Dir Deine Meinung" hat es geschafft, das Ansehen der Boulevardzeitung zu heben. Selbst Bild-Kritiker waren im Sommer 1996 neugierig darauf, was die beinahe

unaussprechlichen Abkürzungen (z.B. Egezog) auf den Plakaten bedeuten sollten, die nur in kleiner Schrift ausgeschrieben waren (Es gibt eine Zeitung ohne
Gelaber). (...)

Für Furore haben auch die Spots für den neuen Audi gesorgt: Die beinahe
schon penetrante Frage „Wo ist denn der Tank?" hat aufmerken lassen und sich
beiläufig ins Gedächtnis von Millionen eingeprägt. Dieser Spot zeigte auf die
anderen Seiten einer Marke, die bis dato vor allem als Mittelklasse und durchschnittlich angesehen wurde. Dank der Jung von Matt-Kampagne[8] fuhr Audi
den eingesessenen deutschen Premiummarken BMW oder Mercedes-Benz
ganz schön an den Karren.[9]

AUFGABEN

2. Überlegen Sie einmal, wo Sie überall mit Werbung konfrontiert werden.
Nennen Sie einige Beispiele.

3. Welche Werbung beeindruckt oder beeinflusst Sie – soweit Sie das selbst
beobachten können? Was zeichnet diese Werbung aus?
Nennen Sie drei Beispiele und beschreiben Sie, was Sie daran anspricht.

4. Kennen Sie Marken, die ihr Image in den letzten Jahren deutlich geändert
haben?

8.1.3   Werbung mit allen Mitteln

Werbung versucht häufig, möglichst viele *Sinne anzusprechen*. Das ist nicht
immer einfach. Der Tastsinn und der Geruchssinn können nur in Ausnahmefällen
bedient werden, die Werbung konzentriert sich also auf *Auge* und *Ohr* – und auf
das, was im vorhergehenden Kapitel als *Image* bezeichnet wurde. Audi-Fahrer sind
nicht langweilig, *Bild*-Leser sind nicht dumm – Werbung versucht, das Image von
Firmen und Produkten zu prägen, und häufig klappt das auch. Dafür muss man
allerdings den Menschen da erreichen, wo er veränderbar ist: *Werbepsychologie*
heißt die Kunst, den Menschen zu durchleuchten und ihm die Dinge als *unent-
behrlich* zu suggerieren, auf die er bislang *verzichten* konnte.

---

[8] „Jung von Matt" ist der Name der Werbeagentur (Anmerkung Lieselotte Kinskofer).

[9] Susanne Vieser, *Slogans, Spots & Strategien. Die erfolgreichsten Werbeagenturen und ihre Kampagnen*, München: Wilhelm Heyne Verlag, 1997, S. 74f.

Vance Packards Buch *Die geheimen Verführer* gehört zu den Standardwerken, in denen *Strategien der Werbepsychologie* geschildert werden. Das Buch ist seit Jahrzehnten ein Bestseller. Denn auch wenn sich die *Methoden* der Werbenden verändert haben, die *Grundbedürfnisse der Menschen*, auf die die Werbepsychologie zielt, sind gleich geblieben.

Auf der Suche nach besonderen psychologischen Werten, mit denen man die Erzeugnisse anreichern könnte, um ihnen stärkere Anziehungskraft zu verleihen, stießen die kommerziellen Tiefenpsychologen auf viele ergiebige Hinweise, indem sie unsere unterbewußten Bedürfnisse, Verlangen und Begierden unter die Lupe nahmen. [10]

Gemäß Vance Packard zielt die Werbung auf folgende Bedürfnisse der Menschen: [11]

> ### Sicherheitsgefühl verkaufen:
> Packard nennt die Stichwörter „Gefriertruhe" und „Eichhörnchen-Faktor", die ein wichtiges Grundbedürfnis vieler Menschen beschreiben sollen: Immer Nahrung im Haus zu haben, bedeutete für die Generation, die den Krieg erlebt hat, *Sicherheit*, *Wärme* und *Geborgenheit*. Heute steht die Gefriertruhe nicht mehr gar so sehr im Vordergrund und Hamstern ist auch weitgehend „out". Es sind vielmehr Autofirmen, Versicherungen, Banken, Hersteller von Kinderspielzeug und Hygieneartikeln etc., die mit ihrer Werbung ein Sicherheitsgefühl vermitteln. Zum Bedürfnis nach Sicherheit tritt der Wunsch, sich in einer unübersichtlichen Welt *orientieren* zu können, einen *Ansprechpartner* zu haben. Diesem Wunsch entspricht z.B. eine bestimmte Versicherung, deren Vertreter mit Namen Herr Kaiser offenbar alle seine Kunden persönlich kennt und für ihre Fragen und Probleme immer ein offenes Ohr hat.
>
> ### Wertbestätigung verkaufen:
> In einer sich ständig wandelnden Welt ist es offenbar wichtig, dass manche Dinge *bleiben wie sie* sind. „Persil. Da weiß man, was man hat", lautet einer dieser Sprüche; „Generation Golf" zeigt, dass eine ganze Generation mit einem bestimmten Autotyp groß geworden ist; „ein Diamant ist unvergäng-

8

---

[10] Vance Packard, *Die geheimen Verführer. Der Griff nach dem Unbewußten in jedermann*, Düsseldorf/Wien/New York/Moskau: Econ Verlag, 1992, S. 93.

[11] Die fett gedruckten Schlagworte sind von Vance Packard, S. 93ff. übernommen. Die Erläuterungen stammen entweder aus dem Buch von Vance Packard oder beziehen sich auf aktuelle Beispiele aus der Werbung.

lich" ist ein weiterer Slogan aus dieser Kategorie. Bestimmte Markennamen sind im Sprachgebrauch sogar selbstverständlicher geworden als der eigentliche Oberbegriff, wie z.B. „Tesa" statt Klebstreifen, „Aspirin" statt Kopfschmerztablette, „Tempo" statt Papiertaschentuch, „Tipp-Ex" statt Korrekturflüssigkeit, „Einweckglas" statt Konservierungsglas, „Thermoskanne" statt Isolierkanne.[12]

Ego-Befriedigung verkaufen:
Das trifft auf die Werbung vieler Automarken und Luxusartikel zu, eben auf alles, was die *menschliche Eitelkeit* anspricht.

Schöpfungsauswege verkaufen:
Der Mensch will als *kreatives Wesen* gesehen werden – auch das gehört zur Ego-Befriedigung. Deshalb muss Kochen ein *kreativer Akt* bleiben, selbst wenn man sich z.B. eine Fertigmahlzeit zubereitet. Laut Kochstudio in der Fernsehwerbung verlässt sich die gute und clevere Hausfrau von heute am besten auf die exzellenten Fertiggerichte aus der Tüte. Bei besonderen Gelegenheiten lässt sich die Päckchensuppe auch hervorragend mit Sahne verfeinern. Das ist die gute, feine Küche, wie sie sich die Werbung vorstellt.

Zu dem Punkt „Schöpfungsauswege verkaufen" ein etwas älteres *Beispiel* aus Packards Buch. Es ist einfach zu „köstlich", um es zu übergehen:

Die tischfertigen Konserven – vor allem die backfertigen Kuchenmehle – sahen sich bald tief in dieses Problem weiblicher Schöpfungskraft verstrickt und stießen auf weit mehr Widerstand, als die Hersteller sich als logisch denkende Menschen je hätten träumen lassen. Sie mußten mit der Ablehnung und dem Schuldempfinden der Frauen fertig werden, die das Gefühl hatten, die Verwendung von tischfertigen Konserven sei ein Zeichen schlechter Haushaltsführung und drohe sie einer gewohnten Quelle des Lobes zu berauben. Anfänglich lautete die Gebrauchsanweisung auf den Kuchenmehlpackungen: „Keine Milch, nur Wasser hinzufügen". Trotzdem ließen viele Frauen es sich nicht nehmen, Milch – als ihren eigenen schöpferischen Beitrag – hinzuzufügen und überluden dadurch den Kuchen oder das Gebäck mit Kalzium; folglich fiel oft der Kuchen zusammen und die Frauen schalten auf das Kuchenmehl. Oder auf der Packung stand: „Keine Eier hinzufügen". Normalerweise waren bereits vom Hersteller Milch und Eier in Trockenform beigemengt. Aber die Frauen, die man tiefeninterviewte, sagten

---

12 Vgl. „Die Kreation von Erfolgsmarken", Vortrag zum IHK-Marken-Tag *Marken finden, schützen und verwerten* am 26.10.2000, Referentin Sybille Kircher, Geschäftsführende Gesellschafterin der Namensagentur NOMEN International Deutschland GmbH, S. 17 des Skriptes.

empört: *„Was ist das schon für ein Kuchen, wenn man nur Leitungswasser hinzuzufügen braucht!" Mehrere psychologische Beratungsfirmen rangen mit diesem
Problem, und alle gelangten im wesentlichen zu der gleichen Antwort. Die Kon-
servenfabriken sollten stets der Hausfrau etwas zu tun übriglassen.*

*Daher riet Dr. Dichter der General Mills, von nun an der Hausfrau zu sagen,
daß sie und Bisquick es gemeinsam schafften, nicht Bisquick allein. Swansdown
White Cake Mix wies die Frauen in dicken Lettern an: „Man nehme frische Eier
..." Bei manchen kochfertigen Konserven muß die Hausfrau beides hinzutun, frische Eier und frische Milch.*[13]

▶ *Liebesobjekte verkaufen:*
Stars bekommen häufig ein bestimmtes Image aufgedrückt, das sie zu Lie-
besobjekten macht – der nette junge Popstar, den schon die Achtjährigen lie-
ben (und der ganz nebenbei für Joghurt wirbt, mit dem man groß und stark
und erfolgreich wird), der Schlagersänger, in dem viele ältere Frauen den
idealen Schwiegersohn sehen, das Sexsymbol, die Traumfrau, der liebe
Schauspieler mit dem Image eines Teddybärs – die Nähe zur Puppen- und
Kuscheltierindustrie ist nicht zufällig.

▶ *Kraftgefühl verkaufen:*
Hierher gehört natürlich ein Teil der Autowerbung, ebenso die Werbung für
andere Maschinen. Auch Energy-Drinks sowie Müsli und Schokoriegel versprechen Kraft, Stärke und Durchhaltewillen (Mars – und es geht weiter).

▶ *Verwurzelungsgefühl verkaufen:*
Das ist häufig bei Lebensmittelwerbung zu beobachten. Eine bestimmte
Wurst – die schon Mutter gerne auf den Tisch brachte – wird heute noch
favorisiert, sie erinnert an Heim und Herd, an Kindheit und Versorgtwer-
den. „Wie das Land, so das Jever" – auch hier ist wichtig, woher die Dinge
kommen, dass sie ihren urtümlichen Geschmack, oder wie auch immer die
Werbefachleute dies nennen, behalten haben.

▶ *Unsterblichkeit verkaufen:*
Dies ist vor allem im sehr stark gewachsenen Bereich der Altersvorsorge, des
Versicherungswesens und der Bankgeschäfte wichtig. Das Wort Tod wird
natürlich nicht verwendet, denn niemand will es hören. Aber dennoch ist es
für den verantwortungsvollen Menschen wichtig, sich und seine Familie
abzusichern, er schützt sie – und hat weit über seinen Tod hinaus Einfluss
auf sie.

---

[13] Vance Packard, *Die geheimen Verführer*, S. 99f.

In Zusammenhang mit dem *Zweck von Werbung* sprechen amerikanische Werbefachmänner auch vom AIDA-Prinzip:

A	= attention	=	Aufmerksamkeit erregen
I	= interest	=	Interesse wecken
D	= desire of possession	=	Kaufwunsch, Besitzwunsch auslösen
A	= action	=	eine Handlung findet statt: Kleidung probieren, Artikel anfassen, Auto Probe fahren, ...

Das Ziel von Werbung ist demnach immer POP = point of purchase, d.h. den Konsumenten zum Kauf zu bewegen.

AUFGABEN

Lesen Sie sich noch einmal das Zitat zum Thema Backkunst aus Vance Packards Buch durch!

Sehen Sie sich dann die einschlägige Koch- und Backstudio-Werbung im Fernsehen an, die übrigens gerne kurz vor dem Abendessen gesendet wird.

5. Was hat sich im Vergleich zu damals verändert?
Wie wird die Werbung heute präsentiert?

6. Sind hauptsächlich Frauen oder Männer als Köche tätig?
Welche Unterschiede gibt es bei der Darstellung von kochenden Frauen und kochenden Männern?

7. Wie lauten die Slogans heutzutage?

8.2 Werbung und Sprache

8.2.1 Werbung und Rhetorik

Von Werbung war schon mehrere Male die Rede. Bereits der Begriff *Propaganda*, dem im Band *Lesen, Zappen, Surfen* ein eigenes Kapitel gewidmet war, befasste sich mit Werbung in einer ganz besonders ausgefeilten und wohl auch negativ belasteten Form.

Ein zweites Mal tauchte der Begriff Werbung im ersten Kapitel dieses Bandes auf. *Rhetorik*, das ist Werbung für eine Sache oder für sich selbst mithilfe einer guten *Rede*. Wer sein Konzept vorstellt, wer seine Ideen verkaufen will, wer die Menschen von seiner Meinung, seiner Weltanschauung, von sich als Person oder als Politiker *überzeugen* will, der macht Werbung, indem er über die Dinge in einer gewissen Weise spricht. Wer ein Bewerbungsschreiben aufsetzt, will sich in ein gutes Licht rücken, die eigenen Vorzüge nennen, ohne dass es nach Selbstgefälligkeit oder Übertreibung aussieht. Auch wer zu einem Vorstellungsgespräch geht, wird versuchen, für sich Werbung zu machen.

Werbung macht also jeder, der andere von seiner Meinung überzeugen möchte. Doch wenn wir uns nun auf die Produktwerbung mithilfe von Worten beschränken, so zeigt sich, dass in diesem Bereich die „altmodischen" rhetorischen Stilfiguren aus Lektion „1.3.1 Grundbegriffe der Rhetorik" durch die Arbeit von Werbetextern zu neuer Bedeutung und zu neuem Glanz gekommen sind.

Die Ideen gehen den Werbetextern niemals aus. Vor allem die *Neuschöpfung von Worten und Wortkombinationen* ist sehr beliebt. Besonders schöne Beispiele finden sich dafür in den beiden Bänden *Dummdeutsch*.[14] Hier einige davon:

> **Klassiker, knuspriger** Ist keine Erfindung des Deutschen Klassiker Verlags (...), sondern die neue Werbung der Wienerwald-Restaurants für ihre Brathühner, die früher mal saftig, heute nur noch knusprig sind, was uns aber weiterhin piepegal ist.[15]

> **Löffelstückig** Sind die Himbeeren der Fa. Michelsen in Hamburg. Außerdem schwimmen sie in Übersee-Rum. Am besten: das Glas zulassen, Augen zu und das Ganze hochkantig über Bord geschmissen.[16]

8

---

[14] *Dummdeutsch*. Ein satirisch-polemisches Wörterbuch unter Federführung von Eckhard Henscheid unter Mitwirkung von Carl Lierow und Elsemarie Maletzke, mit Zeichnungen von Chlodwig Poth, Frankfurt am Main: Fischer Taschenbuch Verlag, 1985.
Dummdeutsch Zwo. Ein satirisch-polemisches Wörterbuch von Carl Lierow und Elsemarie Maletzke. Mit Zeichnungen von Chlodwig Poth, Frankfurt am Main: Fischer Taschenbuch Verlag, 1986.

[15] *Dummdeutsch Zwo*, S. 47.

[16] Ebenda, S. 54.

YSS-Stil C&A in München: „*Unsere Accessoireabteilung bietet Ihnen in Fülle eine passende Auswahl an Hüten, Taschen und Schuhen im YSS-Stil.*" *Ein neuer, wahnsinnig kreativer Modedesigner? Prinzessin Stéphanies neue Klamotten-firma? Nein: „Your Sixth Sense"-Stil von C&A, ach so, na klar, YSS, logo, tolle Fummel, hätten wir auch gleich draufkommen können, C&A: creativ und anglophil.*[17]

Ganz im Sinne Packards vermittelt der knusprige Klassiker ein Gefühl von *Verwurzelung*, das Gute hält sich, bleibt und steht uns weiterhin zur Verfügung. Die Kombination von Klassiker und knusprig bringt *Aufmerksamkeit*, zugleich ist es – rhetorisch gesehen – eine *Alliteration*.

„Löffelstückig" hingegen ist ein Wort, das es so nicht gibt – ein *Neologismus*, eine *sprachliche Neuschöpfung* also. Die Hausfrau weiß: Himbeeren, die verarbeitet werden (erhitzt, tiefgefroren, aufgetaut, unter den Quark gerührt), werden häufig zu Brei. Löffelstückig aber signalisiert: Diese Himbeeren sind völlig unversehrt. Stück für Stück kann man sie mit dem Löffel aus der Packung holen.

Das Zitat sagt es bereits: Die dritte Werbung ist „anglophil", sie arbeitet mit der Abkürzung eines englischen Ausdrucks – Mode für junge Menschen und für Insider offenbar, denn man muss verstehen, worum es geht. Auf *Anglizismen* in der Werbung werden wir später noch einmal zurückkommen.

Häufig erregen bereits die Namen der Produkte Aufmerksamkeit:

Aufgrund der Vielfalt bereits existierender Markennamen (schätzungsweise mehr als eine Million) wird das Finden neuer Namen für Produkte oder Dienstleistungen nicht selten zu einem Problem und erfordert Kreativitäts- bzw. Ideenfindungstechniken. Bekannte „Techniken" der Namensfindung sind z.B. das Zusammensetzen von Wortbruchstücken (Nescafé = Nestle und Café), Entlehnungen aus dem Lateinischen oder Griechischen (Ajax) oder Anglizismen (Coke). Manche Warennamen sind Kombinationen von Eigennamen (Eduscho = Eduard Schopf).[18]

Hier noch weitere *Beispiele*, die teilweise dem Buch Mosers entnommen sind und teils selbst gefunden wurden:

▶ Coca Cola (Alliteration),

▶ Hin und Mit (Vokalwiederholung),

▶ Dash (ungewöhnliche Schreibung, englisches Wort).

---

[17] *Dummdeutsch Zwo*, S. 93.

[18] Klaus Moser, *Werbepsychologie. Eine Einführung*, München: Psychologie Verlags Union, 1990, S. 10.

Andere schöne *Beispiele* für Werbeslogans:

▶ Fit statt fett (Alliteration, aber auch Gegensatz),

▶ Hits für Kids (Reim, Anglizismus),

▶ Weißer als weiß (Paradoxon und Hyperbel),

▶ Im Falle eines Falles klebt Uhu wirklich alles (Rhythmisierung, Hyperbel und Reim),

▶ Das einzig Wahre: Warsteiner (Wortspiel und Alliteration).[19]

AUFGABEN

Sehen Sie sich die folgenden Werbebeispiele an und nehmen Sie eine Einordnung vor.

8. Welche rhetorischen Figuren erkennen Sie bei den Beispielen A–C?

9. Welche werbepsychologischen Strategien wurden in den Beispielen D, E und F angewandt?

Versuchen Sie eine Einteilung nach den Kriterien von Vance Packard (vgl. Lektion „8.1.3 Werbung mit allen Mitteln").

8

A funnyfrisch

B knusperknackig

C Backshop

D Weil ich es mir wert bin

E Wir haben verstanden

F Zukunft wird aus Ideen gemacht

---

[19] Vgl. Klaus Moser, *Werbepsychologie. Eine Einführung*, S. 11; Carl A. Rüede, *Die besten Schlagzeilen aus Presse und Werbung. Zugkräftige Headline-Ideen nach Stichwörtern geordnet*, Thun: Ott Verlag, 1992. Auf den Seiten 115-140 sind die sprachlichen Mittel (also rhetorischen Mittel) mit Beispielen aufgelistet.

8.2.2 Neudeutsch für Fortgeschrittene

In den Beispielen wurde es bereits deutlich: Die Werbung arbeitet mit Neologismen, also *Sprachneuschöpfungen*, wobei auch gerne auf *englische Wörter* zurückgegriffen wird. *Kombinationen* mit deutschen Wörtern sind besonders beliebt. Es wird aber auch mit *ganzen Sätzen* gearbeitet. Jeder, der diesen Satz hört, soll ihn in Gedanken zu Ende führen können – und zwar so, dass das beworbene Produkt darin vorkommt.

Seit vielen Jahren ein Klassiker: „… macht Kinder froh und Erwachsene ebenso". Sie kennen vermutlich das Produkt, Sie haben vielleicht sogar die Melodie im Ohr, der Reim macht es leichter, sich den Vers zu merken. Sehr häufig stehen die Sätze in keiner logischen Verbindung zum Produkt, sondern versuchen in erster Linie eine angenehme Assoziation hervorzurufen. „Ich will so bleiben wie ich bin" – die Antwort in der Werbung lautet „Du darfst". Zwar weiß jeder Fernsehzuschauer, dass damit für ein Sortiment kalorienreduzierter Produkte geworben wird. Doch für sich allein stehend sind der erste und der zweite Satz Wünsche fast jedes Menschen: Ich muss mich nicht verändern, ich darf nicht nur bleiben, wie ich bin. Nein, ich bin sogar so gut (schön), dass ich sogar bleiben *will*, wie ich bin. Und die Antwort, die von außen kommt, heißt: Du darfst. Von hier aus ist es nicht mehr weit bis zu der Assoziation mit einem in vielen Liebesfilmen populären Schwur: „Ich liebe dich so, wie du bist." Wer mag da schon an kalorienreduzierte Mettwurst denken?

Auch das Thema *Anglizismen* wurde bereits angesprochen. Man muss kein Sprachpuritaner sein um zu erkennen, dass die deutsche Sprache mehr und mehr Begriffe aus dem anglo-amerikanischen Bereich übernimmt. Das betrifft nicht nur berufliche Bereiche wie die *Computertechnologie*, in denen sich die englische Sprache wie selbstverständlich als internationale Verständigungssprache durchgesetzt hat, sondern das betrifft vor allem auch die Bereiche *Werbung*, *Mode* und *Medien*.

Überall, wo sich der Mensch jung, dynamisch und erfolgsorientiert zeigt oder zeigen zu müssen glaubt, wird die englische Sprache bevorzugt – auch wenn es nur ein paar Brocken sind, und diese womöglich noch falsch verwendet werden.

„Bikes 4 u" steht an einem Schaufenster. In ordentlichem Englisch ausgeschrieben heißt das: „Bikes for you". Übersetzt für alle, die nicht Englisch können: Hier können Sie sich ein neues Fahrrad kaufen. Oder ganz wörtlich: Räder für Sie.

Das Cover (Anglizismus!) einer deutschen Frauenzeitschrift kündigt beispielsweise folgende Themen an:

Die besten Looks – Von Business bis Mitternacht

Optimale Beauty: 20-Minuten-Liftig, Spritzen, Laser

Die Deutsche Power-Elite

Das Gefühl Erfolg

Nur die letzte Überschrift kommt ohne Anglizismus aus. Es hätte auch „Success-Feeling" heißen können.

Der *Hörfunk* ist heute stärker *zielgruppenorientiert* als früher. Dementsprechend verwenden Sender, die vornehmlich junge Leute ansprechen wollen, viele englische Ausdrücke. Es ist allerdings schwieriger, einen vollständigen englischen Satz *hörend* zu verstehen als nur ein paar Brocken der Fremdsprache. Daher werden meistens nur einzelne Begriffe verwendet, die manchmal eingedeutscht oder auch falsch eingesetzt werden. Englisch wirkt cool, trendy, abgespaced. Deutsch hingegen brav, bieder und langweilig.

Im deutschen *Fernsehen* und im *Kino* ist Englisch ebenfalls äußerst populär. Viele Slogans sind vollständig in der Fremdsprache verfasst, vor allem, wenn ein jüngeres Publikum angesprochen werden soll: „Test the West", „Don't imitate, innovate", „Let's make things better", „Come to where the flavor is. Come to Marlboro Country". In den audiovisuellen Medien ist es leichter, mit ganzen Sätzen zu arbeiten, da die Zuschauer den Slogan mit *zwei Sinnen gleichzeitig* wahrnehmen können und damit auch in der Lage sind, komplexere Formulierungen zu verstehen.

Man kann diese Entwicklung bedauern oder kritisieren. Man könnte sogar den Gebrauch von Begriffen aus fremden Sprachen verbieten, wie es in Frankreich geschehen ist. Es würde nichts nützen. Englisch wirkt frisch, jung und modern, also wird es eingesetzt. Fremdwörter vermitteln einen kompetenten und wissenschaftlichen Eindruck, also werden sie die Werbung für Medikamente oder Zahnpasta zieren. Mit Französisch verbindet der Deutsche eine genussvolle

Lebensart, also wird die Lebensmittelwerbung diese Sprache stärker verwenden („O là là!" „Bon appétit!").

Ähnliches gilt für die italienische Sprache. So wirbt z.b. ein Prosecco-Hersteller mit falschem Italienisch und gibt dieses als „Italienisch für Fortgeschrittene" aus: „Cauve di blu!" steht auf dem Plakat. Das klingt Italienisch, ist es aber nicht.

In der *Kinowerbung* wird sogar die Form des Fremdsprachenunterrichts im Fernsehen (also des Telekollegs) imitiert: In einer etwas stilisierten Kulisse, die ein Café darstellen soll, sitzen ein paar Menschen. Der Kellner hat seine Jacke falsch geknöpft. Ein Gast zeigt darauf und sagt: „Passt aber prima" oder vielmehr im Slang des „Italienisch für Fortgeschrittene": „Pasta ba prima". Der Satz wird natürlich noch mehrfach wiederholt, wie es sich für einen guten Fernseh-Sprachkurs gehört. Die *Parodie* des Bildungsfernsehens als neue Art der Werbung?

8.2.3 Werbesprache und Literatur

Die Werbung ist dazu da, diese Momente der Entfremdung vergessen zu lassen. Ihre Anstrengungen sprechen von dem Elend dessen, was verklärt werden will. Schriftsteller beschreiben die Welt nun mit Hilfe der Sprache von Warenkatalogen und Werbeslogans, um sie überhaupt noch abbilden zu können. Ähnliches geschieht im Theater, Film, in der Musik und Philosophie. Kritisches und affirmierendes Zitieren zelebriert dabei in spannungsvoller Harmonie die Diskurshoheit der Werbetexte. Das Ignorieren der Waren- und Werbewelt verurteilt die Künste zu einer Realitätsferne, die sich nur selten als poetisch Gewinn bringend erweist. Die Unausweichlichkeit des Konsums und der kapitalistischen Gesellschaftsstrukturen ist derart unerbittlich geworden, dass man in ihrer Totalität den Keim ihres Endes erkennt. Das hat uns die Dialektik der Geschichte gelehrt, Heidegger und Hölderlin ebenso: „Wo aber Gefahr ist, wächst das Rettende auch." Der vielleicht gemeinste und beste Werbespruch des Jahrhunderts.[20]

Werbung gehört zum Leben, aber Literatur, das ist doch etwas anderes – oder? Dieses Zitat sagt das Gegenteil. Die Literatur kann demnach der Werbung nicht mehr aus dem Weg gehen, die Welt lässt sich nur noch mithilfe der Sprache von Werbeslogans beschreiben. Ist die Literatur von der Werbung „verdorben"?

---

[20] *Unser Jahrhundert*, Beilage der *Süddeutschen Zeitung* vom 8. Dezember 1999, No III, S. M15.

Hier ein Text des 25jährigen Autors Benjamin von Stuckrad-Barre.

> *Fahrradläden in Studentenstädten, die wirklich so heißen:*

Rad & Tat	*Sattelfest*
Gutes Rad	*Fahr Rad Laden*
Drahtesel	*Rad ab*
Auf (D)Rad	*Kein Rad Au*
Freilauf	*Fahr Rad (ich dir)*
Radschlag	*Fahrraden & Verkauf*
Radgeber	*Radelführer*
Radhaus	*Räderwerk*
Gegenwind	*Zentralrad*
Stadtrad	*Fahrradies*[21]

Die reinste Werbung, aber auch ein Sprachkunstwerk – unabhängig davon, ob es einem gefällt oder nicht. Ob Stuckrad-Barre „nur" gesammelt oder auch gestaltet hat, ist unwichtig. Er schafft keine Werbesprache in diesem Text, er nutzt das vorhandene Material.

Doch Stuckrad-Barre ist nicht allein als Literat bekannt geworden. Die Zeitschrift *Stern* beschreibt ihn am Beginn eines Interviews so:

> Die meisten Kritiker hassen ihn. Seine Bücher verkaufen sich glänzend. Doch **Benjamin v. Stuckrad-Barre** will mehr sein als die Jenny Elvers der deutschen Gegenwartsliteratur.[22]

Ein kleiner Auszug aus dem Gespräch:

> **Stern:** Haben Sie sich damit abgefunden, als die Jenny Elvers der deutschen Gegenwartsliteratur zu gelten, oder strecken Sie sich nach Anerkennung durchs Feuilleton?

> **Stuckrad-Barre:** Wenn die „Zeit" schreibt, es sei „H & M-Literatur", was ich mache, zeigt das bloß, dass die noch nie bei H & M waren und gar nicht ahnen, dass man da ausgezeichnete Unterhosen kaufen kann.[23]

8

---

[21] Benjamin von Stuckrad-Barre, *Remix. Texte 1996–1999*, Köln: Kiepenheuer & Witsch, 2000, S. 258. Der Titel *Remix* sieht übrigens aus, als wäre er mit Buchstaben aus dem Spiel „Scrabble" gelegt.

[22] „Alles ist falsch – man selbst auch", in: *Stern* 36/2000 vom 31. August 2000, S. 220–221, hier: S. 220.

[23] Ebenda, S. 220.

Stuckrad-Barre bekennt sich in dem Interview zur *Selbstinszenierung*: Der Autor muss sich ein *Image* schaffen, um in der *Medienwelt* überleben zu können; um seine *Identität bewahren* zu können, muss er sich hinter einer *Maske* verstecken. Der Autor bewirbt sich selbst, aber er kennt die *Spielregeln des Medien- und Werbezeitalters*. Er behält die Fäden in der Hand, zieht eine *Show* ab, lässt sich nicht von anderen ein Image aufdrücken, sondern produziert es selbst:

> **Stuckrad-Barre:** Wer unter Beobachtung steht, verhält sich automatisch künstlich. Man muss den Medien eine Figur zur Verfügung stellen, die der Autor sein könnte. Ziel dieser Tarnung ist vor allem der Selbstschutz, denn wer sich nicht stilisiert, der wird stilisiert – und das ist ja die gefährlichere Variante.[24]

Wenn Sie jenseits aller Zivilisationskritik und Sorge um die deutsche Literatur am Thema Werbung Spaß haben wollen, so sei Ihnen ein Buch empfohlen: *Wir trinken so viel wir können, den Rest verkaufen wir. Über Werber und Werbung.* Der Autor Rainer Baginski weist zu Recht darauf hin, dass die *Cannes-Rolle* mit internationalen Werbespots zu den Kassenschlagern im Kino gehört. Werbespots bekommen *Kultstatus*. Außerdem beantwortet Baginski viele interessante Fragen: Was macht der Mitarbeiter einer Werbeagentur? Wie kommt man zu seinen Slogans? Es geht aber auch um lila Kühe und Cowboys. Die beigelegte CD-ROM zeigt Werbespots aus aller Welt.

AUFGABEN

Der folgende Text ist aus dem Buch von Rainer Baginski.

10. Was ist laut Baginski die Aufgabe der Werbemacher?

11. Welche Rolle spielt dabei derjenige, der als Verbraucher oder Käufer in Frage kommt?

12. Stimmen Sie Baginskis Theorie zu, dass es sich bei Werbung um eine moderne Form der Wegelagerei handelt?

---

[24] „Alles ist falsch – man selbst auch", S. 220.

Werbung ist die Kunst, den Leuten das Geld aus der Tasche zu ziehen. Gute Werbung kann das gut, schlechte Werbung entsprechend weniger. Und für die Produzenten entscheidet sich die Qualität von Werbung nicht daran, ob sie gut unterhält, tolle Einfälle hat, schöne Menschen zeigt oder witzige Schlagzeilen trägt. Für die Produzenten entscheidet sich die Qualität von Werbung ausschließlich daran, ob sie gut verkauft. "It's not creative unless it sells." Es ist nicht kreativ, wenn es nicht verkauft. Die Amerikaner können so etwas viel leichter und ehrlicher ausdrücken als wir Deutsche. Wir drucksen im Allgemeinen ganz lange drum herum. Aber genau darum geht es letzten Endes. Verkauft die Werbung oder verkauft sie nicht? Spielt sie Geld ein oder tut sie es nicht? Ja oder nein. Daumen rauf oder Daumen runter. Werbung ist gut oder Werbung ist schlecht.

Und was sagen die Verbraucher? Will jemand überhaupt wissen, was sie von alledem halten? Werden sie überhaupt nach ihrer Meinung gefragt? Werden sie gefragt, ob sie schon wieder Werbung für ein neues Auto (Joghurt, Shampoo, Bier, Parfüm, Computerspiel) oder eine neue Zigarette (Zeitschrift, Lebensversicherung, Handtasche, Zwischenmahlzeit, Klorolle) haben wollen? Beziehungsweise ob sie all die neuen Produkte besitzen wollen? Natürlich werden sie nicht gefragt, natürlich gilt das als selbstverständlich, dass die Verbraucher sich über solche neuen Produkte freuen und sie auch kaufen. (Oft tun sie es wirklich, manchmal aber auch nicht.) In der Regel ist es aber so, dass die Verbraucher auf offener Straße oder daheim auf dem Sofa, beim Zeitunglesen, während einer Unterhaltung, beim Bier oder während sie einen Film gucken, von wildfremden Leuten angefallen werden, die an ihr Geld wollen und überall dazwischenquatschen und die ihnen dafür wahllos Autos, Aktien, Lebensversicherungen, Schokoriegel, Uhren, Turnschuhe, Shampoos, Milchprodukte oder erotische Dienstleistungen andrehen wollen, zu jeder Tages- und Nachtzeit.

Die Verbraucher müssen heute ständig damit rechen, dass sie überfallen und ausgeplündert werden. Dass jemand des Weges kommt, der ihre Kohle haben will. Sie müssen in jeder Minute hellwach sein, sonst sind sie mit einem Schlag arm. Sie müssen ständig die Hand auf dem Geld haben, sonst ist es verschwunden, auf Nimmerwiedersehen. Es sei denn, sie wollen es tatsächlich ausgeben, was ja auch bisweilen vorkommt.[25]

---

[25] Rainer Baginski, *Wir trinken so viel wir können, den Rest verkaufen wir*, S. 17ff.

Weiterführende Literatur:

Rainer Baginski, *Wir trinken so viel wir können, den Rest verkaufen wir. Über Werber und Werbung*, (mit CD-ROM) München/Wien: Carl Hanser Verlag, 2000.
Dieses Buch wurde bereits im Text empfohlen. Es zeigt eine gelungene Innenansicht der Werbung, vom ganz normalen Wahnsinn der täglichen Arbeit über finanzielle Aspekte, medientechnische Fragen bis hin zum wunderbaren Bereich der Kreativität, wo Markenartikel erst geschaffen werden. Die CD-ROM ist – das muss man zugeben – besser als mancher Fernsehfilm.

Wolfgang Hars, *Lurchi, Klementine & Co. Unsere Reklamehelden und ihre Geschichten*, Berlin: Argon Verlag, 2000.
Sehr amüsant zu lesen – und fast jeder wird seine Lieblingshelden wiederfinden.

Eva Heller, *Wie Werbung wirkt: Theorien und Tatsachen*, Frankfurt am Main: Fischer Taschenbuch, 1990.
Das Buch befasst sich mit Manipulation, mit Phänomenen der Massenkommunikation, die für die Werbung dienstbar gemacht wurden, mit Zielgruppen, aber auch mit Diskriminierung. Laut „Klappentext" für alle, die Werbung machen oder sich mit Werbung auseinander setzen – insbesondere für jene, die sich über die heutige Werbung ärgern. Eva Heller wurde übrigens auch als Zeichnerin und als Romanautorin (Beim nächsten Mann wird alles anders) bekannt.

Vance Packard, *Die geheimen Verführer. Der Griff nach dem Unbewußten in jedermann*, Düsseldorf/Wien/New York/Moskau: Econ Verlag, 1992.
Ein Klassiker aus dem Bereich Werbung. In den 50er Jahren erschienen und immer noch lesenswert.

Carl A. Rüede, *Die besten Schlagzeilen aus Presse und Werbung. Zugkräftige Headline-Ideen nach Stichwörtern leicht auffindbar geordnet*, Tuhn: Ott Verlag, 1992.
Hier kann man sich alte und neue Slogans ansehen, hier wird der Übergang vom Werbespruch zum geflügelten Wort deutlich. Ein Buch zum Blättern und Reinlesen. Interessant auch, dass bereits im Titel Presse und Werbung in einem Atemzug genannt werden, als könnten Schlagzeilen und Werbeslogans nicht mehr unterschieden werden.

Susanne Vieser, *Slogans, Spots & Strategien. Die erfolgreichsten Werbeagenturen und ihre Kampagnen*, München: Wilhelm Heyne Verlag, 1997.
Vieser stellt Werbeagenturen und ihre bekanntesten Kampagnen vor. Das Buch zeigt, wie schwierig es oft ist, einfache und eingängige Slogans zu finden.

9. PROTOKOLL UND GESPRÄCHSNOTIZ

◆ Protokoll und Gesprächsnotiz für sich nutzen lernen
◆ Protokolle und Gesprächsnotizen selbst verfassen können

Protokoll (griech. „das vorn angeleimte") [1]

Wer oder was ist nun angeleimt? Derjenige, der das Protokoll schreiben muss? Klebt das Protokoll quasi an seinen Fersen? Oder meint der Ausdruck aus dem Griechischen etwas ganz anderes?

Die Frage: „Wer schreibt heute das Protokoll?" führt in Schulklassen, Seminaren, Fortbildungen, Sitzungen, bei Vereinen und bei dienstlichen Gesprächen immer wieder dazu, dass Menschen völlig unbeteiligt in die Luft starren und, unabhängig von ihrer Religiosität, zu einer wie auch immer gearteten höheren Macht beten, dass sie verschont bleiben mögen.

Doch einen erwischt es immer. Wer selbst schon mal dran glauben musste, weiß wovon die Rede ist. Wohl dem, der die Aufgabe an eine Sekretärin oder an einen Protokollführer abgeben kann. Doch ist dies die Ausnahme. Besser ist es zu wissen, welche *Anforderungen* an ein Protokoll gestellt werden und was *formal* und *inhaltlich* zu beachten ist. Denn ein Protokoll kann man weit über die oben skizzierten Situationen hinaus auch gut für sich selbst nutzen.

9

9.1 Begriffsdefinition

Im Internet fand sich folgende *Definition* des Protokolls:

(...)
Ein Protokoll ist die Niederschrift von öffentlichen oder privaten Verhandlungen, die den Verlauf und Inhalt beurkundet und in beweismäßiger Form, oft mit Unterzeichnung der Beteiligten, festlegt.

---

[1] www.kultur-netz.de/hdk/protokoll.htm (vom 13. November 2000).

Der „geleimte" Protokollant

Die zweite Bedeutung des Begriffs Protokoll ist die Gesamtheit der im diplomatischen Verkehr beobachteten Regeln der Höflichkeit und guten Form, die in Vorverhandlungen meist erarbeitet und „protokolliert" wurden. Die Verantwortung trägt der „Chef des Protokolls".[2]

In unserem Zusammenhang ist nur die erste Bedeutung wichtig. Doch „Protokoll" kann durchaus noch mehr Bedeutungen tragen:

> *Die Innovation des Internet liegt darin, dass alle Rechner, die eine <u>physikalische Verbindung</u> mit dem Internet haben, miteinander kommunizieren können. Dies wird durch einen Satz von einheitlichen plattformunabhängigen Protokollen erreicht, die die entsprechenden Internet-Anwendungen unterstützen.[3]*

Als Protokoll werden in diesem Fall die Regeln und Konventionen bezeichnet, die die technische Grundlage der Datenverarbeitung im Internet bilden. Um die Verwirrung für alle Nicht-Computer-Freaks noch etwas zu vergrößern, sei hier weiter aus diesem Commerce-Lexikon im Internet zitiert:

TCP/IP   *Transfer Control Protokoll / Internet Protokoll*
         Paket vermittelte Kommunikation von Rechnern, die durch IP-Adressen eindeutig identifiziert sind. Dabei ist der Kommunikationsweg nicht im Voraus festgelegt, sondern das IP-Protokoll sorgt dafür, dass der günstigste (oder auch einzige) Verbindungsweg zwischen den Systemen gefunden wird.
(...)
SMTP   *Simple Mail Transfer Protokoll*
         Protokoll zur <u>eMail</u>-Kommunikation

Dazu mag einem einfallen, dass z.B. auch Faxgeräte Sendeprotokolle ausdrucken können. Damit hat der Sender die Sicherheit, dass die Übertragung des Faxes in Ordnung ist.

---

2 www.kultur-netz.de/hdk/protokoll.htm (vom 13. November 2000). Die Definition stimmt im Übrigen fast wörtlich mit der des *dtv-Lexikons*, Band 14, S. 297 überein.

3 www.markatweb.de/lexikon/Definitionen/internet%20prot.htm (vom 13. November 2000).

9.2 Verlaufs- und Ergebnisprotokoll

Doch zurück zu der Form des Protokolls, die für Ihre Belange von Interesse ist.

Man unterscheidet folgende Protokolltypen:[4]

> das **wörtliche Protokoll**, das im Stenogramm oder auf Tonband aufgenommen wird, z.B. bei Gerichtsverhandlungen oder Landtagssitzungen;
>
> das **zusammenfassende Protokoll**, das die wichtigsten Ausführungen und vor allem die Ergebnisse der Verhandlungen festhält, und
>
> das **Gedächtnisprotokoll**, das nachträglich aus dem Gedächtnis angefertigt wird.

Uns interessiert in erster Linie das *zusammenfassende Protokoll*, das als *Verlaufsprotokoll* oder als *Ergebnisprotokoll* niedergeschrieben werden kann.

Auf das *Gedächtnisprotokoll* werden wir später in anderem Zusammenhang eingehen. Hier soll zunächst das *zusammenfassende Protokoll* im Vordergrund stehen.

Heute werden nur noch selten Verlaufsprotokolle verlangt, meist ist das Ergebnisprotokoll gefordert. Dies hat den Vorteil, dass nur *Entscheidungen* festgehalten werden und das Protokoll *kurz* ausfällt. Dennoch hat diese Form der Darstellung auch *Nachteile*, etwa bei ausführlichen Diskussionen, lebhaften Auseinandersetzungen, hartnäckigen Nachfragen, knappen oder umstrittenen Entscheidungen. Mit dem Ergebnisprotokoll allein ist für Außenstehende oder für Leute, die an der Sitzung nicht teilgenommen haben, der Verlauf der Diskussion nicht nachvollziehbar. Für beide Protokollarten aber gilt, dass sie eine Gedächtnisstütze für all diejenigen sein sollen, die an einer Sitzung teilgenommen haben. Außerdem enthalten sie die schriftliche Fixierung eines erreichten Konsens.

Was im Protokoll steht und unwidersprochen bleibt, das ist verbindlich. Wer mit einer Formulierung im Protokoll *nicht einverstanden* ist, wer bei einem der niedergeschriebenen Ergebnisse *Zweifel* hat, der muss dies melden und um eine *sprachliche* oder *inhaltliche Änderung* bitten.

Ein Protokoll soll aber auch diejenigen in den Kommunikationsprozess einbinden, die an einer Sitzung nicht teilnehmen konnten. Es hilft ihnen, sich z.B. auf die

---

[4] Wilhelm Eggerer/Heinz Pröstler, *Der Bericht. Das Berichten ab 5. Jahrgangsstufe*, München: Manz 1980, S. 351–379, hier: S. 351.

nächste Sitzung vorzubereiten oder sich über die versäumte Sitzung zu informieren. Manch einem wäre mit einem Verlaufsprotokoll dabei sicherlich eher gedient als mit einem reinen Ergebnisprotokoll.

Auch im *Schulunterricht* hat das Verlaufsprotokoll immer noch seinen festen Platz. Denn anders als beim Ergebnisprotokoll kann hier festgehalten werden, *wie* die Klasse zu einem bestimmten Ergebnis gekommen ist, *wie* eine Erkenntnis erarbeitet wurde, *auf welchen* Wegen oder *Umwegen* das Lernziel erreicht worden ist.

Neben der grundsätzlichen Aufgabe zu informieren, leistet das Protokoll auch noch eine Reihe anderer Dienste:[5]

> Für die Diskussionsteilnehmer ist das Protokoll vor allem *Erinnerungsstütze*. Darüber hinaus erhalten protokollierte Behauptungen, Auskünfte und Verpflichtungen der Beteiligten sozusagen „*amtliche*" *Bedeutung*; sie sind jederzeit *nachprüfbar* und *bindend*.

> Bei zeitlich ausgedehnten Veranstaltungen (z.B. bei Seminaren oder bei mehrtägigen Fortbildungsveranstaltungen) garantiert das *schriftlich festgehaltene Teilergebnis* einen *zügigen Arbeitsfortschritt*.

> Bei größeren Tagungen werden die Teilnehmer oft in Arbeitsgruppen aufgeteilt. Die protokollierten *Gruppenergebnisse* vermitteln später jedem Teilnehmer ein *Gesamtbild* der Tagungsarbeit und sind *Grundlage der Diskussion* und *Kontrolle* durch das Plenum (die Versammlung aller Teilnehmer).

> Auf Vereinsversammlungen z.B. sind selten alle Mitglieder anwesend. Ist die Versammlung beschlussfähig, gelten Beschlüsse selbstverständlich für alle Mitglieder und werden im Protokoll verpflichtend niedergelegt.

AUFGABEN

Es folgen zwei Auszüge aus „offiziellen" Protokollen.

1. Ordnen Sie diese Protokolle dem „Typ" nach ein.

2. Begründen Sie Ihre Entscheidung!

3. Welches sind Ihrer Meinung nach die Vor- und Nachteile des jeweiligen Protokolltyps?

---

5 Vgl. *Arbeitsbücher Deutsch. Verstehen und Schreiben von Texten* von Walter Eichmann, München: Max Hueber Verlag, 1981, S. 75–82, hier: S. 76.

1. **Dr. Herta Däubler-Gmelin,** *Bundesministerin der Justiz: Herr Präsident! Liebe Kolleginnen und Kollegen! Mit dem Gesetz zur Neugliederung, Vereinfachung und Reform des Mietrechts greift die rot-grüne Bundesregierung ein wichtiges Reformvorhaben auf, das trotz Mahnungen aus den verschiedenen Bereichen, also von Mietern und Mietverbänden, von Vermietern und ihren Organisationen wie auch von der Wohnungswirtschaft, viel zu lange liegen geblieben ist. Ich erinnere daran, dass der Bundestag schon 1974 zu einer Generalüberholung, zu einer Modernisierung und einer Reform aufgerufen hat.*

   *(**Hans-Peter Repnik [CDU/CSU]:** Nach 1974 haben Sie noch fast neun Jahre regiert!)*

   Mit dem Gesetz werden wir den Erwartungen gerecht, die Millionen von Mieterinnen und Mietern an uns, den Deutschen Bundestag, richten. Sie wollen nämlich vor allem in Frieden miteinander auskommen können.

   (Beifall bei Abgeordneten der SPD)

   *(**Hans-Peter Repnik [CDU/CSU]:** Danach haben Sie doch neun Jahre regiert!)*

   Ich weiß gar nicht, warum Sie sich an dieser Stelle so erregen, Herr Repnik; aber Sie werden das sicherlich gleich sagen.

   *(**Hans-Peter Repnik [CDU/CSU]:** Ich errege mich nicht!)*

   Keine Erregung? Dann hat sich das hier nur so angehört.[6]

2. ▶ **Unterausschuß Bau und Stadtteilentwicklung**; der langjährige Vorsitzende des UA, Herr Herbert **Schwinghammer** ist aus persönlichen Gründen zurückgetreten. Der Bezirksausschuß wählt Frau Andrea **del Bondio** als neue UA-Vorsitzende.

   ▶ **Karl-Preis-Platz/Rosenheimer Straße, Parkprobleme**; der BA beschließt einen Antrag, mit dem die Landeshauptstadt München aufgefordert wird, eine Reihe von Maßnahmen zu treffen, um die Parksituation zu verbessern. Ziel des Antrages ist es vor allem, weitere Kurzparkzonen zu schaffen.

   ▶ **(...)**

   9

---

[6] Auszug aus der 134. Sitzung des Deutschen Bundestages. Berlin, Freitag, den 17. November 2000. Beginn: 9.00 Uhr. Thema: Mietrechtsreformgesetz. Die Protokolle der Bundestagssitzungen finden Sie unter: www.bundestag.de.
Der Bundestag hat, so sagt Däubler-Gmelin zu Beginn ihrer Rede, bereits 1974 zu einer Reform des Mietrechts aufgerufen. Offenbar kam es aber nicht zu dieser Reform. Damals regierte die SPD in Koalition mit der FDP.

▶ *Jugendtreff 6-Eck; die Lätare-Kirchengemeinde muß den Jugendtreff schließen, weil sie keine Möglichkeit sieht, die notwendige Renovierung zu finanzieren. Der BA hält den Fortbestand der Einrichtung für dringend notwendig und fordert die Landeshauptstadt München auf, umgehend zu prüfen, in welchem Umfang die Stadt Unterstützung geben kann. Außerdem sollen sich alle Beteiligten zusammensetzen und nach Wegen suchen, daß vielleicht ein anderer Träger die Einrichtung übernimmt.[7]*

9.3   Die äußere Form des Protokolls

Die Niederschrift eines Protokolls verlangt zwingend folgende Angaben:[8]

▶ Adressenkopf, Institution, Rahmen[9]

▶ Anlass mit Datum

▶ Veranstaltungsort

▶ Beginn, Ende

▶ Anwesenheitsliste, ergänzt mit Funktionsangaben

▶ Abwesenheitsliste mit Begründung des Fehlens

▶ Tagesordnung

▶ Protokolltext, gegliedert nach der Tagesordnung

▶ Unterschriften mit Ort und Datum

Die äußere Form des Protokolls wird also relativ streng gehandhabt. Das hat gute Gründe:

Dem Bericht verwandt ist das Protokoll, das nach streng festgelegten formalen Regeln angefertigt werden muss. Als Dokument mit offiziellem Charakter, für dessen Richtigkeit der Protokollant mit seiner Unterschrift bürgt, muss es hohen Ansprüchen im Hinblick auf Vollständigkeit, Genauigkeit und Wirklichkeitstreue genügen.[10]

---

[7] Auszug aus der Sitzung des Bezirksausschusses 16 - Ramersdorf/Perlach (Stadtteil von München) vom Dienstag, 7. November 2000 um 19 Uhr. Das Protokoll fand sich im Internet unter der Adresse www.muenchen.de/ba/prot.16.htm

[8] Monika Müller u.a., *Deutsch für die berufliche Oberstufe. Ein Lehr-, Text- und Arbeitsbuch*, S. 75.

[9] Was unter dem „Rahmen" zu verstehen ist, erklären die Autoren auf S. 76 ihres Buches an einem Beispiel: Adressenkopf und Institution = z.B. Name und Adresse einer Schule; Rahmen = z.B. das Schuljahr 1998/1999; Anlass mit Datum = z.B. Protokoll über die 2. Sitzung des Schulforums am 18. Juni. Auf das Beispiel „Tagung" könnte man das in etwa so übertragen: Rahmen = Titel der Tagung; Anlass: Thema des Arbeitskreises.

[10] Monika Müller u.a., *Deutsch für die berufliche Oberstufe. Ein Lehr-, Text- und Arbeitsbuch*, S. 75.

Die strenge äußere Form hat für den Protokollanten auch Vorteile, denn es gibt Muster wie das oben zitierte, an denen man sich orientieren kann. Ein anderes Muster sei hier zum Vergleich angegeben:[11]

▶ **Wer** war bei der Besprechung anwesend? Wer fehlte? Warum?

▶ **Wo** fand die Besprechung statt?

▶ **Wann** fand sie statt? Beginn und Ende der Sitzung.

▶ **Name** des Versammlungsleiters

▶ **Name** des Schriftführers

▶ **Tagesordnung** mit numerierten Tagesordnungspunkten (TOP)

▶ **Unterschrift** des Schriftführers und evtl. des Vorsitzenden

Eggerer und Pröstler weisen darauf hin, dass die Vorschriften im Einzelnen abweichen können. Am besten, man findet heraus, was in dieser Firma, in diesem Verein, in dieser Gruppe üblich ist. Die einfachste Möglichkeit ist, sich ein *Protokollmuster* oder ein *beispielhaftes Protokoll* geben zu lassen. So ist es z.B. beim Protokollieren einer Unterrichtsstunde sicherlich nicht notwendig, alle anwesenden Schüler aufzuzählen. Die Anzahl dürfte genügen, während die Abwesenden namentlich genannt werden können. Ob man den Grund ihrer Abwesenheit angibt, ist eine Frage, die mit dem Lehrer geklärt werden muss.

Für alle, die nun verwirrt sind, hier ein kleiner Trost aus dem Buch von Eggerer und Pröstler:

Einem Schriftführer bei Lehrerratssitzungen gelang es immer, die volle Zustimmung des Direktors für seine Protokolle zu erhalten, während andere immer Schwierigkeiten hatten. Der Direktor: „Er weiß, wie man ein Protokoll schreibt, denn er war mein Schüler."

Dabei kommt heraus, daß jeder, der ein Protokoll schreiben läßt, der Ansicht ist, seine Norm sei die richtige. Auch für den Schüler lohnt es sich nicht, wegen solcher Kleinigkeiten zu streiten.[12]

9

---

[11] Wilhelm Eggerer/Heinz Pröstler, *Der Bericht. Das Berichten ab 5. Jahrgangsstufe*, S. 352.

[12] Ebenda, S. 352.

9.4   Die Sprache des Protokolls

Ähnlich wie beim Verfassen einer Nachricht (vgl. Lektion „5.1 Nachricht") müssen auch beim Protokoll verschiedene *W-Fragen* beantwortet werden:

> ▶ Wer ist anwesend, wer fehlt?
>
> ▶ Wer ist Vorsitzender, wer Schriftführer?
>
> ▶ Wann und wo fand die Veranstaltung statt?
>
> ▶ Was sind die Themen?

Anders als bei der Nachricht werden diese Fragen aber nicht im Text beantwortet, sondern in knapper Form im „Kopf" abgehandelt, also zu Beginn des Protokolls. Dennoch haben Nachricht bzw. Bericht und Protokoll einiges gemeinsam: eine *sachliche Sprache* und das Bemühen, *Sachverhalte* oder *Ergebnisse knapp* und *genau darzustellen, ohne* die *eigene Meinung* einfließen zu lassen. Der Unterschied: Die Nachricht stellt das Wichtigste an den Anfang, das Protokoll handelt die Tagesordnungspunkte in ihrer zeitlichen Reihenfolge (= chronologisch) ab.

Folgende Ratschläge von Walther von La Roche, die sich eigentlich auf Nachricht und Bericht beziehen, sind auch auf das Protokoll übertragbar:[13]

> ▶ Bringen Sie nur, was Sie *selbst verstanden* haben – im Zweifelsfall sollten Sie als Protokollant nachfragen, um *ganz sicherzugehen*. Es ist nicht unüblich, dass der Protokollführende eine Sitzung unterbricht, um sich bei einzelnen Wortbeiträgen oder beim Ergebnis einer Abstimmung noch einmal rückzuversichern.
>
> ▶ Schreiben Sie *anschaulich* und *genau*. Ein Protokoll erfüllt nur dann seinen Zweck, wenn man den Inhalt auch versteht, wenn er *konkret* ist.
>
> ▶ Suchen Sie nach dem *treffenden* Wort und verwenden Sie es richtig. Im Normalfall verlassen Sie sich auf die *Sprachregelung*, die durch die Teilnehmer der Sitzung vorgegeben wird. Das bedeutet, dass Sie, sofern Sie zitieren oder Wortbeiträge wiedergeben, recht *genau am Wortlaut bleiben*. Wenn Sie jedoch Abläufe oder Ergebnisse mit eigenen Worten ausdrücken, vermeiden Sie alles, was ungenau ist. La Roche weist in diesem Fall auch auf *Bilder* und *Sprachklischees* hin und mahnt zur *Vorsicht mit Fremdwörtern*. Auch Behördendeutsch trägt selten dazu bei, ein Protokoll genauer und anschaulicher zu machen.

---

[13] Vgl. Walther von La Roche, *Einführung in den praktischen Journalismus*, S. 97–114.

> ▶ Blähen Sie den Text nicht unnötig auf, sondern bilden Sie *kurze* Sätze.
>
> ▶ Bevorzugen Sie das *Aktiv*.
>
> ▶ Achten Sie auf *Rechtschreibung* und *Grammatik*, sowie auf die *Satzzeichen*.

Die meisten dieser Punkte sollten Sie sich immer zu Herzen nehmen, wenn Sie einen Text schreiben, nicht nur im Falle eines Protokolls.

Unterschiedlicher Meinung scheinen die Fachleute zu sein, wenn es um die Frage der *Zeitform* im Protokoll geht. Wir stellen hier zwei Positionen vor:

> *Viele Protokolle sind in der Gegenwartsform abgefaßt. Der Protokollant gibt die Dinge so wieder, wie er sie im Augenblick der Aufnahme sieht, (...)*
>
> *Das Protokoll jedoch ist eine Urkunde, zu der eine ruhige, objektive, aus gemessener Entfernung zurückblickende Schau gehört. Alledem entspricht logisch und stilistisch das Imperfekt. Für hochdramatisch ablaufende Vorgänge hat dann der Protokollant immer noch ausnahmsweise das Präsens zur Verfügung.*[14]
>
> *Für das Protokoll empfiehlt sich die Zeitstufe des Präsens, allein schon um der Gefahr des Nacherzählens vorzubeugen. Die äußere Form ist entweder durch ein Formblatt vorgegeben oder muss vom Protokollanten selbst mit Sorgfalt gestaltet werden.*[15]

Offenbar gibt es hier keine feste Regelung, so sehr das Protokoll auch sonst durch Formalien festgelegt ist. Versuchen Sie es selbst: Es gibt sicherlich Fälle, in denen das Protokoll im Imperfekt wie eine Nacherzählung klingt, es gibt sicher auch solche, in denen das Präsens zu sehr nach Gegenwartshandlung klingt. Im *Zweifelsfall* empfiehlt sich, wie schon bei den Formalia, ein Blick in bereits geschriebene Protokolle. Häufig gibt es ja eine gute *Tradition* des Hauses, die einem sagt, wie die Dinge bisher gehandhabt wurden.

9

> ▶ Wie *ausführlich Meinungs-* oder *Diskussionsbeiträge* beim Ergebnisprotokoll wiedergegeben werden, muss entweder vorher abgesprochen werden oder es bleibt dem Protokollanten selbst überlassen. *Ergebnisse* und *Beschlüsse* müssen auf jeden Fall ins Protokoll.
>
> ▶ Äußerungen von Teilnehmern werden in der *indirekten Rede* zitiert. Sollten Sie mit dieser etwas aus der Mode gekommenen Form Schwierigkeiten

---

[14] Prof. Maximilian Weller, zitiert nach Wilhelm Eggerer/Heinz Pröstler, *Der Bericht. Das Berichten ab 5. Jahrgangsstufe*, S. 365.

[15] Monika Müller u.a., *Deutsch für die berufliche Oberstufe. Ein Lehr-, Text- und Arbeitsbuch*, S. 75.

haben, so sehen Sie in einer Grammatik unter dem Begriff „Konjunktiv"
nach. Grammatikalisch betrachtet wird die indirekte Rede immer noch im
Konjunktiv wiedergegeben, auch wenn dies heute in der gesprochenen Sprache nicht mehr üblich ist.

▶ Sie dürfen im Protokoll *Äußerungen ergänzen*, so dass sie einen Sinn ergeben. Wenn Sie schreiben: „Herr S. sagte, er werde sich um dieses Problem
kümmern", so weiß niemand, was mit diesem Problem gemeint ist. Schreiben Sie aber: „Herr S. sagte zu, sich um das Problem der Müllbeseitigung zu
kümmern", so ist der Satz für alle verständlich, die entweder nicht anwesend
waren oder die Worte des Herrn S. und den Zusammenhang nicht mehr
präsent haben.

AUFGABEN

Die folgende Szene stammt aus der SWR-Fernsehserie „Die Fallers".[16]
Die Erstsendung dieser Folge war am 23. April 2000.

4. Schreiben Sie zu dieser Szene ein Verlaufsprotokoll.

5. Schreiben Sie ein Ergebnisprotokoll.

6. Wo liegen Ihrer Meinung nach die Stärken bzw. Schwächen der beiden
Formen?

Zum Inhalt: Hermann Faller (hier: Hermann) will in seiner Funktion als
Bürgermeister das örtliche Schwimmbad schließen lassen, weil die Sanierung
zu teuer wäre. Das bringt zahlreiche Bürger auf die Barrikaden, es kommt
zu einer Bürgerversammlung, bei der Hermann Faller seine Meinung vertritt.
Seiner Auffassung nach ist das Bad nur zu retten, wenn alle Bürger
mithelfen.

Sein Hintergedanke: Sollten sich die Bürger nicht dazu bereit finden, dann
haben sie den „Schwarzen Peter" und nicht er. Schorsch, Mitglied des
Gemeinderates, möchte gerne eine Bürgerinitiative gründen zur Rettung des
Bades. Alle anderen Anwesenden sind Bürger des Ortes.

---

[16] Abdruck mit freundlicher Genehmigung des Südwestrundfunks.

Im Nebenzimmer sitzen *HERMANN, SCHORSCH, FRAU LEITNER, HERR RICHTER, FRAU SCHÄFER, HERR CLEMENS, PAULA und ca. 15 Mitglieder der Bürgerinitiative. SCHORSCH ist gerade mitten in einer kleinen Einstimmungsrede.*

SCHORSCH
Wenn <u>wir</u> wirklich was auf die Beine stellen, dann bekommen wir auch zusätzliche finanzielle Unterstützung, gell Hermann?

HERMANN
Mit dem Herrn Wegener von der Volksbank bin ich bereits in Verhandlungen und der Vorstand der Sparkasse ...

(...)

FRAU SCHÄFER
Meiner Meinung nach ist die Sanierung ganz allein Sache der Gemeinde. Wir zahlen schließlich alle Steuern.

HERMANN (spricht FRAU SCHÄFER direkt an)
Frau Schäfer, jeder weiß doch, wie die Kommunen finanziell dastehen. Deshalb muß man andere Geldgeber mit ins Boot ziehen.

FRAU LEITNER
Sie wälzen die Verantwortung ab, Herr Faller.

HERMANN (eindringlich)
Im Gegenteil. Ich kann nicht <u>verantworten</u>, daß sich die Gemeinde noch mehr verschuldet. Im Interesse <u>aller</u> Mitbürger.

SCHORSCH (springt HERMANN bei)
Wie's aussieht, könnten wir auch zusätzliche Mittel vom Land beantragen.

HERMANN (will die Diskussion auf das Thema zurücklenken)
Das sind aber noch ungelegte Eier. Erstmal müssen wir beweisen, daß die Bürger wild entschlossen sind, ihr Schwimmbad nicht aufzugeben.

(zeigt auf HERRN RICHTER)

Der Herr Richter geht mit gutem Beispiel voran. Er kommt uns bei den Installationsarbeiten entgegen.

HERR RICHTER fühlt sich überfahren.

HERR RICHTER (zögerlich)
Also wenn ich hier der einzige bin, der sich ins Zeug legt ...

SCHORSCH (beruhigend)
Unsinn, Herr Richter, der Schwimmverein steht auch Gewehr bei Fuß.

9

SCHORSCH sieht ein paar junge Leute, die im Hintergrund sitzen, auffordernd an. Die aber gucken in die Luft oder winken ab.

JUNGER MANN
Also, ich hab Prüfungen die nächste Zeit. Ich kann nicht so viel tun. Höchstens so dann und wann.

HERMANN (scharf)
Mittlerweile hab ich den Eindruck, hier denken alle, nehmen ist seliger als geben.

PAULA (engagiert)
Ne Tombola würd ich schon auf die Beine stellen.

FRAU SCHÄFER (abfällig)
Daß ich nicht lache. Mit dem Erlös können wir wahrscheinlich grad mal ein paar neue Fliesen an die Wand kleben.

HERR CLEMENS (entschlossen)
Ne Bürgerinitiative, wo nur geschwätzt wird, hat den Namen net verdient.

Es wird unruhig im Raum. SCHORSCH sieht seine Felle wegschwimmen und schaut HERMANN hilfesuchend an. Der wittert seine Chance.

HERMANN
Scheinbar gibt's hier auch ein paar vernünftig denkende Menschen.

FRAU LEITNER
Das kommt ihnen jetzt gerade recht, gell? Daß wir uns hier in die Haare kriegen. Aber ist auch egal. Soll hier mitmachen, wer will. Ich nicht.
(mit Blick in die Runde)
Gibt's hier überhaupt jemanden?

Betretenes Schweigen. HERMANN versucht zu retten, was zu retten ist.

HERMANN
Sind wir in unserer Gemeinde mittlerweile wirklich nur noch ein Haufen von Egoisten?
(schiebt nach)
Schaut hier keiner mehr über den eigenen Tellerrand?

HERR RICHTER (zögerlich)
Also, wie gesagt ... wenn ich net der einzige bleib ...

HERR CLEMENS *(pflichtet bei)*
Also gut. Ich bin dabei. Es gibt nichts Gutes, außer man tut es.

HERMANN *(befriedigt, daß seine Rechnung aufgeht)*
Na also.

SCHORSCH
Ich bin dafür, wir stimmen ab.
(in die Runde)
Also, wer macht mit?

Zunächst wenige Hände, dann immer mehr werden nach oben gestreckt. SCHORSCH und HERMANN sehen es zufrieden.

HERMANN *(zu SCHORSCH)*
Da sind wir doch schon einen Schritt weiter.

9.5 Die Gesprächsnotiz

Wer innig hofft, durchs Leben zu kommen, ohne jemals ein Protokoll schreiben zu müssen, ist ein Optimist. Das ist noch kein Fehler, dennoch muss deutlich gesagt werden, dass die Tugenden des Protokolls durchaus auch in anderem Zusammenhang nutzbar sind. Wenn eine Versicherung von Ihnen den Hergang eines Unfalls geschildert haben möchte, so verlangt sie nichts anderes als ein Protokoll. Doch an ein Unfallprotokoll zu denken, ist wohl eher Sache von Pessimisten.

Die Fähigkeit, Sachverhalte, Diskussionen und deren Ergebnisse *sachlich und knapp* zu schildern, ist nicht zu unterschätzen. Die *Gesprächsnotiz* ist ein gutes Beispiel dafür, wie Sie ein *Gedächtnisprotokoll* für sich nutzen können.

Häufig ist es von Vorteil, sich bei einer Besprechung, einer Diskussion oder auch einem so genannten Brainstorming Notizen zu machen. Wenn Sie diese Notizen später in eine auch für andere Menschen lesbare Form bringen, also abtippen, mit den Namen der Teilnehmer, Datum und Ort versehen sowie das Thema des Gesprächs angeben, so kommen Sie der Form des Protokolls schon sehr nahe.

Wenn Sie diese Gesprächsnotiz nun auch den anderen Teilnehmern zur Verfügung stellen, kann dies folgende Vorteile haben:

▶ Missverständnisse können sofort geklärt werden, da jeder der Teilnehmer noch korrigierend eingreifen und sagen kann, dass er dies und jenes eventuell gar nicht so gemeint hat.

▶ Wenn alle Gesprächspartner mit Ihrer Notiz einverstanden sind, haben Sie eine schriftliche Grundlage, mit der Sie weiterarbeiten können. Zwar hat diese keinen *Dokumentcharakter* wie das Protokoll, doch gibt sie Ihnen mehr Sicherheit darüber, was von den Teilnehmern tatsächlich gesagt oder auch nicht gesagt worden ist.

Mit Gesprächsnotizen zu arbeiten, mag den Eindruck von Misstrauen erwecken, ist aber eher als *Service* für alle Teilnehmer einer Besprechung zu verstehen. Jeder kann noch einmal überprüfen, ob er richtig verstanden wurde; Ideen und Anregungen können bestimmten Personen zugeordnet werden, ebenso Aufträge oder Aufgaben. Wenn Einigkeit erzielt wurde, wie ein bestimmtes Problem zu lösen ist, so ist dies schwarz auf weiß festgehalten.

Ein *Beispiel:*

Im netten Rahmen besprechen vier Kollegen aus dem Filmgeschäft eine Idee zu einem Drehbuch. Sie wird weiterentwickelt, man lässt den Ideen freien Lauf, amüsiert sich, begeistert sich für die eigenen oder auch für fremde Vorschläge, der eine oder andere verspricht, weiterzudenken oder zu recherchieren, man vereinbart einen neuen Termin, geht auseinander.

Eine Gesprächsnotiz könnte Folgendes festhalten:

▶ Wann und wo fand die Veranstaltung statt, wer hat teilgenommen, worüber wurde gesprochen?

▶ Von welchem Teilnehmer war die Idee, wer entwickelte sie in welche Richtung weiter?

▶ Konnte man sich auf eine grundlegende Linie einigen, wie mit dem Stoff weiter verfahren werden soll? Wie sieht diese Linie aus? Oder gibt es verschiedene Vorstellungen, wie die Geschichte des Helden erzählt werden könnte?

▶ Wer übernimmt welchen Rechercheauftrag?

▶ Wer entwickelt den Stoff in welche Richtung weiter?

▶ Was sollte bis zum nächsten Treffen von wem erledigt werden?

Die Gesprächsnotiz bringt zunächst Vorteile für den, der sie macht. Er weiß genau Bescheid darüber, wie es um ein Projekt steht und wer welche Aufgabe übernommen hat. Wenn beim Schreiben Fragen und Unsicherheiten auftauchen, kann er noch einmal nachfragen, sich rückversichern. Wenn er seine Notizen auch den anderen Gesprächsteilnehmern zugänglich macht, hat er noch mehr Sicherheit: entweder sind alle einverstanden, oder es gibt Änderungswünsche, Ergänzungen etc. Auf alle Fälle wird das Projekt dadurch nur klarer.

Ein weiterer Vorteil: Bei Ideen und Projekten ist gerade im kreativen Bereich rasch von „geistigem Diebstahl" die Rede. Ideenklau ist aber zum einen sehr schwer nachweisbar, zum anderen oft auch Einschätzungssache. Wer welche Idee gehabt hat, wer sie wie weit entwickelt, wer was ergänzt hat – kann man das ein halbes Jahr später noch sagen? Eine Gesprächsnotiz kann hier manchem Ärger vorbeugen und den fairen Umgang miteinander sehr erleichtern.

AUFGABE

Der folgende Text stammt aus dem Drama „Maria Stuart" von Friedrich Schiller.[17]

Elisabeth I., Königin von England, hat ein Interesse daran, ihre Widersacherin Maria Stuart töten zu lassen. Sie hat das Todesurteil bereits unterschrieben und gibt es dem Staatssekretär Davison, ohne allerdings genaue Anweisungen zu geben, was mit dem Papier zu geschehen hat.

Deutlich wird, dass sich die Königin der Verantwortung entziehen und sie auf ihren Untergebenen abwälzen möchte. Es sei hier vorweggenommen, dass ihr das auch tatsächlich gelingt. Später wird sie behaupten, Davison habe gegen ihren Willen gehandelt. Vielleicht wäre für Davison ein Gedächtnisprotokoll von Nutzen gewesen.

7. Schreiben Sie eine kurze Gesprächsnotiz, wie Davison sie nach diesem Dialog besser geschrieben hätte – womöglich wäre ihm der Henker dann erspart geblieben.

Elisabeth
(...)   Es ist gut,
Sir Davison. Ihr könnt nun wieder gehen.
(Wie sich jener nach der Türe gewendet.)
Und dieses Blatt – Nehmt es zurück – Ich leg's
In Eure Hände.

Davison *(wirft einen Blick in das Papier und erschrickt)*
                              Königin! Dein Name!
Du hast entschieden?

Elisabeth   – Unterschreiben sollt' ich.
Ich hab's getan. Ein Blatt Papier entscheidet
Noch nicht, ein Name tötet nicht.

9

[17] Friedrich Schiller, *Maria Stuart. Trauerspiel in fünf Aufzügen*, Stuttgart: Philipp Reclam jun. Universal-Bibliothek Nr. 64, 1975, S. 108–111.

Davison

Dein Name, Königin, unter *dieser* Schrift
Entscheidet alles, tötet, ist ein Strahl
Des Donners, der geflügelt trifft – Dies Blatt
Befiehlt den Kommissarien, dem Sheriff,
Nach Fotheringhayschloß sich stehnden Fußes
Zur Königin von Schottland zu verfügen,
Den Tod ihr anzukündigen und schnell,
Sobald der Morgen tagt, ihn zu vollziehn.
Hier ist kein Aufschub: jene hat gelebt,
Wenn ich dies Blatt aus meinen Händen gebe.

Elisabeth

Ja, Sir! Gott legt ein wichtig groß Geschick
In Eure schwachen Hände. Fleht ihn an,
Daß er mit seiner Weisheit Euch erleuchte.
Ich geh und überlaß Euch Eurer Pflicht. *(Sie will gehen)*

Davison *(tritt ihr in den Weg)*

Nein, meine Königin! Verlaß mich nicht,
Eh' du mir deinen Willen kundgetan.
Bedarf es hier noch einer andern Weisheit
Als dein Gebot buchstäblich zu befolgen?
– Du legst dies Blatt in meine Hand, daß ich
Zu schleuniger Vollziehung es befördre?

Elisabeth

Das werdet Ihr nach *Eurer* Klugheit –

Davison *(schnell und erschrocken einfallend)*

                    Nicht
Nach meiner! Das verhüte Gott! Gehorsam
Ist meine ganze Klugheit. Deinem Diener
Darf hier nichts zu entscheiden übrigbleiben.
Ein klein Versehn wär' hier ein Königsmord,
Ein unabsehbar, ungeheures Unglück.
Vergönne mir, in dieser großen Sache
Dein blindes Werkzeug willenlos zu sein.
In klare Worte fasse deine Meinung:
Was soll mit diesem Blutbefehl geschehn?

Elisabeth   – Sein Name spricht es aus.

Davison

So willst du, daß er gleich vollzogen werde?

Elisabeth *(zögernd)*
Das *sag* ich nicht und zittre, es zu denken.

Davison
Du willst, daß ich ihn länger noch bewahre?

Elisabeth *(schnell)*
Auf Eure Gefahr! Ihr haftet für die Folgen.

Davison
Ich? Heil'ger Gott! – Sprich, Königin! Was willst du?

Elisabeth *(ungeduldig)*
Ich *will*, daß dieser unglücksel'gen Sache

Nicht mehr gedacht soll werden, daß ich endlich
Will Ruhe davor haben und auf ewig.

Davison
Es kostet dir ein einzig Wort. O sage,
Bestimme, was mit dieser Schrift soll werden!

Elisabeth
Ich *hab's* gesagt, und quält mich nun nicht weiter.

Davison Du hättest es gesagt? Du hast mir nichts
Gesagt – Oh, es gefalle meiner Königin,
Sich zu erinnern.

Elisabeth *(stampft auf den Boden)*
                    Unerträglich!

Davison   Habe Nachsicht
Mit mir! Ich kam seit wenig Monden erst
In dieses Amt! Ich kenne nicht die Sprache
Der Höfe und der Könige – in schlicht
Einfacher Sitte bin ich aufgewachsen.
Drum habe du Geduld mit deinem Knecht!
Laß dich das Wort nicht reun, das mich belehrt,
Mich klarmacht über meine Pflicht –
(Er nähert sich ihr in flehender Stellung, sie kehrt ihm den Rücken zu, er steht in Verzweiflung, dann spricht er mit entschloßnem Ton)
Nimm dies Papier zurück! Nimm es zurück!
Es wird mir glühend Feuer in den Händen.
Nicht mich erwähle, dir in diesem furchtbaren
Geschäft zu dienen.

Elisabeth   Tut, was Eures Amts ist. *(Sie geht ab)*

9

Weiterführende Literatur:

Arbeitsbücher Deutsch. Verstehen und Schreiben von Texten von Walter Eichmann, München: Max Hueber Verlag, 1981.
Ein Deutschbuch, das sich mit einigen Themen befasst, die auch im Rahmen des Telekollegs eine Rolle spielen. Das Buch ist schon etwas älterem Datums, aber einen Blick ist es allemal wert.

Elmar W. Eggerer, *Referate und Protokolle ab 9. Jahrgangsstufe, Kollegstufe*, München: Manz 1985.
Wer sich intensiver mit der Kunst des Referats und Protokolls befassen möchte, ist hier richtig.

Monika Müller, Walter Eschenbacher, Siegfried Kaulfersch, *Deutsch für die berufliche Oberstufe. Ein Lehr-, Text- und Arbeitsbuch*, Köln: Stam Verlag, 1997.
Eines der aktuelleren Deutschbücher, das auch zu vielen anderen Themen aus dem Lernstoff der Telekollegiaten einiges beitragen kann.

10. DIE TEXTANALYSE

Lernziele

- ◆ Sachtexte definieren, verstehen, gliedern
- ◆ Verschiedene Formen der Inhaltsangabe kennen lernen
- ◆ Sprachliche Mittel erkennen und beschreiben

Ich hätte viele Dinge begriffen, hätte man sie mir nicht erklärt.

Stanislaw Jerzy Lec[1]

Dieser Satz macht nicht gerade Mut; in den folgenden drei Kapiteln wird nämlich viel erklärt. Es geht um die *Analyse von Texten* und darum, *selbst* Texte zu *schreiben*, seine Meinung in Worte zu fassen. Sie werden also nicht nur als *Leser* und *Rezipient* gefordert, sondern gehen noch einen Schritt weiter und werden selbst zum *Autor*. Die Kapitel 10, 11 und 12 sind deshalb so wichtig, weil sie sich mit *Textanalyse* und *Erörterung* befassen, zwei Aufgaben also, die für Sie aller Voraussicht nach prüfungsrelevant sein werden. Es bleibt also zu hoffen, dass der Satz des polnischen Schriftstellers Lec auf die nächsten drei Kapitel nicht zutrifft.

Betrachtet man die Prüfungsaufgaben der vergangenen Jahre,[2] so zeigt sich, dass Textaufgaben oder Textanalysen sowie die textgestützte Erörterung eine entscheidende Rolle spielen. Bei der *Textanalyse* geht es darum, den *Text* zu *erfassen*, eine *Inhaltsangabe* anzufertigen und sich mit den *Informationen* und *Meinungen*, die im Text enthalten sind, *auseinander zu setzen*. Bei der *Erörterung* ist der Text Ausgangspunkt für eine *Fragestellung*, die der Telekollegiat eingehend *diskutieren* soll. Die Themen sind aktuell, meist aber so gehalten, dass sich dazu jeder eine Meinung bilden kann. Wir werden uns zunächst mit den Aufgabenstellungen der Textanalyse befassen. Doch werden Sie viele der Arbeitsschritte, die wir hier besprechen, auch bei der Erörterung einsetzen können.

10

---

[1] Das Zitat stand im Internet unter der Adresse www.zitate.de. Gesucht wurde nach dem Stichwort: „verstehen". Der Ausdruck ist vom 21. Dezember 2000.

[2] Vgl. *FOS 2001. Abschluss-Prüfungsaufgaben mit Lösungen. Fachoberschule Deutsch Bayern. 1991–2000*, 21. neu bearbeitete Auflage, Freising: Stark Verlagsgesellschaft, 2000.

„Textanalyse"

Die folgenden drei Kapitel mögen für Sie persönlich nicht zu den spannendsten gehören. Doch ist es wichtig, dem Prüfungsstoff möglichst nah zu kommen. Dazu werden wir immer wieder *Beispiele* aus den vergangenen Jahren heranziehen, damit Sie einen Eindruck bekommen, welche Textsorten, Themen und Fragestellungen auf Sie zukommen können.

 ### Der erste Schritt:

Einen *Text lesen*, seinen *Inhalt erfassen*, ihn *gliedern*, *verstehen* und *wiedergeben können*. Damit haben wir uns bereits in den Kapiteln 6 und 7 beschäftigt. Wir werden auf diese Arbeitsschritte noch einmal zurückkommen. Ziel wird sein, eine *Inhaltsangabe* zu schreiben. Außerdem werden wir verschiedene Formen der Inhaltsangabe kennen lernen.

Der zweite Schritt:

Aufbauend auf den Text und einer dazu gestellten Frage *selbst Argumente* zu einem *Thema* sammeln, sie *strukturieren*, in eine *sinnvolle Reihenfolge* bringen und mit *Inhalt füllen*.

 ### Der dritte Schritt:

Die geordneten Argumente *gliedern*, sich eine *Einleitung* überlegen, eine *Schlussfolgerung* ziehen lernen (auch den Mut dazu haben) – und vor allem dies alles *niederschreiben*. Das ist für viele der schwerste Schritt.

Jedem dieser Schritte ist im Folgenden ein eigenes Kapitel gewidmet. Anhand von *Beispieltexten* werden wir zunächst gemeinsam *mögliche Lösungen* erarbeiten, anschließend sollen Sie sich selbstständig mit einer Aufgabe auseinander setzen. Sie werden Hilfen an die Hand bekommen und Arbeitstechniken erlernen, die es Ihnen ermöglichen, mit einem Text richtig umzugehen und aufbauend auf den Thesen eines Textes eine eigene Stellungnahme zu entwickeln.

10.1   Verschiedene Formen von Sachtexten

Wer sich mit einem Text auseinander setzen möchte, sollte ihn einer bestimmten *Form* zuordnen können: Besteht er nur aus *Information*? Gibt es *Meinungsäußerungen*? Ist beides miteinander verwoben? Wo liegt der *Schwerpunkt*? Wird mehr *argumentiert* oder *polemisiert*? Ist der *Ton* eher verbindlich oder spaltend? Kommen alle *Argumente* zur Sprache oder nur die, die eine *Position* unterstützen?

In einem Deutschbuch für Berufs- und Fachoberschulen wird so unterschieden:[3]

Informative Texte

Es werden Sachverhalte dargestellt (Gegenstände, Vorgänge).
Merkmale (= Qualitätsmerkmale): sachlich, objektiv, richtig

Appellative Texte

Bei der Abfassung dieser Texte steht der Leser/Hörer (Adressat), der beeinflusst werden soll, im Mittelpunkt; seine Vorstellungen, Wünsche, Gefühle sollen angesprochen werden.
Merkmale: adressatenbezogen, wirkungsvoll

Argumentative Texte

Eine Meinung wird so formuliert und begründet, dass eine bestimmte Gruppe von Lesern/Hörern davon überzeugt werden kann.
Merkmale: auf Überzeugung angelegt, adressatenbezogen

Normative Texte

Gegenstände, Vorgänge werden definiert, Regeln des menschlichen Zusammenlebens im Einzelnen festgelegt.
Merkmale: eindeutig sach- und adressatenbezogen

10

Natürlich schließen die Autoren Mischformen nicht aus.

---

[3] Aßmann, Emmert, Haberkorn, Klausmann: *Mit Sprache. Deutschbuch für Berufsoberschulen und Fachoberschulen*, Neusäß: Kieser Verlag, 1998, S. 137.

In der Prüfung bekommen Sie vermutlich einen argumentativen Text, vielleicht auch mit einem appellativen Text „vorgesetzt", z.B. einen Kommentar, einen kommentierenden Bericht, eine Rede, vielleicht auch eine Fernsehkritik, einen medienkritischen Beitrag oder einen Auszug aus einem Sachbuch.

Sehen wir uns die Textsorten an, die für die Prüfungen der vergangenen Jahre in Bayern ausgewählt worden sind: 1996 standen beispielsweise kommentierende Berichte zur Auswahl, einer aus der *Frankfurter Rundschau,* der andere aus der *Süddeutschen Zeitung.* 1998 mussten sich die Prüflinge mit einem Auszug aus einer Rede von Bundespräsident Roman Herzog befassen, 1999 stammte einer der Texte, ein Kommentar, aus der *Zeit,* geschrieben von dem Wissenschaftsjournalisten Dieter E. Zimmer.[4]

10.2   Sachtexte verstehen und gliedern

Die „Arbeitstechniken für den Umgang mit journalistischen Texten" wurden in den Kapiteln 6 und 7 dieses Buches vorgestellt. Als Voraussetzung für eine gute Textwiedergabe seien sie im Folgenden noch einmal kurz zusammengefasst:

1. Verschaffen Sie sich einen Überblick

2. Formulieren Sie Fragen an den Text

3. Lesen Sie den Text
   Dazu gehört das Klären von unbekannten Wortbedeutungen, das Erschließen komplexer Sätze, das Ermitteln von Beziehungen zwischen den Sätzen, das Erschließen von Textabschnitten und des Textaufbaus.

4. Rekapitulieren

5. Repetieren

Pohlmann und Brendel geben eine sehr deutliche Erklärung dafür, was es heißt, einen Text zu verstehen:

Untersuchungen (...) haben ergeben, daß man dann davon sprechen kann, daß der Text verstanden ist, wenn man in der Lage ist, den Inhalt mit eigenen Worten wiederzugeben. Die Betonung liegt auf den Wörtern „mit eigenen Worten".

---

[4] Vgl. *FOS 2001. Abschluss-Prüfungsaufgaben mit Lösungen*, D96–8 bis D96–15; 98–27 bis 98–31 und D99–13 bis D99–17.

Als Erkenntnis läßt sich daraus ableiten, daß ein Text dann verstanden ist, wenn

▶ man den Inhalt einer anderen Person so mit eigenen Worten darstellen kann, daß diese alles versteht,

▶ man auf Fragen zum Inhalt mit eigenen Worten richtig antworten kann.[5]

Zu dieser „trockenen Kost" nun ein veranschaulichendes *Beispiel*:

Wer BSE sucht, der findet

Seit ein paar Tagen sind in Deutschland BSE-Schnelltests verbindlich vorgeschrieben, und es kommt, wie es kommen musste: Wer sucht, der findet. Die lange gehegte, auch auf nationaler Selbstüberschätzung gründende Illusion, Deutschland sei eine Insel der seligen Rinder, weicht totaler Ernüchterung. Die Illusion war aufrecht erhalten worden, obwohl immer viel Unsicherheit über die Übertragungswege der Seuche bestanden hat. Stereotyp ist die Formel „Wir sind BSE-frei" verkündet worden, auch wenn ein lückenloser Nachweis der Herkunft von Fleischprodukten nirgendwo möglich ist. Man wollte keine Panik erzeugen, und genau deshalb ist jetzt der Schock so groß.

Der erste Befund für ein Rind aus dem Allgäu hat sich bestätigt, und in zwei weiteren Fällen in der Oberpfalz besteht Verdacht. Es wird nichts anderes übrig bleiben, als das zu betreiben, was mit dem Jargon der Müllabfuhr als die „Entsorgung" ganzer Herden umschrieben wird. Aber selbst dann werden die deutschen Bauern noch lange nicht aufatmen können. Die Wahrscheinlichkeit, dass kein weiteres auffälliges Rind gefunden wird, ist angesichts der Massentests eher gering.

Das ist das Fatale an der Situation: Zwar ist das Risiko, in irgendeiner Form mit einem infizierten Tier in Kontakt zu kommen, nach aller Wahrscheinlichkeit in der Vergangenheit höher gewesen und müsste sukzessive gesunken sein, weil sich die Vorsorge insgesamt verbessert hat, wenn auch nicht in dem Maß, wie es in allen europäischen Ländern erforderlich gewesen wäre. Aber trotzdem wird die Angst vor BSE mächtiger sein als vorher – weil nun gefunden wird, wonach man früher lieber nicht suchte. wor[6]

10

---

[5] Heiko Pohlmann/Dr. Alfons Brendel, *Arbeit mit Gebrauchstexten. Eine Lernhilfe zur Textanalyse für Schüler der berufsbildenden Schulen*, S. 41.

[6] *Süddeutsche Zeitung* vom 18. Dezember 2000, S. 4.

▶ **Überblick gewinnen:** Der Text besteht aus drei Abschnitten, er ist relativ kurz. Die Schlagzeile deutet das Thema an: BSE – also Rinderwahnsinn. Die Überschrift wurde formuliert in Anlehnung an ein Bibelzitat: Wer suchet, der findet. Der Text hat einen aktuellen Aufhänger, vermutlich handelt es sich um einen Zeitungsartikel.

▶ **Fragen stellen:** Jeder Leser geht mit *eigenen Fragen* an den Text heran. Fragen könnten z.B. sein: Was weiß ich selbst über BSE, habe ich mir darüber Gedanken gemacht? Wird mir der Artikel weiterhelfen? Gab es aktuelle Fälle – oder warum erscheint der Artikel ausgerechnet jetzt? Habe ich selbst eine Meinung zu dem Thema?

▶ **Lesen:** Nachdem Sie die Ihnen *unbekannten Begriffe* mithilfe des *Dudens* geklärt haben und *komplexe Sätze „aufgedröselt"* haben, stellt sich die Frage nach der *Textsorte*. Wir haben bereits festgestellt, dass es sich um einen Artikel zu einem *aktuellen Thema* handelt. Nach mehrmaligem Lesen zeigt sich, dass der Autor sich keineswegs um eine wertungsfreie Sprache bemüht. Zwar stellt er einen Sachverhalt dar, doch *kommentiert* er ihn zugleich. Das lässt sich an Formulierungen wie „Stereotyp" oder „nationale Selbstüberschätzung" festmachen. Es handelt sich also um einen *Kommentar*.

Der Autor unterteilt seinen Artikel in *drei Absätze*.

Der erste Absatz stellt „bisher" und „jetzt" einander gegenüber. Bisher ging man davon aus, dass Deutschland BSE-frei ist, jetzt stellt sich heraus, dass dem nicht so ist, und man ist schockiert. Die Massentests haben es möglich gemacht, BSE-Fällen schneller auf die Spur zu kommen.

Im zweiten Absatz schildert der Autor, was überhaupt passiert ist. Im Allgäu ist ein Rind an BSE erkrankt, es gibt weitere Verdachtsfälle in Bayern. Die Wahrscheinlichkeit, dass weitere Fälle auftauchen, ist durch die Massentests gestiegen.

Im dritten Absatz macht der Autor die Paradoxie der Situation klar. Die Wahrscheinlichkeit, mit einem infizierten Tier in Kontakt zu kommen, ist vermutlich gesunken. Denn durch die Schnelltests ist es leichter geworden, BSE nachzuweisen. Dennoch wird es mehr Fälle geben, weil sie nun erst gesucht, gefunden und öffentlich gemacht werden. Damit wird auch die Angst vor BSE zunehmen.

Im Grunde genommen ist damit die wichtigste Arbeit für die Textanalyse bereits geleistet, vor allem für die *Inhaltsangabe*:

▶ Sie haben den *Text eingeordnet*,

▶ Sie haben die *Begriffe geklärt*, die Ihnen unverständlich waren (das ist viel besser, als darüber hinwegzulesen),

▶ Sie haben die *Struktur des Textes* erfasst – entweder durch optische Zeichen (Notizen am Rand oder Textmarker) oder indem Sie die *wichtigsten Abschnitte* gleich, wie hier geschehen, in *eigene Worte gefasst* haben.

Beim täglichen Umgang mit Geschriebenem kommt es nicht so sehr darauf an, Texte richtig zu klassifizieren (...) noch wichtiger ist es:

→ *Die wesentlichen Informationen zu entnehmen und sie zu „strukturieren", das heißt, den gedanklichen Aufbau der Mitteilung zu erfassen.*

→ *Meinungen von Tatsachen zu unterscheiden, Argumente zu erkennen und sie kritisch zu prüfen.*

→ *Festlegungen und Handlungsanweisungen in ihrem Wesen genau zu erfassen.*

→ *Absichten zu erkennen und die Methode der Beeinflussung zu durchschauen.*

→ *Den Text in seiner besonderen Mitteilungssituation zu sehen und seine Informationen entsprechend aufzunehmen.*[7]

Die sorgfältige Analyse der vorgegebenen Texte ist nicht nur wichtig für eine vielleicht geforderte Textwiedergabe oder Inhaltsangabe, sondern auch für die spätere Darstellung der eigenen Meinung.

10.3 Den Inhalt wiedergeben

Es gibt *verschiedene Möglichkeiten*, den Inhalt eines Textes mit eigenen Worten wiederzugeben. Für welche Form der Inhaltsangabe man sich entscheidet, hängt natürlich von der *Aufgabenstellungen* ab. Feststeht, dass in allen Fällen Ihr eigener Text kürzer sein sollte als der Text, dessen Inhalt Sie referieren. Das klingt selbstverständlicher als es ist. Vor allem Kommentare sind oft sehr kompakt, daher verlieren sich die Zusammenfassungen oft in Erläuterungen einzelner Aussagen des Kommentars oder in der Erklärung der Hintergründe.

In den Prüfungen der vergangenen Jahre wurden verschiedene Formen der Zusammenfassung gefordert:

10

▶ die *Inhaltsangabe*

▶ die *Inhaltsangabe in Thesenform*

▶ die *strukturierte Textwiedergabe*

▶ die *Überblicksinformation*

Wir wollen uns die einzelnen Zusammenfassungen ansehen und *Unterschiede* sowie *Gemeinsamkeiten* festhalten.

---

[7] Aßmann/Emmert/Haberkorn/Klausmann: *Mit Sprache. Deutschbuch für Berufsoberschulen und Fachoberschulen*, S. 137f.

10.3.1 Inhaltsangabe und Inhaltswiedergabe

Pohlmann und Brendel unterscheiden streng zwischen Inhaltsangabe und Inhaltswiedergabe. Die *Inhaltsangabe* teilt kurz etwas über den Inhalt eines Textes mit, während die Wiedergabe das Ziel hat, den Inhalt nachzubilden und ihn ausführlicher wiederzugeben.[8] Ob diese Unterscheidung allgemein üblich ist, mag angezweifelt werden.

Wie lang eine Inhaltsangabe oder -wiedergabe sein soll, ist meistens in der Aufgabenstellung präzisiert. Das zeigen die Prüfungen der vergangenen Jahre. Oft wird ein Drittel des ursprünglichen Textes verlangt. Andere Formulierungen sehen so oder so ähnlich aus:

> ▶ Verfassen Sie eine strukturierte Textwiedergabe oder eine Inhaltsangabe.
>
> ▶ Fassen Sie in wenigen Sätzen zusammen, worum es geht.
>
> ▶ Geben Sie Aufbau und grundlegende Aussagen des Textes wieder.

Für den Fall, dass Sie genauer wissen möchten, was sich die Prüfer unter „wenigen Sätzen" oder „grundlegenden Aussagen" vorstellen, seien Ihnen die Abschluss-Prüfungsaufgaben der vergangenen Jahre dringend ans Herz gelegt.[9]

Mit der Inhaltsangabe soll ein Leser über einen Text so informiert werden, dass er sich ein klares Bild von seinem Inhalt machen kann. Die Information sollte „ökonomisch" sein, d.h. sie sollte auf Überflüssiges verzichten und das Wesentliche sachlich und möglichst objektiv mitteilen. Dieses Ziel kann erreicht werden durch

> ▶ *Zusammenfassen (Abstraktion) wesentlicher Aussagen*
>
> ▶ *Weglassen (für das Thema) unwesentlicher Details.*[10]

Wichtig sind hier die Worte „*sachlich*" und „*möglichst objektiv*". Gerade bei Kommentaren ist die Gefahr groß, die *Wortwahl* des Autors zu übernehmen oder sich ebenfalls kommentierend zu äußern. Dies ist Sache des *Kommentars* oder der *Glosse*, aber nicht einer Inhaltsangabe.

---

[8] Vgl. Heiko Pohlmann/Dr. Alfons Brendel, *Arbeit mit Gebrauchstexten. Eine Lernhilfe zur Textanalyse für Schüler der berufsbildenden Schulen*, S.59

[9] *FOS 2001. Abschluss-Prüfungsaufgaben mit Lösungen. Fachoberschule Deutsch Bayern 1991-2000*, 21. neu bearbeitete Auflage, Freising: Stark Verlagsgesellschaft, 2000.

[10] Aßmann/Emmert/Haberkorn/Klausmann: *Mit Sprache. Deutschbuch für Berufsoberschulen und Fachoberschulen*, S. 141.

Nachfolgend einige *Tipps*, wie man einen Text „dichter" und damit kürzer machen kann:

▶ *Mehrere konkrete Einzelaussagen werden durch einen übergeordneten Begriff zusammengefasst.*

▶ *Auffallende z.B. journalistisch „aufgemachte" Formulierungen mit appellativem Charakter (rhetorische Fragen, Sprachbilder, überspitzte Aussagen) werden entweder weggelassen oder auf ihren sachlichen Kern reduziert (Inhaltsangabe als informativer Text!).*

▶ *Erläuternde „Nebenüberlegungen" sollte man weglassen.*

▶ *Wichtige, sachlich und „konzentriert" formulierte Einzelfeststellungen können übernommen werden.[11]*

Die Methoden der Kürzung bei der Inhaltsangabe sind:

▶ *Weglassen von Unwesentlichem und Zusammenfassung für das Thema wesentlicher Aussagen.*

▶ *Kürzen auf ungefähr ein Drittel der Textvorlage (wenn von der Aufgabe nicht anders angegeben)*

▶ *Darstellung: Sachstil des „informativen" Textes*

▶ *Keine Wertungen oder persönliche Urteile*

▶ *Die Zeitstufe für die Inhaltsangabe ist das Präsens.[12]*

Nach diesen vielen Tipps und Ratschlägen folgt nun der Versuch, den bereits intensiv gelesenen Kommentar zum Thema BSE zu einer Inhaltsangabe zu verarbeiten. Die beim Lesen gemachten Notizen zu Struktur und Inhalt des Textes leisten dabei gute Dienste.

BSE-Schnelltests sind in Deutschland inzwischen Vorschrift. Der Glaube, in diesem Land gebe es kein BSE, hat sich als falsch erwiesen.
Erste Fälle sind bereits bekannt. Doch mit der Tötung der Rinder ist es nicht getan. Die Wahrscheinlichkeit ist hoch, dass weitere Fälle nachgewiesen werden. Der Autor geht davon aus, dass das Risiko, mit einem infizierten Rind in Kontakt zu kommen, eher gesunken ist, da sich die Vorsorge insgesamt verbessert habe. Doch die Angst vor BSE werde in der Bevölkerung steigen. Denn erst jetzt wird nach BSE-Fällen gesucht, also können sie auch jetzt erst gefunden werden.

10

---

[11] Aßmann/Emmert/Haberkorn/Klausmann: *Mit Sprache. Deutschbuch für Berufsoberschulen und Fachoberschulen*, S. 143.

[12] Ebenda, S. 144.

Zugegeben, die Inhaltsangabe oder -wiedergabe ist ein bisschen länger als ein Drittel des Ausgangstextes. Doch dieser ist so kurz, dass es schwierig wird, den Inhalt noch knapper wiederzugeben. Länger sollte die Inhaltsangabe allerdings nicht sein.

10.3.2 Die Inhaltsangabe in Thesenform

Die Inhaltsangabe in Thesenform erfordert *keine zusammenhängende Darstellung des Inhalts*. Es genügt, die *Gedanken des Textes* in knappe *Aussagesätze* zu bringen. Der Schwerpunkt liegt darauf, die *Struktur des Textes* deutlich zu machen. Die Darstellung ist übersichtlicher und leichter fassbar – sowohl *optisch* als auch *inhaltlich*.

Der *Vorteil* der Inhaltsangabe in Thesenform liegt auf der Hand: Sie müssen *nicht ausformulieren*, sondern können kurz und knapp die Kerngedanken des Textes notieren.

Der *Nachteil* zeigt sich erst auf den zweiten Blick: Nicht jeder Text ist in seiner *Struktur* leicht zu erfassen. Eine Inhaltsangabe in Thesenform konfrontiert Sie viel schneller mit den *Schwächen* des Textes, den Sie bearbeiten sollen. Sie verrät aber auch Ihre eigenen Schwächen, z.B. wenn Sie den Text nicht wirklich verstanden haben. Das können Sie bei einer ausführlichen Inhaltsangabe durch *geschickte sprachliche Formulierungen* leichter „übertünchen". Wenn Sie Ihre Gedanken ausformulieren, fällt es normalerweise leichter, *Verständnislücken* zu verbergen und Schwierigkeiten zu umschiffen. Die Sprache enthüllt eben nicht nur, sie kann auch *verschleiern*. Die Inhaltangabe in Thesenform bietet Ihnen diese Möglichkeit nicht.

Andererseits gibt Sie Ihnen durch die Präzision der Darstellung die Chance, den Text wirklich in seiner Struktur zu erfassen und nicht am eigentlichen Thema „vorbeizuschwafeln". Deshalb hier noch ein Tipp für die *ausführliche Inhaltsangabe/ -wiedergabe*:

> Verfassen Sie nach dem gründlichen Lesen auf jeden Fall eine Art *Inhaltsangabe in Thesenform* oder eine *Gliederung*. Geben Sie jedem Absatz eine *Überschrift*, machen Sie *Notizen* zu den *wichtigsten Inhalten* der Absätze oder streichen Sie die für Sie *entscheidenden Aussagen* mit einem Stift an. So erarbeiten Sie sich eine sehr wichtige Grundlage für die *Weiterbearbeitung* des Ausgangstextes: Wenn Sie sich beim Schreiben Ihrer Inhaltsangabe/-wiedergabe eng an diesem „Grundgerüst" orientieren, verlieren Sie sich nicht so leicht in Details.

Die wichtigsten Merkmale der Inhaltsangabe in Thesenform lassen sich so zusammenfassen:

▶ Der Text wird in größere Sinnabschnitte geteilt.

▶ Für jeden Sinnabschnitt wird eine Überschrift formuliert, die den Inhalt in einem Satz zusammenfasst.

▶ Die einzelnen Gedankenschritte jeder Sinneinheit werden in knappen Aussagesätzen (in Hauptsätzen) zusammengefasst.

▶ Die Einzelaussagen stehen im Indikativ.

▶ Bei der Glosse muss daran gedacht werden, dass die Inhaltsangabe wiedergeben soll, was mit dem Text gemeint ist. Die ironische Verfremdung muss also herausgefiltert werden.[13]

Außerdem beachten Sie bitte Folgendes:

▶ *Die Überschriften sollten die Vorgehensweise des Autors kennzeichnen und Hinweise auf den Inhalt geben.*

▶ *Die Abschnitte für die Überschriften können als Sinnabschnitte ermittelt werden.*

▶ *Eine zu große Anzahl von Überschriften macht die Inhaltsangabe unübersichtlich; empfehlenswert sind 3–5 Überschriften, je nach Aufbau des Textes.*

▶ *Die Einzelaussagen sollen in Form einfacher Aussagesätze formuliert (Thesenform!) und besonders auffallende journalistische Wendungen müssen in Sachsprache umgesetzt werden. Sie müssen inhaltlich zur Überschrift „passen". (...)*

▶ *Bei den Einzelaussagen nicht zu stark abstrahieren! (Gefahr eines zu geringen Aussagewertes!) – Nicht: „Das Auto belastet die Umwelt". Besser: „Das Auto verstärkt die Luftverschmutzung und Lärmbelästigung."*

▶ *Der Umfang der Inhaltsangabe sollte ein Drittel der Textvorlage nicht überschreiten.*[14]

10

---

[13] Vgl. Monika Müller u.a., *Deutsch für die berufliche Oberstufe. Ein Lehr-, Text- und Arbeitsbuch*, S. 167f.

[14] Aßmann/Emmert/Haberkorn/Klausmann: *Mit Sprache. Deutschbuch für Berufsoberschulen und Fachoberschulen*, S. 149.

Beim Lesen unseres BSE-Textes hatten wir bereits Notizen zum Inhalt des Textes gemacht. Mit diesen Notizen war es möglich, eine Inhaltsangabe zu schreiben. Sie dürften demzufolge auch ausreichen, um eine Gliederung in Thesenform zu schreiben.

1. **Der Autor stellt die Situation in Deutschland vor**
   Das Land ist nicht BSE-frei wie bisher behauptet.
   Durch Massentests konnte dies nachgewiesen werden.

2. **Er rechnet mit dem Nachweis weiterer BSE-Fälle**
   Die ersten infizierten Tiere in Bayern wurden bereits gefunden.
   Die Tötung der Rinder reicht nicht aus.

3. **Der Autor schätzt die gegenwärtige Situation als widersprüchlich ein**
   Durch bessere Vorsorge hat die Gefahr von BSE eher abgenommen.
   Trotzdem wächst die Angst in der Bevölkerung, da immer mehr BSE-Fälle aufgedeckt werden.

Dies ist nur ein *Beispiel*. Sie dürfen es gerne besser machen. Vermutlich sind längere Texte leichter zu gliedern – Sie werden vor der Prüfung sicher noch genügend Gelegenheit haben, dies zu üben.

10.3.3 Die strukturierte Textwiedergabe

Hier handelt es sich – anders als bei der Inhaltsangabe in Thesenform – um einen *zusammenhängenden Text*. Wie bei jeder Inhaltsangabe oder Textwiedergabe besteht die Aufgabe darin, das *Thema* des Textes festzustellen und die *Inhalte zusammenzufassen*. Zusätzlich aber soll der *Gedankengang* herausgearbeitet und auch als solcher benannt werden.[15] Die einzelnen gedanklichen Schritte des Autors werden inhaltlich und sprachlich nachvollzogen und in einem ausformulierten Text dargestellt.

> Die **strukturierende Textwiedergabe** verlangt nicht nur eine abstrahierende und damit kürzende Zusammenfassung des Inhalts wie jede Inhaltsangabe, sondern auch die präzise Charakterisierung der einzelnen Aussagen des Autors („Was tut der Autor?"). Statt der ungenauen und sich wiederholenden Formulierung „Der Autor sagt, ..." müssen präzise Bestimmungen für seine Absichten und Textstrategien gefunden werden. Erst damit wird genau bestimmt, **wie** er **vorgeht**.[16]

---

[15] Vgl. Aßmann/Emmert/Haberkorn/Klausmann: *Mit Sprache. Deutschbuch für Berufsoberschulen und Fachoberschulen*, S. 163.

[16] Monika Müller u.a., *Deutsch für die berufliche Oberstufe. Ein Lehr-, Text- und Arbeitsbuch*, S. 164.

Zurück zum Thema BSE. Eine strukturierte bzw. strukturierende Textwiedergabe zu unserem Beispiel-Kommentar:

Ausgehend davon, dass es seit kurzem BSE-Schnelltests gibt, findet es der Autor nur zu verständlich, dass nun auch Fälle in Deutschland aufgetaucht sind. Er kritisiert die Sorglosigkeit, mit der bislang gesagt wurde, dass es BSE bei uns nicht gebe.
Der Autor weist auf die ersten Fälle und Verdachtsmomente hin und sieht die Schlachtung von Herden als unausweichliche Folge dieser Situation. Nach seiner Auffassung ist es aber sehr wahrscheinlich, dass weitere BSE-Fälle bekannt werden.
Der Autor kommt zu einem paradoxen Fazit: Durch Tests wird die Wahrscheinlichkeit, infizierte Rinder zu finden, größer. Damit sinke das Risiko für die Bevölkerung. Dennoch geht der Autor davon aus, dass die Angst der Menschen steigt, da sie nun von der Gefahr erst Kenntnis bekommen.

10.3.4 Die Überblicksinformation

Die *Überblicksinformation* ist vermutlich die knappste Art, einen Text zus erfassen: Sie nennen die *Quelle* und, falls möglich, den *Autor*, Sie bestimmen die *Textsorte*, nennen das *Thema* und fassen die *Hauptaussage* kurz zusammen.

Quelle:

Süddeutsche Zeitung vom 18. Dezember 2000, S. 4.
(Autor: wor, das ist Wolfgang Roth)

Textart:

Kommentar

Thema:

Die BSE-Seuche in Deutschland

Hauptaussage:

In Deutschland wurden mit Hilfe von Schnelltests erste BSE-Fälle entdeckt. Die Illusion, Deutschland sei ein BSE-freies Land, ist damit vorbei. Die Angst wächst, obwohl die Vorsorge zugenommen hat. Denn erst jetzt, da man nach BSE sucht und immer mehr Fälle entdeckt, wird der Bevölkerung die bestehende Gefahr bewusst.

10

Beim Erfassen von Thema und Hauptaussage dürfen Sie sich wie ein Journalist fühlen: Aus einem längeren Text sollen Sie eine „Hauptaussage" und ein „Thema" destillieren. Das „Thema" kommt der Überschrift eines Zeitungsartikels gleich und muss die wesentlichen Punkte des Textes erfassen. Die „Hauptaussage" ist vergleichbar mit dem „Vorspann" eines Zeitungsartikels, also dem zusammenfassenden Text, der zwischen Überschrift und Artikel steht. Orientieren Sie sich dabei an *seriösen* Zeitschriften: Sie müssen nicht möglichst viele Leser bzw. Zeitungskäufer gewinnen, Sie sollen wirklich *beim Thema bleiben*.

10.4   Sprachliche Mittel

Häufig wird im Rahmen einer Textaufgabe auch gefordert, die *sprachlichen Mittel* zu erläutern, deren sich der Autor bedient. Von *Sprachspielereien* und *rhetorischen Figuren* war in diesem Buch schon mehrmals die Rede: z.B. in Lektion „1.3.1 Grundbegriffe der Rhetorik", aber auch im gesamten Kapitel 8, in dem es um Werbung geht. Alles, was über die *sachliche Information hinausgeht*, spielt dabei eine Rolle. Die Sprache kann je nach Thema und Anlass farbig, bildhaft, dramatisch oder ironisch sein. Die Frage ist, welche Bilder (Assoziationen) der Einsatz rhetorischer Mittel beim Leser auslöst oder auslösen soll, wie die Aussage des Textes damit unterstützt oder verstärkt wird.

Einfache Fragen in diesem Zusammenhang sind beispielsweise:

▶ Welcher Sprache bedient sich der Autor? Hochsprache? Umgangssprache? Komplizierter Satzbau? Einfache Aneinanderreihung von Hauptsätzen? Altmodischer Stil? Jugendsprache? Wie ist der *Wortschatz*: wissenschaftlich, einfach verständlich? Gibt es viele Fremdwörter – und sind sie notwendig?

▶ Ist der Text ernst oder heiter – und was leistet die Sprache des Autors in diesem Zusammenhang? Gibt es Wertungen? Gibt es ironische Passagen? Gibt es dramatische Formulierungen?

▶ Welche Mittel setzt der Autor darüber hinaus ein? Bilder? Metaphern? Vergleiche? Beispiele? Übertreibt er oder untertreibt er? Ist er ironisch oder ernst?

▶ Hat der Text appellativen Charakter, werden die Leser zu etwas aufgefordert?

Ein letztes Mal also wenden wir uns in diesem Kapitel dem Thema BSE zu und versuchen, den Kommentar auf sprachliche Mittel hin zu analysieren.

Der Autor bedient sich weitgehend einer sachlichen Sprache. Viele Sätze sind in erster Linie informativ. Auf Grund dieser Informationen analysiert der Autor die aktuelle Lage und verdeutlicht seine Einschätzung mit deutlich kommentierenden Worten, wie „Illusion", „nationale Selbstüberschätzung", „Panik", „Schock" und „Risiko". Einige Bilder unterstreichen sein ernstes Anliegen. Aus der sprichwörtlichen „Insel der Seligen" wird so die „Insel der seligen Rinder" und aus dem Bibelzitat „Wer suchet, der findet" wird durch eine kleine Ergänzung: Wer BSE sucht, der findet. Die Sprache ist anspruchsvoll, der Autor verwendet Fremd-

wörter, er lässt Kompetenz erkennen. Der Stil ist insgesamt dem Ernst des Themas angemessen. Sachliche Informationen und kommentierende Äußerungen werden zwar gemischt, doch die klare Sprache erhöht die Glaubwürdigkeit des Autors.

Wenn Sie sich die Aufgaben und Lösungen aus der Sammlung von Prüfungsaufgaben vornehmen, werden Sie sehen, dass in den Lösungsvorschlägen unter dem Punkt „sprachliche Mittel" sehr stark auch die rhetorischen Figuren berücksichtigt werden. In unserem Beispieltext ist das Aufspüren der rhetorischen Figuren nicht ganz so einfach – er ist kurz, er ist ernst, viele Sprachspielereien hat sich der Autor nicht erlaubt.

Zudem braucht man eine gewisse Übung in der Analyse von Texten, um die rhetorischen Figuren auch zu erkennen – und dann muss einem noch einfallen, wie die einzelnen Stilmittel eigentlich heißen. Wenn Sie sich nicht sicher sind, ob Sie Anapher, Metapher oder Euphemismus vor sich haben, lassen Sie es lieber weg. Außerdem sollten Sie diese Figuren nicht nur benennen können, viel wichtiger ist es, ihre *Funktion* innerhalb des Textes zu erkennen. Versuchen Sie es im Zweifelsfall lieber mit den „einfachen Fragen" von S. 174. Die helfen Ihnen, die sprachliche Qualität des Textes auch dann zu ermitteln, wenn Sie nicht jedes Stilmittel sofort erkennen.

AUFGABEN

1. Schreiben Sie eine Inhaltsangabe des folgenden Textes

    A in Thesenform.

    B als zusammenhängenden Text, Länge: etwa ein Drittel des ursprünglichen Textes.

2. Welcher sprachlicher Mittel bedient sich die Autorin?

Die Ironie und die Gene

Warum Politik und Jugend – noch – nicht zueinander finden

von Kerstin Kohlenberg

Die Politik gibt sich gern den Anstrich, alles zu verstehen. Nur bei der Jugend wirken die Politiker offen ratlos. Sie wissen, dass sie sie brauchen, als Partei- und als Wahlvolk. Aber sie finden nur schwer einen Weg zu diesen unbekannten Wesen. Grob gesprochen teilen sich die jungen Men-

10

schen aus Sicht der Politik in Falschpolitische und Unpolitische – die in der NPD und die, die man nicht sieht: die Generation, die mal Golf, mal X, mal Viva heißt und von der gesagt wird, sie interessiere sich nicht für Politik. Eine Jugend, die keine Werte, keine Überzeugungen hat und deshalb für die Politik verloren sei. Eine Jugend, die aber Sehnsüchte hat, was es für die Rechte so einfach mache, sie zu fangen. Aber ist das so?

Kürzlich war Michel Houellebecq in der Volksbühne. Ein französischer Schriftsteller, der über ein neues Menschenbild sprechen sollte – und das Theater platzte regelrecht aus allen Nähten. Die meisten, die sich da in den Saal quetschten, waren zwischen 20 und 30 und wollten über Gentechnik diskutieren. Später sollte Houellebecq noch mit seiner Band spielen. Die Karten dafür wurden getrennt verkauft. Wer also nur zum Konzert wollte, konnte auch das tun. Schon für die Diskussion waren alle Karten ausverkauft. Dass Houellebecq dann gar nicht kam und einen Biochemiker, einen Medientheoretiker und einen Zoologen alleine diskutieren ließ, war zwar ärgerlich – aber die Leute blieben trotzdem.

Öko-Laden und Prada-Mode

Wer sind bloß diese Menschen, die das Wochenende mit Gentechnik einläuten? Sie sind ein Teil eben jener, so genannten unpolitischen Generation, von der man annimmt, sie sei nur auf Geld und Spaß aus. Eine ironische Generation, die zwar alles sagt, aber nichts so ernst meint, wie sie es sagt. Das passt ins Fernsehen, in die Wirtschaft und die Kunst, nur nicht in die Politik.

Das vorherrschende Lebensgefühl dieser Generation ist ein Unbehagen. Unbehagen auch über die eigene Ironie. Das Leben in der postmodernen Medienwelt ist ihr zu kompliziert, sie will die Dinge so erleben, wie sie sind. Die Jungen sind offenbar auf der Suche nach Authentizität, nach einem eigenen Verhältnis zu den Dingen. Sie möchten sich nicht vorschreiben lassen, was sie über Deutschland, Juden, Ausländer, die Ehe oder Gott denken sollen.

Die alten, moralisch überfrachteten Bedeutungen und Begrenzungen der Themen sind ihnen nicht cool genug – sie passen nicht zum Lebensstil einer Generation, für die Ecstasy und Ehe, Kinder und Cabrio, Öko-Laden und Prada-Mode keine Widersprüche sind. Die konservative Sehnsucht nach Wärme und Sicherheit ist so stark wie nie. Sie lässt sich aber nur ertragen in einem schnellen und schillernden Stil. Also werden Schleich- und Umwege ins Konservative gesucht. Über neue Idole und eine andere Sprache. Die finden viele bei Zladko und Jürgen, nicht wenige bei Houellebecq und zu viele bei der rechten Jugendkultur.

Und die Politik? Sie sieht nur, was auf der politischen Bühne ankommt, bei der NPD, und übersetzt das Unbehagen der jungen Generation einfallslos mit einem Unbehagen an der Multikultur. Dabei wäre es eine Chance für die Politik, auch die anderen Spielstätten der Jugendkultur zu betrachten, um die jungen Menschen dort anzusprechen, etwa die Gentechnik. Oder die Verbindung von Mensch und Computer.

Die Politik scheint diese Chance nicht zu sehen. Oder will sie nicht sehen, weil die Generation 50 plus sich bei diesen neuen Themen und dem jungen Ton nicht sicher fühlt. Nicht so sicher wie mit der deutschen Leitkultur. Sie überlässt die junge Generation dem echten Leben von Big Brother oder dem neonazistischen Pathos der Einfachheit – oder eben der Volksbühne.

Anderspolitisch

Das Missverständnis liegt vielleicht dort: Die junge Generation hat sich in ihr Privatleben zurückgezogen, sie tritt, außer auf der Love Parade, nicht mehr so öffentlich auf wie in den 80er Jahren. Und sie ist vor allem an Lifestyle interessiert. Auch darin liegt eine Möglichkeit. Lifestyles sind die Kollektivkulturen der Jungen, mit deren Symbolen sie Position beziehen. Mit Houellebecq zum Beispiel, der Moralist mit dem Lebensstil eines Rockstars, der Katholik, der im Nebenberuf Pornofilme dreht. Die offizielle Politik ignoriert, dass auch dies mit politischer Willensbildung zu tun hat.

Politik muss genau dort hinschauen. Denn dort findet sie die Motive und Themen, die der Frage, was diesen Teil unserer Gesellschaft zusammenhält, neue Inhalte geben könnte. Die junge, die anders politisierte Generation müsste sich dann nur noch selbst darüber bewusst werden, dass das, was sie da macht, nicht nur Lifestyle ist, sondern ein im Ansatz politisches Verhalten. Und dann müssen sich die Politiker nicht mehr auf Rollerblades und auf der Big-Brother-Couch ziemlich uncool vor der jungen Generation entblößen, um den Dialog aufzunehmen. Beide Seiten könnten sich dann etwas ernster nehmen. Und nicht nur ironisch.[17]

10

---

[17] *Der Tagesspiegel* vom 15. November 2000 (zitiert nach http://195.170.124.152/archiv/2000/11/14/ak-mn-21181.html).

Weiterführende Literatur:

Aßmann/Emmert/Haberkorn/Klausmann, *Mit Sprache. Deutschbuch für Berufsoberschulen und Fachoberschulen*, Neusäß: Kieser Verlag, 1998.
Das Buch, dessen Autoren übrigens ihre Vornamen in der Titelei nicht preisgeben, ist ideal für alle, die sich weitere Anregungen zum Thema Textaufgaben und Erörterung holen wollen. Doch es geht weit über diese Bereiche hinaus, befasst sich ebenso mit Arbeitstechniken wie mit mündlicher und schriftlicher Kommunikation und auch mit Literatur.

FOS 2001. Abschluss-Prüfungsaufgaben mit Lösungen Fachoberschule Deutsch Bayern. 1991–2000, 21. neu bearbeitete Auflage, Freising: Stark Verlagsgesellschaft, 2000.
Es ist sehr interessant, sich die Prüfungsaufgaben der vergangenen Jahre anzusehen – auch im Hinblick darauf, was sich an Anforderungen und Aufgabenstellungen geändert hat. Der Leser bekommt einen Blick dafür, wie Themen aussehen, was gefordert sein könnte. Vorsicht ist geboten bei den vorgeschlagenen Lösungen. Zwar ist es sehr informativ zu sehen, wie eine ideale Stoffsammlung oder eine ausformulierte Lösung aussehen könnte, doch kann es auch entmutigen. Denken Sie immer daran, dass es Ideallösungen sind, die nicht unter Prüfungsdruck geschrieben wurden.

Wilhelm Eggerer/Heinz Pröstler, *Die Erörterung. Sekundarstufe*, München/Dillingen: Manz Verlag, 1996.
Wer sich Lernhilfe-Bücher zu einem Thema, in diesem Fall zur Erörterung ansieht, der kann viel lernen, wenn er kritisch damit umgeht. Kein Buch trägt den Kern der vollkommenen Weisheit in sich, nicht dieses und auch kein anderes, auch nicht das vorliegende. Jedes Buch enthält Themen, Anregungen, Vorschläge, Ideen, Gedanken zur Stoffsammlung und Ausarbeitung – nicht mehr und nicht weniger. Klar ist aber: Je mehr man sich mit dem Thema befasst, desto sicherer wird man auch beim Sammeln und Ausformulieren von Argumenten.

Monika Müller/Walter Eschenbacher/Siegfried Kaulfersch, *Deutsch für die berufliche Oberstufe. Ein Lehr-, Text- und Arbeitsbuch*, Köln: Stam Verlag, 1997.
Ebenso wie bei Aßmann u.a. finden sie auch hier viele Anregungen zum mündlichen Sprachgebrauch und zum Analysieren und Verfassen von Texten sowie einige Kapitel zur deutschen Literaturgeschichte. Eine Ergänzung zu diesem und den folgenden Kapiteln vor allem im Bereich Textanalyse und Erörterungen.

11. DIE ERÖRTERUNG:
ARGUMENTE SAMMELN UND ORDNEN

Lernziele

◆ Textanalyse und Erörterung voneinander abgrenzen können
◆ Ein Thema erschließen
◆ Argumente linear und dialektisch ordnen lernen

Seien Sie nie mit einer einzigen Meinung zufrieden![1]

Bei der Suche nach einem passenden einleitenden Zitat für dieses Kapitel taten sich bemerkenswert viele Möglichkeiten auf. Es gibt unendlich viele Zitate zum Thema „Meinung". Viele Aphoristiker rühmen den Meinungsaustausch oder machen sich darüber lustig, preisen ihn als „Quelle der Demokratie" oder halten es für völlig unmöglich, dass Menschen fremde Meinungen anhören und auch gelten lassen können.

Was auch immer George Bernard Shaw mit seinem Satz gemeint haben mag, er lässt sich auch so verstehen: Seien Sie nie mit einer einzigen Meinung zufrieden, nicht einmal mit Ihrer eigenen. *Suchen* Sie *andere Meinungen*, suchen Sie *Widersprüche*, *wägen* Sie *ab*, lassen Sie *andere Standpunkte* gelten, *denken* Sie darüber nach – und bilden Sie sich erst dann ein *abschließendes Urteil*.

Damit sind wir dann schon beim Thema *Erörterung*, bzw. bei einer Vorstufe davon: Wir *suchen* und *sammeln Argumente* zu einem *bestimmten Thema*.

11

---

[1] Das Zitat wird dem irischen Schriftsteller George Bernard Shaw zugeschrieben. Zitiert wird es hier nach einer „Zitatebank" im Internet (www.zitate.de Stichwort: Meinung). Weitere Zitate finden sich auch unter www.aphorismen.de

11.1 Der Unterschied zwischen Textanalyse und Erörterung

Man unterscheidet zwischen der *Textaufgabe* bzw. *Textanalyse* und der *Erörterung* bzw. *textgestützten Erörterung*. Die *Textaufgabe* umfasst eine *intensive Auseinandersetzung* mit einem *längeren Text*, z.B. einem journalistischen Artikel oder einer Rede. Dazu gehören in der Regel drei Arbeitsschritte:

▶ Als Erstes wird meist eine *Inhaltsangabe* von Ihnen verlangt, entweder ausführlich oder in Thesenform. In Kapitel 10 haben Sie gelernt, wie man das macht.

▶ Als Zweites steht häufig eine *Beschreibung der sprachlichen und stilistischen Mittel* an.

▶ Zum Schluss sind Sie meist aufgefordert, zum Thema oder zu einem Satz des Textes kurz *Stellung zu nehmen*. Da Inhaltsangabe und Analyse der sprachlichen Mittel bereits viel Zeit und Platz in Anspruch nehmen, wird die Stellungnahme oder Meinungsäußerung natürlich kürzer ausfallen als dies bei einer Erörterung der Fall ist.

Solche und ähnliche Aufgaben haben Sie bereits im Verlauf dieses Deutschkurses bearbeitet – ohne allerdings explizit darauf hingewiesen worden zu sein, dass es sich dabei um Textanalysen handelt. Schon in dem Buch *Lesen, Zappen, Surfen* ging es darum, *Kompetenz* im *Umgang mit Texten* zu entwickeln. Wobei mit Text nicht ausschließlich *geschriebener Text* gemeint ist, sondern auch *gesprochener Text* sowie mittels *Bilder* übermittelte Inhalte.

Neben einem kompetenten *Umgang* mit Texten ist es aber auch wichtig, selbst Texte *verfassen* zu können. Das bedeutet, ein *Thema aufzugreifen* und sich dazu zu *äußern* – in *mündlicher* und *schriftlicher* Form. Dieser Aufgabe wollen wir uns nun zuwenden. Unser Ziel ist es, eine *Sprach-* und *Schreibkompetenz* zu entwickeln. Damit gehen wir über das bloße *Erfassen* von Gebrauchstexten hinaus und mausern uns allmählich zum *Autor*.

Im Gegensatz zur Textanalyse gilt es bei der *Erörterung* nicht, einen *Text* zu bearbeiten, sondern sich mit einem vorgegebenen *Thema* auseinander zu setzen. Die Aufgabenstellung der traditionellen freien Erörterung kann z.B. so aussehen: „Von verschiedenen Seiten wird die Einführung eines sozialen Pflichtjahres für alle jungen Erwachsenen verlangt, soweit sie keinen Wehrdienst ableisten. Nehmen Sie dazu Stellung!"[2]

---

2 *FOS 2001. Abschluss-Prüfungsaufgaben mit Lösungen*, 91-1.

Bei der freien Erörterung gibt es also keinen Text, an dem man sich „festhalten" kann. Man muss ganz selbstständig Argumente sammeln, sie gliedern, das Für und Wider abwägen und sich eine Meinung bilden. Die Gliederung wird zudem als Bestandteil der Erörterung gesehen und muss mit abgegeben werden.

Die *textgestützte Erörterung* hingegen bietet zunächst einmal etwas „schwarz auf weiß", auf das sich der Lernende stützen kann. Der Text kann knapp sein, fordert aber in der Regel zu einer Stellungnahme auf. Häufig bietet er sogar Argumente, zumindest für eine Sicht der Dinge.

Die textgestützte Erörterung erlaubt eine *freiere Art des Schreibens* als die freie Erörterung, sagen ihre Befürworter. Die strenge Gliederung verliert an Bedeutung, da sie nicht Teil der Aufgabe ist und daher nicht mit abgegeben werden muss. Dennoch ist es wichtig, vor dem Schreiben seine Argumente zu ordnen und sich ein paar einleitende Worte sowie ein Fazit oder einen Schlusssatz zu überlegen.

Die folgende Darstellung wird sich eher an den Erfordernissen der *textgestützten Erörterung* orientieren. Trotzdem ist das Sammeln und Gliedern von Argumenten weit über die textgestützte Erörterung hinaus von Bedeutung. Sie brauchen es z.B. auch, wenn Sie bei einer Textanalyse um eine *abschließende Stellungnahme* gebeten werden. Sie brauchen es insbesondere dann, wenn Sie eine *freie Erörterung* schreiben sollen (was zur Zeit nicht Teil Ihres Lernstoffes ist). Sie werden auch darauf zurückgreifen können, wenn Sie sich mit *literarischen Texten* befassen.

Ohne gar zu weit in den Bereich der Lebenshilfe abschweifen zu wollen, sei Ihnen noch ans Herz gelegt: Auch im Alltag hilft es oft, Argumente zu sammeln und zu gliedern. So z.B. wenn es darum geht, eine *Entscheidung* zu treffen.

11

11.2   Das Thema erschließen

Es gibt Menschen, die häufig am Thema vorbeireden. Das ist nicht immer schlimm, denn Konversation hat ja nicht immer etwas mit dem Austausch von Meinungen zu tun.

Manche setzen dieses Verfahren auch gezielt ein. Wenn ein Journalist einem Politiker eine unangenehme Frage stellt, etwa der Art: „Haben Sie Bestechungsgelder angenommen?", so muss er davon ausgehen, dass der Politiker, sofern er überhaupt etwas sagt, nicht unbedingt die Frage beantwortet.

Kennen Sie vielleicht das Problem, dass sich unter Ihren Schulaufsätzen von früher immer wieder die leidige Bemerkung des Lehrers fand: Thema verfehlt!? Die Autorin gehörte einige Male zu den traurigen Gestalten, die zwar einen schönen Aufsatz geschrieben hatten, aber eben leider nicht zum Thema. Wie es dazu kommt?

Ohne dieses Phänomen nun von einem Spezialisten für Lernprozesse und Gehirnströmungen wissenschaftlich erklären zu lassen, kann man sich das etwa so vorstellen:

Der Schüler liest das Thema und krallt sich gedanklich an einen Begriff, zu dem er gleich eine Assoziation hat. Sofort fällt ihm etwas ein, was er dazu schreiben kann – und *nur* das. Er denkt nicht mehr in andere Richtungen, sondern hat jetzt praktisch einen fast fertigen Aufsatz im Kopf, der vielleicht aber nur Teilaspekte des Themas behandelt.

Damit Ihnen das nicht passiert, klären Sie zuerst folgende Punkte ab, bevor Sie mit dem Schreiben beginnen:

Welches sind die *Schlüsselbegriffe* in dieser Aufgabenstellung? Verstehe ich sie überhaupt? Kann ich mit ihnen arbeiten? Man kann das Thema auch mehrmals mit unterschiedlicher Betonung lesen und versuchen, Antworten auf die sieben W-Fragen zu finden, die wir ja schon aus der Lektion „5.1 Die Nachricht" kennen: Wer? Wie? Wo? Was? Wann? Warum? Wofür?[3]

Welches sind meine allerersten *Gedanken* und *Assoziationen*, wenn ich dieses Thema lese? Welches sind ferner liegende Assoziationen, die aber ebenfalls wichtig sind?

Was *gehört* alles zum *Thema* – welche *Aspekte* könnten wichtig sein? Dies ist schon ein erster Schritt in Richtung „Argumente sammeln". Doch sollten Sie sich damit schon hier befassen. Denn bevor Sie sich für ein Thema entscheiden, sollte Ihnen klar sein, ob Ihnen überhaupt Argumente dazu einfallen.

Spätestens jetzt sollten Sie wissen, ob Sie sich die *Bearbeitung des Themas* überhaupt *zutrauen*. Sind Sie kompetent genug dafür? Haben Sie eine Ahnung, worum es geht? Haben Sie zu dem Thema in letzter Zeit etwas gelesen oder sich Gedanken dazu gemacht, vielleicht mit Freunden darüber diskutiert?

Das richtige und vollständige Erfassen der Themenstellung ist eine Grundvoraussetzung dafür, dass im nachfolgenden Aufsatz die Problematik inhaltlich angemessen ausgeleuchtet und behandelt werden kann.[4]

Ein *Beispiel:*

Im Jahr 2000 fanden in Australien die Olympischen Spiele statt. Deutlicher als sonst stand das Thema Doping im Vordergrund. Auch ein deutscher Goldmedaillen-Gewinner wurde nachträglich wegen Doping disqualifiziert und musste seine Medaille zurückgeben. Selbst bei den Paralympics, den Spielen für behinderte Menschen, die anschließend in Sydney abgehalten wurden, gab es zahlreiche Dopingfälle. Im gleichen Jahr wurde Christoph Daum, Trainer der Fußballmannschaft Bayer Leverkusen, mittels einer Haaranalyse der Konsum von Kokain nachgewiesen.

11

---

[3] Vgl. Aßmann/Emmert/Haberkorn/Klausmann, *Mit Sprache. Deutschbuch für Berufsoberschulen und Fachoberschulen*, Neusäß: Kieser Verlag, S. 93.
[4] Ebenda, S. 103.

Aßmann u.a. bieten nun folgendes Aufsatzthema:

Mit dem modernen Leistungssport sind viele Probleme verbunden. Stellen Sie [einige] anhand von aktuellen Beispielen dar! Welche Ursachen sind dafür verantwortlich? Diskutieren Sie mögliche Abhilfemaßnahmen![5]

Wer nun über Olympia, über den „Fall Daum", vielleicht auch über das schlechte Abschneiden der deutschen Fußball-Nationalmannschaft bei den Europameisterschaften Bescheid weiß, wer sich für Sport interessiert und regelmäßig die Berichterstattung verfolgt, wer mit Freunden über die Vorkommnisse diskutiert oder sich selbst als Sportler mit dem Thema Leistungssteigerung (Was ist Kraftnahrung? Was ist Doping?) befasst, der wird sich mit der Themenstellung leicht tun.

Alle, die es eher mit Churchill halten („No sports"), werden spätestens beim Sammeln der Argumente auf Schwierigkeiten stoßen.

Gehen wir das Sportthema einmal nach unserem Schema von S. 183 durch: Folgendes könnte sich in Ihrem Kopf abspielen:

▶ **Schlüsselbegriffe:** Probleme im modernen Leistungssport, aktuelle Beispiele, Ursachen, Abhilfemaßnahmen. *Kenne* ich die Probleme? Schließlich gibt es ja nicht nur Doping, sondern auch andere Schwierigkeiten. Sind mir aktuelle Beispiele *bekannt*, wie oben am Beispiel der Olympischen Spiele geschildert? Kann ich etwas zu den Ursachen sagen oder mir Abhilfemaßnahmen überhaupt *vorstellen*? Mit den W-Fragen: Wer hat Probleme? Welche Probleme? Was sind Abhilfemaßnahmen? etc.

▶ **Meine allerersten Gedanken waren:** Oh ja, tolles Thema! Damit kenne ich mich aus. Ich schreibe über den „Fall Daum", da habe ich alles gelesen. Der zweite Gedanke: Hat der „Fall Daum" überhaupt mit Problemen im modernen Leistungssport zu tun? Christoph Daum war Fußballtrainer, nicht Leistungssportler. Der Drogenkonsum von Menschen, die beruflich oder privat massiv unter Druck stehen, hat aber gar nichts mit dem Thema zu tun! Da bin ich doch haarscharf an einer Themaverfehlung vorbeigeschlittert! Zum Glück habe ich mir nicht nur erste, sondern auch zweite und dritte Gedanken zum Thema gemacht.

▶ **Was gehört alles zum Thema?** Die Themenstellung ist schon stark in sich gegliedert, sie umfasst mehrere Aspekte: Probleme anhand von aktuellen Beispielen darstellen, Ursachen aufzeigen, über Abhilfe nachdenken und Maßnahmen vorstellen. Wer zu diesen Punkten etwas sagen kann, liegt

---

5 Aßmann/Emmert/Haberkorn/Klausmann, *Mit Sprache. Deutschbuch für Berufsoberschulen und Fachoberschulen*, S. 103.

schon mal nicht falsch. Was weiß ich also? Zum Problem kann ich etwas sagen, aktuelle Beispiele kenne ich auch. Ursachen – nun, da fällt mir noch das eine oder andere ein. Aber wie soll man Abhilfe schaffen? Und welche Maßnahmen soll ich mir vorstellen, wenn schon den Fachleuten offenbar nichts einfällt? Ich fürchte, dass ich zum Thema Abhilfe nur sehr wenig sagen kann. Vielleicht wäre es doch besser, sich ein anderes Thema zu suchen (sofern ich die Auswahl habe).

▶ *Die Frage der Kompetenz:* Nun muss eine Entscheidung fallen. Eigentlich fühle ich mich kompetent, aber zu der Schlussfrage fällt mir auf Anhieb gar nichts ein. Das kann sich beim Sammeln von Argumenten noch ändern, aber dann steht die Entscheidung für dieses Thema schon fest – dann sollte ich es auch durchziehen. Gut, ich werd's versuchen.

11.3 Argumente sammeln

Argumente sammeln und *ordnen* ist sowohl bei einer Textaufgabe als auch bei einer textgestützten Erörterung wichtig. Der Vorteil gegenüber der früheren Form der „freien Erörterung" liegt darin, dass Sie einen Text vorliegen haben, der Ihnen Argumente oder Zündstoff liefert, mit denen Sie weiterarbeiten können. Sie können sich der Argumentation des Textes anschließen, sie erweitern und ergänzen oder ihr widersprechen. Zumindest haben Sie einen *Ausgangspunkt*. Sie sind also nicht ganz allein mit Ihrer Aufgabe.

Argumente sammeln und ordnen lernt man zunächst am besten an *einfachen Themen*. In einem Buch über die „Erörterung" wird die *Diskussion* als *Grundlage* dieser Aufsatzform genannt.[6] Über Diskussionen haben Sie in diesem Buch ja schon in einem eigenen Kapitel etwas erfahren. Die Erörterung ist also die *schriftliche Fortsetzung des Diskurses*, der *mündlichen Auseinandersetzung*. Dabei kann es um so einfache Fragen gehen wie: „Was spricht für dieses Auto?" oder „Warum sollten wir uns ein Haustier zulegen?" oder, wie es bei Eggerer und Pröstler heißt: „Hund oder Katze?" Damit ist auch fast schon die Gliederung vorgegeben. Gründe für und gegen die Haltung eines Hundes, Gründe für und gegen die Anschaffung einer Katze. Die Frage, ob man überhaupt ein Haustier anschaffen sollte, könnte man auch noch am Rande behandeln; sie steht aber nicht im Mittelpunkt. Über das Thema, ob man besser einen Hund oder eine Katze als Haustier hält, dürfen Sie sich gerne selbst Gedanken machen. Sie können diese Fragestellung auch optisch gestalten:

11

---

[6] Vgl. Wilhelm Eggerer/Heinz Pröstler, *Die Erörterung. Sekundarstufe*, München: Manz Verlag. 1996, S. 19.

Für Katze	Gegen Katze	Für Hund	Gegen Hund
Beschäftigt sich weitgehend selbst	Lässt sich nicht erziehen	Anhänglich	Tägliches Gassi gehen

Bei der Frage, ob man sich lieber eine Katze oder einen Hund zulegen möchte, findet jeder Argumente. Bei den Prüfungsthemen ist das allerdings nicht immer so leicht. Deshalb noch einmal die dringende Empfehlung, bei der Wahl des Themas die eigene Kompetenz genau zu überprüfen.

Wenden Sie sich den Erörterungen nur dann zu, insbesondere bei textunabhängigen, wenn Sie sich sicher sein können, daß das zu bearbeitende Thema aus einem Wissensbereich stammt, in dem Sie sich gut auskennen und mit dem Sie sich gedanklich bereits mehrfach intensiv auseinandergesetzt haben. Im Gegensatz zur landläufigen Meinung stellt eine Problemerörterung eben keine subjektive Meinungsäußerung dar.[7]

Noch ein sehr klarer Hinweis zu diesem Zitat: Sie sollen bei der Erörterung *Argumente darstellen* und *abwägen*. Vielleicht steht eine subjektive Meinungsäußerung am Schluss, aber sie seht keinesfalls im Mittelpunkt des Aufsatzes. Doch um Argumente darzustellen, muss man sie erst einmal suchen und finden.

Ein *Beispiel*:

Laut einer Umfrage des Instituts für Ehe- und Familienforschung stören sich 80% der Deutschen an der Rücksichtslosigkeit, die unseren Umgang im Alltag zunehmend bestimmt.
Stellen Sie verschiedene Formen der Rücksichtslosigkeit dar.
Was sind Ihrer Meinung nach die Gründe für diese Art des Verhaltens in unserer Gesellschaft?[8]

Bei der textgestützten Erörterung hätten Sie nun einen Text vorliegen, mit dem Sie arbeiten könnten, dem Sie vielleicht Anregungen oder Argumente entnehmen könnten. Doch wir machen es uns zur Übung etwas schwerer und versuchen es ganz ohne Hilfe.

Die Aufgabenstellung ist zweigeteilt. Zunächst sollen Sie verschiedene Formen der Rücksichtslosigkeit darstellen.

---

[7] Wolfgang Hesch, *Deutsch-Abitur schnell trainiert. Für Grund- und Leistungskurse. Einführung, Aufgaben, Lösungen*, München/Landsberg am Lech: mvg-verlag, 1996, S. 39.
[8] *FOS 2001, Abschluss-Prüfungsaufgaben mit Lösungen*, D91-1.

Formen der Rücksichtslosigkeit	*Beispiele von Rücksichtslosigkeit*
▶ *Grobe Verstöße:*	
Versagen von Hilfe	Jemand bricht auf der Straße zusammen und niemand kümmert sich um ihn.
Fehlende Einmischung	Jemand wird beleidigt, und andere hören weg.
▶ *Leichtere „Fälle":*	
Fehlende Hilfsbereitschaft	z.B. bei einer Autopanne
Fehlende Aufmerksamkeit	z.B. der kranken Nachbarin keine Hilfe anbieten
Gleichgültigkeit	z.B. die Frage eines Passanten nicht beantworten, weitergehen, nicht beachten
Ungeduld	z.B. sich vordrängeln etc.

Sie können auch umgekehrt vorgehen, also zuerst das Beispiel suchen und dann den übergeordneten Begriff dazu finden. Vielleicht fällt Ihnen das leichter. Sie werden sehen, wenn Sie erst einmal im Thema „drin" sind, werden Sie jede Menge Beispiele finden.

Die zweite Fragestellung der Aufgabe betrifft die Gründe für die Rücksichtslosigkeit.

▶ *Anonymität:* Man kennt die Menschen nicht, denen man begegnet und fühlt sich daher auch nicht verantwortlich.

▶ *Zeitmangel:* Man ist in Eile, unter Termindruck, hat viel zu tun.

▶ *Angst und Unsicherheit:* Viele Menschen haben Angst, selbst angegriffen zu werden, beispielsweise wenn jemand angepöbelt wird. Bei einem Unfall befürchten viele, dass sie etwas falsch machen könnten, wenn sie Erste Hilfe leisten sollen.

Dies verweist auf den nächsten Punkt:

▶ *Mangelnde Kompetenz:* Warum soll ich anhalten, wenn jemand eine Panne hat? Ich kann ihm doch sowieso nicht helfen.

11

▶ **Verweis auf den Staat:** Viele sind der Meinung, dass für bestimmte soziale Probleme, vom Kindergartenplatz bis hin zur Sorge um die Obdachlosen, der Staat zuständig ist. „Wofür zahlen wir schließlich Steuern?", lautet eines der Argumente.[9]

Sie dürfen gerne weitersuchen. Je mehr Formen der Rücksichtslosigkeit und je mehr Beispiele Sie finden, desto leichter ist es auch, Gründe dafür zu finden. Darüber, dass diese Gründe häufig vorgeschoben sind, können Sie sich dann in einer abschließenden persönlichen Stellungnahme auslassen. Es ist jedoch davon abzuraten, die Erörterung auf einem moralischen Standpunkt aufzubauen, nach dem Motto: Die Welt ist schlecht. Das ist hier nicht gefragt.

Gehen Sie lieber *sachlich* vor. Stellen Sie die Gründe für Rücksichtslosigkeit dar und diskutieren Sie, welche Gründe nachvollziehbar, welche weniger gut sind und welche besonders oft genannt werden. Kommen Sie erst dann zu einem Urteil. In einer abschließenden Bemerkung dürfen Sie sich auch gerne an die eigene Nase fassen. Oder haben Sie noch nie weggesehen, wenn jemand Hilfe gebraucht hätte? Sie können in Ihrer Schlussbemerkung aber auch darauf eingehen, dass 80% der Menschen, die sich über Rücksichtslosigkeit beklagen, wohl oft auch selbst rücksichtslos handeln. Sonst sähe die Welt doch anders aus, oder? (Jetzt sind wir doch noch moralisch geworden.)

11.4 Argumente ordnen

Wir haben uns bereits überlegt, wie viel die Erörterung mit der *Diskussion* gemeinsam hat. Auch bei der Diskussion werden unterschiedliche Argumente vorgebracht und ausgetauscht. Die Erörterung hat aber auch viel mit der *Rede* gemeinsam: Es gibt eine Einleitung und einen Schluss, und im Mittelteil werden Argumente so geordnet, dass sie die Zuhörer bzw. Leser überzeugen.

Sowohl bei der Rede als auch bei der Erörterung bestimmen das *Thema* und die *Fragestellung* die *Ordnung der Argumente*. Wenn Sie aufgefordert sind, Vor- und Nachteile einer Sache darzulegen, so empfiehlt sich eine *dialektische Ordnung* der Argumente (Für und Wider). Wenn Sie, wie beim Thema „Rücksichtslosigkeit" nach Formen von und Gründen für Rücksichtslosigkeit gefragt werden, so ist die *lineare Ordnung* (aufeinander aufbauend) der Argumente und Beispiele besser.

---

[9] Zu dieser Aufgabe gibt es übrigens im Buch *FOS 2001* eine Stoffsammlung (D97-6, D97-7), die zum Teil ganz andere Punkte aufführt. Es lohnt sich, einen Blick hineinzuwerfen, zu vergleichen, zu ergänzen, sich anregen zu lassen, wie eine Sammlung von Argumenten aussieht, wenn diese komplett und sehr sorgfältig (nicht unter dem Druck einer Prüfung) ausgearbeitet ist. Die Lösung der Aufgabe in *FOS 2001* ist sehr viel genauer, umfassender und ausgefeilter als hier. Denn in unserem Beispiel ging es ja nur darum, erste Ansätze für eine Sammlung von Argumenten zu zeigen, die Sie dann weiterentwickeln sollen.

11.4.1 Die lineare Ordnung von Argumenten

Was genau ist eigentlich gemeint, wenn von einer linearen Ordnung die Rede ist? Das bloße „Abspulen" Ihrer Argumente und Beispiele in beliebiger Reihenfolge? Wohl kaum! Die Ordnung sollte linear und zugleich *steigernd* sein. Es ist wichtig, dass Sie eine *Dramaturgie* in Ihre Argumentation bringen, denn nur dann bleibt der Leser *interessiert.*

Noch einmal zum Thema „Rücksichtslosigkeit", das sich für eine lineare Erörterung gut eignet:

▶ Sie beginnen Ihre Argumentation mit der Beschreibung von „kleinen", eher harmlosen Beispielen von Rücksichtslosigkeit, beispielsweise wenn einer dem anderen die Tür vor der Nase zuknallt oder wenn sich jemand an der Kasse im Supermarkt vordrängelt etc.

▶ Sie *steigern* Ihre Argumentation, indem Sie allmählich schwerer wiegende Fälle nennen (z.B. dass jemand in der Straßenbahn hässlich beschimpft wird und sich niemand einmischt). Die schwerwiegendste Form der Rücksichtslosigkeit nennen Sie erst ganz zum Schluss (also der Fall, wenn Rücksichtslosigkeit in einen Straftatbestand übergeht, z.B. unterlassene Hilfeleistung).

▶ Am Ende des ersten Schritts Ihrer linearen Ordnung (Formen von Rücksichtslosigkeit und Beispiele) steht also nun ein sehr hartes Beispiel. Die Übergangsfrage könnte z.B. lauten: Sind wir alle zu Egoisten geworden? Oder: Vor unseren Augen stirbt ein Mensch und es kümmert uns nicht. Wie konnte es so weit kommen? Damit leiten Sie zum Thema *Ursachen* über.

▶ Der zweite Schritt des linearen Aufbaus beschreibt dann die *Gründe* für die Rücksichtslosigkeit. Auch hier beachten Sie bitte das Prinzip der Steigerung. Hier spielt immer auch Ihre persönliche Sicht eine Rolle. Halten Sie die *privaten Gründe* des Menschen (Angst, Unsicherheit) für den Anfang des Problems, so beginnen Sie mit der Darstellung ebendieser Gründe und leiten dann über zu den Ihnen am wichtigsten scheinenden gesellschaftlichen Gründen (Anonymität, Gruppenzwang, Abschieben der Verantwortung an den Staat). Das wichtigste kommt immer zum Schluss.

11

Ein weiterer Hinweis: Wenn Sie sich die Stoffsammlung zum Thema noch einmal ansehen, wird Ihnen sicherlich auffallen, dass einem als Erstes die besonders schwerwiegenden, gravierenden Punkte und Beispiele einfallen, später erst die leichteren Fälle. Für das *Sammeln* von Argumenten ist diese Reihenfolge nicht problematisch. Für die *Dramaturgie* Ihres Aufsatzes bzw. den *überzeugenden Aufbau Ihrer Argumente* muss man sie aber in die „richtige" Reihenfolge bringen. Das heißt, man beginnt beim harmlosesten Beispiel und steigert sich bis zum gravierendsten.

Eine *Alternative* zum eben geschilderten *Musterbeispiel* einer *linearen Ordnung* wäre folgender Aufbau:

> ▶ Als Einstieg in Ihren Aufsatz wählen Sie ein sehr gravierendes Beispiel, z.B. einen aktuellen Fall: Eine Frau wird auf der Autobahn von einem Auto erfasst und getötet. Der Fahrer begeht Fahrerflucht. Ein zweites Auto brettert über den leblosen Körper, ebenso ein drittes und viertes. Bis das fünfte Kraftfahrzeug endlich hält, ist die Frau als solche nicht mehr erkennbar: Ein Mensch in Minutenschnelle bis zur Unkenntlichkeit zerfetzt.
>
> ▶ Am Ende der Einleitung stellen Sie die Frage, die Sie bearbeiten sollen: Rücksichtslosigkeit ist allgegenwärtig. Woher kommt dieses Phänomen, das immer erschreckendere Ausmaße anzunehmen scheint?
>
> ▶ Jetzt beginnt Ihr erster Teil: In linearer Reihenfolge beschreiben Sie Formen der Rücksichtslosigkeit. Nach dem großen „Paukenschlag" am Anfang steigen Sie nun ganz klein ein: Rücksichtslosigkeit kennen alle, jeder hat sie erfahren, jeder ist selbst rücksichtslos. Sie beginnt damit, dass man mit schmutzigen Schuhen eine fremde Wohnung betritt, dass man andere nicht ausreden lässt, etc.

Wohlgemerkt: Dieses sind (noch) Gedanken. Es ist kein ausformulierter Beginn einer Erörterung! Mit dem Thema Einleitung und Schluss werden wir uns noch ausführlicher beschäftigen (vgl. Lektion „12.2 Die Erörterung: Einleitung und Schluss").

11.4.2 Die dialektische Ordnung von Argumenten

Bei einer *dialektischen Ordnung* der Argumente geht es um das *Abwägen* von *Für und Wider* einer problematischen Frage. Meist ist der Aufgabenstellung schon zu entnehmen, ob sich eher eine dialektische oder eine lineare Ordnung eignet.

Die dialektische Ordnung baut auf dem Konzept des Philosophen Georg Wilhelm Friedrich Hegel (1770-1831) auf: These - Antithese - Synthese. Im Einzelfall könnte man sagen: Vorteile - Nachteile - Entscheidung (Kompromiss, eigene Meinung).

Die dialektische Ordnung zwingt zu einer *Entscheidung*. Es geht darum, Argumente für und wider eine problematische Frage zu finden. Erst wenn Sie beide

Seiten gegeneinander abgewogen und diskutiert haben, können Sie eine *fundierte persönliche Stellungnahme* abgeben.

Ein *Beispiel:*

In Deutschland leben derzeit – einschließlich ihrer Angehörigen – ca. sieben Millionen Zuwanderer, von denen ein Großteil vermutlich auf Dauer hier wohnen bleiben wird. Verschiedentlich wird daher die Ansicht vertreten, dass in unserem Land eine multikulturelle Gesellschaft im Entstehen begriffen sei.

Welche Chancen und Schwierigkeiten sehen Sie im Zusammenleben von Angehörigen sehr verschiedenartiger Kulturen in einem Land wie der Bundesrepublik?[10]

Dieses Thema stammt aus den Abschluss-Prüfungsaufgaben an Fachoberschulen von 1996. Die *dialektische Aufteilung* der Argumente ist bereits in der Frage enthalten. Welche *Chancen* bestehen im Zusammenleben? Welche *Schwierigkeiten* sehen Sie?

Man erwartet von Ihnen, dass Sie die Argumente für die Chancen und Schwierigkeiten nicht einfach nur aufzählen, sondern dass Sie nach der intensiven Auseinandersetzung mit dem Thema auch zu einem *abschließenden Urteil* kommen. Diesen Schritt erarbeiten Sie sich im dritten Teil der dialektischen Argumentation, in der *Synthese.*

Ein weiteres *Beispiel:*

Die Erfolge der Genforschung finden seit einigen Jahren ihren Niederschlag in der gentechnischen Anwendung.

Stellen Sie Hoffnungen und Befürchtungen dar, die mit der Gentechnik verbunden sind, und nehmen Sie dazu Stellung![11]

Hier ist noch deutlicher zu erkennen, dass eine dialektische Argumentation verlangt wird.

Ganz grob würde die *Gliederung* so aussehen:

11

---

[10] *FOS 2001. Abschluss-Prüfungsaufgaben mit Lösungen,* D96–1.

[11] Ebenda, D97–1.

1.   Einleitung (z.B. ein Erfolg der Gentechnik, ein aktuelles Beispiel. Dass man zunächst von „Erfolgen" ausgehen soll, ist übrigens in der Themenstellung vorgegeben.)

2.   Hauptthema
2.1   Hoffnungen
        z.B. auf Heilung von Krankheiten,
2.2   Befürchtungen
        z.B. das Klonen von Menschen
2.3   Eigene Meinung/Synthese/Entscheidung

3.   Schluss

Achten Sie bitte darauf, ob von Ihnen eine *Synthese* oder eine *eigene Meinung* verlangt wird. Denn eine Synthese ist sehr viel umfassender und geht weit über das hinaus, was Sie selbst zum Thema denken.

11.5   Die Synthese

Das Schwierigste bei der Gliederung eines dialektischen Aufsatzes ist zweifellos die Synthese, weil hier gedankliche Bewältigung und sprachliche Gestaltung hohe Anforderungen stellen. Eine Synthese darf die Argumente von These und Antithese nicht dadurch entwerten, indem nur eine von beiden Positionen wiederholt wird. Die Synthese kann sich auch nicht darauf beschränken, lediglich die sogenannte „eigene Meinung" auszudrücken. Der Sinn eines dialektischen Schulaufsatzes liegt nicht in erster Linie darin, dass am Schluss eine Art „Glaubensbekenntnis" oder die Zugehörigkeit zu einer bestimmten Richtung bzw. Gruppierung dokumentiert wird, sondern die dialektische Erörterung dient vielmehr dazu, Problembewusstsein zu beweisen und Möglichkeiten einer gedanklichen Problemlösung durchzuspielen.[12]

In der Synthese können These und Antithese aber auch *relativiert* werden. Man könnte also auch einen Kompromisse im Sinn eines *Mittelweges* vorschlagen.

In vielen Fällen empfiehlt es sich, den konkreten Meinungsstreit hinter sich zu lassen und das Problem auf höherer gedanklicher Ebene unter neuem Blickwinkel zu beleuchten. Dies geschieht, indem man die konkrete Frage in ein größeres thematisches Umfeld, in längerfristige Zeiträume oder in einen erweiterten Bewusstseinshorizont einordnet.[13]

---

[12] Monika Müller u.a., *Deutsch für die berufliche Oberstufe. Ein Lehr-, Text- und Arbeitsbuch*, S. 99.
[13] Ebenda, S. 100.

Das klingt nun wieder sehr kompliziert, muss es aber nicht sein. Ein *Beispiel*: Nehmen wir an, Sie haben sich mit den Hoffnungen und Befürchtungen in Bezug auf die Gentechnik auseinander gesetzt und müssten nun eine Synthese dazu schreiben. Wenn Sie wirklich ernsthaft über Hoffnungen und Befürchtungen nachgedacht und diese auch in Ihrem Aufsatz ausformuliert haben, so wird Ihre Synthese hoffentlich nicht so lauten: „Ich halte Gentechnik für Unsinn. Man müsste sie verbieten."

Ihre Synthese sollte schon ein wenig differenzierter ausfallen. Probieren Sie es lieber damit, Vor- und Nachteile noch einmal gegeneinander abzuwägen, z.B. mit folgendem Tenor: Gentechnik ja, aber nur mit sehr strengen Auflagen. Damit böten Sie eine Kompromisslösung an.

Eine zweite Möglichkeit: Fortschritt ist nicht aufzuhalten, ein Verbot wird langfristig keine Wirkung zeigen, das war auch bei anderen Entwicklungen so. Deshalb ist es besser, Regelungen, möglichst auf internationaler Ebene zu finden, so dass die Vorteile genutzt und die negativen Auswirkungen in Grenzen gehalten werden. Mit dieser Synthese hätten Sie, was Müller ja anregt, ein größeres thematisches Umfeld, nämlich „Forschung", und einen längerfristigen Zeitraum miteinbezogen.

▶ **Was wir schon geschafft haben:**
Wir haben uns für ein Thema entschieden.
Wir haben die Fragestellung genau beachtet.
Wir haben Argumente gesammelt.
Wir haben die Argumente geordnet.
Wir haben uns für die bestmögliche Form der Gliederung entschieden.

▶ **Was uns noch bevorsteht:**
Eine Einleitung und einen Schluss überlegen.
Die Erörterung „zusammenbauen".

11

AUFGABEN

Üben Sie die in diesem Kapitel vorgestellten Arbeitsschritte an folgender Aufgabenstellung:

Jugend und Politik – Versagen die traditionellen demokratischen Parteien im Umgang mit der Jugend? Was müssten die Parteien Ihrer Auffassung nach ändern?

1. Sammeln Sie Argumente – Sie dürfen dabei ruhig auf den Artikel „Die Ironie und die Gene" auf S. 175ff. zurückgreifen, die genannten Argumente aufnehmen oder andere daraus entwickeln.

2. Entscheiden Sie, ob eine dialektische oder lineare Anordnung der Argumente angebracht ist. Ordnen Sie Ihre Argumente gemäß Ihrer Entscheidung.

3. Überlegen Sie sich einen „Einstieg" und ein „Finale", also eine Einleitung und einen Schluss für dieses Thema.

Weiterführende Literatur:
Siehe Kapitel 10.

12. TEXTANALYSE UND ERÖRTERUNG: EINE MEINUNG VERTRETEN

◆ Kennen lernen verschiedener Möglichkeiten der Meinungsäußerung im Rahmen von Textanalyse und Erörterung

◆ Perspektive, Lösungsvorschlag und Handlungsempfehlung verfassen

◆ Einleitung und Schluss einer Erörterung verfassen

*Die Erörterung ist
das Darlegen,
das Begründen,
das Beurteilen*

*von Sachverhalten und
Problemen*[1]

Das einleitende Zitat aus einem Fachbuch macht es deutlich: Die Erörterung ist sehr viel mehr als der Versuch, seine Meinung zu sagen. Sachverhalte und Probleme werden *dargelegt*, *begründet* und *beurteilt*. Die Erörterung erfordert, dass Sie die Argumente, die für oder gegen eine Entwicklung sprechen, sammeln und ordnen.

Anders die Textanalyse oder die Textaufgabe: Hier folgt auf die intensive Auseinandersetzung mit einem vorgegebenen Text, zu dem Sie vermutlich bereits eine Inhaltsangabe verfasst und den Sie möglicherweise auch schon auf seine sprachlichen Mittel hin untersucht haben, meist eine *Stellungnahme*. Sie sollen jetzt nicht mehr Für oder Wider abwägen oder weitere Argumente sammeln, sondern Ihren eigenen Standpunkt darlegen.

12

---

[1] Wilhelm Eggerer/Heinz Pröstler, *Die Erörterung, Sekundarstufe*, München: Manz Verlag, 1996, S. 18.

12.1 Wie vertrete ich meine Meinung?

Wir haben in den Kapiteln 10 und 11 bereits gesehen, dass beim Thema Textaufgabe und Erörterung mit vielen Begriffen gearbeitet wird, die eigentlich Klarheit schaffen sollen und doch gelegentlich für Verwirrung sorgen. So haben wir uns Inhaltsanalyse und Inhaltsangabe in Thesenform, strukturierte und strukturierende Textanalyse angesehen und einiges mehr. Letztlich geht es aber immer nur um das Eine: Sie sollen nachweisen können, dass Sie den Text und seine Aussage *verstanden* haben und ihn in irgendeiner Form wiedergeben können.

Ähnlich ist es auch jetzt: Es gibt verschiedene Begriffe dafür, in welcher Form Sie am Ende einer Textanalyse Ihre Meinung sagen sollen. Und doch kommt es vor allem auf Folgendes an: Sie müssen gute Argumente haben, und in der Lage sein, diese in eine sinnvolle Reihenfolge zu bringen, sie sprachlich überzeugend zu präsentieren und auszuformulieren. Wieder gibt es viele Namen für das, was Sie da anfertigen sollen.

12.1.1 Die Stellungnahme

Nehmen Sie Stellung zu folgender Aussage des Textes: (...)

So oder so ähnlich sieht bei der Textaufgabe der abschließende Arbeitsauftrag aus. Damit ist *Ihre Meinung* gefragt. Nun geht es nicht mehr um Verstehen, Erklären, Erläutern, sondern vor allem um Ihre Ansicht, die Sie allerdings auch *begründen* müssen.

Natürlich gibt es auch dafür eine *äußere Form*: Die Aussage eines Textes einfach als „Unsinn" abzukanzeln oder sich der Meinung des Verfassers mit nur einem Satz anzuschließen, reicht nicht aus.

Wenn Sie der im Artikel vorgegebenen Meinung zustimmen, so können Sie Ihre Stellungnahme wie folgt aufbauen:

 Sie greifen die im Artikel vorgegebene Meinung noch einmal auf und formulieren eine *Gegenposition*. Wenn im Artikel beispielsweise gesagt wird, die Jugend sei nicht so schlecht wie ihr Ruf, so könnten Sie in Ihre Stellungnahme einsteigen, indem Sie die allgemeine Klage, die Jugend sei frech und faul, aufgreifen. Vergessen Sie nicht, die Gegenposition durch ein *Argument* und ein *Beispiel* zu *untermauern*, auch wenn es nicht Ihre persönliche Meinung ist.

 Dann stellen Sie Ihre eigene Meinung dar, bekräftigen also die im Artikel formulierte Meinung. Auch hier sollten Sie *zusätzliche Argumente* und *zusätzliche Beispiele* anfügen und sich *nicht* einfach an den Artikel „anhängen", wie es manche Redner tun: „Ich schließe mich der Meinung meines Vorredners an".

Fassen Sie am Ende die genannten Positionen zusammen und ziehen Sie ein *Fazit*.

Wenn Sie die im Artikel formulierte Meinung ablehnen, hat Ihre Stellungnahme etwa diesen Aufbau:

 Sie greifen die vorgegebene Meinung auf und formulieren ein *Zugeständnis* nach dem Motto: „Nicht von der Hand zu weisen ist das Argument des Autors ..." Bringen Sie auch selbst ein Argument und ein Beispiel, das für die Meinung des Autors spricht – quasi als *Einleitung* und *Überleitung* vom Text zu Ihrer eigenen Stellungnahme.

 Stellen Sie jetzt die eigene Meinung dar und begründen Sie diese. Die Argumente sollten Sie linear ordnen (vgl. Lektion „11.4.1 Die lineare Ordnung der Argumente"), d.h. mit dem schwächsten beginnen und dem stärksten schließen.

 Stellen Sie in der Zusammenfassung die *Positionen einander gegenüber* und ziehen Sie ein *Fazit*, das Ihre eigene Position bestärkt.[2]

Natürlich ist es auch möglich, eine andere Position als der Autor des Artikels zu beziehen und dann eine *Synthese* zwischen beiden Meinungen herzustellen (Die Möglichkeit, mit einer Synthese zu enden, wurde in Lektion „11.4.2 Die dialektische Ordnung der Argumente" bereits angesprochen). Damit lehnen Sie die Position, die im Artikel eingenommen wird, nicht vollständig ab, können sie aber *erweitern*, einen *anderen Blickwinkel eröffnen* oder eine *Kompromisslösung* anbieten.[3]

12.1.2 Problemformulierung mit Lösungsvorschlag

Wenn Sie die im Artikel geäußerte Meinung und Ihre eigene Stellungnahme nicht einfach so stehen lassen wollen, sondern auf eine Synthese hinarbeiten, dann sind Sie dem, was als *Lösungsvorschlag* oder *Handlungsempfehlung* bezeichnet wird, schon sehr nahe. Sie sagen nicht nur Ihre *Meinung*, Sie formulieren nicht nur die *Fragen* und *Probleme*, sondern Sie machen auch einen *Vorschlag*, wie Sie sich eine Annäherung der Positionen, eine Perspektive, eine Entwicklung, im besten Fall eine Lösung vorstellen.

12

---

[2] Die Darstellung der Gliederung einer Stellungnahme orientiert sich an Aßmann/Emmert/Haberkorn/Klausmann: *Mit Sprache. Deutschbuch für Berufsoberschulen und Fachoberschulen*, S. 171.

[3] Zum Thema Stellungnahme vgl. auch Monika Müller u.a., *Deutsch für die berufliche Oberstufe. Ein Lehr-, Text- und Arbeitsbuch*, S. 184f.

Aßmann u.a. definieren die Problemdarstellung so:

> *Die beiden gegensätzlichen Argumente zur Formulierung des Problems entnimmt man dem Text und der eigenen Stellungnahme, in der Erörterung dem Hauptteil des Aufsatzes; das bedeutet, man greift bereits Angesprochenes wieder auf. Je nach Auswahl der beiden wesentlichen Argumente stellt sich das Problem unterschiedlich dar. Je gegensätzlicher die beiden Argumente formuliert sind, um so schärfer ist das Problem herausgearbeitet!*[4]

Dieser Darstellung des Problems folgt der Lösungsvorschlag, der *neue Ideen* enthalten sollte, also nicht nur das wiederkäuen darf, was in der Problemformulierung bereits gesagt wurde.

Versuchen wir es mit einem *Beispiel*:

Eine Prüfungsaufgabe des Jahres 1999 befasste sich mit einem Text zum Thema Rechtsextremismus.

„Zwei Drittel aller Neonazis leben in den neuen Bundesländern" war die Überschrift eines Artikels in der *Süddeutschen Zeitung*.

Formulieren Sie die Problemstellung mithilfe der Informationen aus dem Text.
So lautete die erste Aufgabe. Sie sehen sich den Text also genau an, filtern die Argumente heraus und stellen sie dar.

Stellen Sie die Ursachen für den Rechtsextremismus speziell bei Jugendlichen im Osten dar.
Das ist sozusagen der zweite Teil der Problemstellung: Sie geben nicht mehr die Argumente eines anderen Autors wieder, sondern Sie formulieren Ihre eigenen Argumente. Diese sind entweder ganz anders als die dem Artikel entnommenen oder sehr ähnlich, oder sie erweitern die Perspektive des Artikels.

Wie könnte demokratisches Bewusstsein gefördert werden?
Hier sind Sie nun aufgefordert, Argumente und Meinungen nochmal gegeneinander abzuwägen und einen Lösungsvorschlag bzw. eine Handlungsempfehlung zu formulieren.

Die Sammlung von Prüfungsaufgaben bietet auch bei diesem Thema nicht nur die Aufgabenstellung und den Text, sondern auch einen Lösungsvorschlag in Form einer Sammlung von Argumenten und möglichen Antworten. Sehen Sie sich das bei Gelegenheit einmal an.[5]

---

[4] Aßmann/Emmert/Haberkorn/Klausmann: *Mit Sprache. Deutschbuch für Berufsoberschulen und Fachoberschulen*, S. 176.
[5] *FOS 2001. Abschluss-Prüfungsaufgaben mit Lösungen*, 99-1 bis 99-3.

Unabhängig davon, ob Sie eine Stellungnahme abgeben oder einen Lösungsvorschlag machen sollen, ist in allen Fällen Folgendes entscheidend:

▶ Bei einer *Textaufgabe* oder *Textanalyse* schreiben Sie in der Regel eine *kürzere* Stellungnahme, bei einer *textgestützten Erörterung* sind Sie aufgefordert, sich *ausführlich* mit dem Thema zu befassen.

▶ In jedem Fall sollten Ihre Argumente *gut* sein, d.h. Sie sollten sie *begründen* und *Beispiele* dafür anführen können.

▶ Sie sollten Ihre *Argumente ordnen*, entweder *linear* (mit steigender Dramatik) oder *dialektisch* (Für und Wider).

▶ Vor dem Schreiben sollten Sie sich über den inhaltlichen und *strukturellen Aufbau* Ihres Aufsatzes im Klaren sein, auch wenn Sie keine Gliederung abgeben müssen.

▶ Beim Ausformulieren achten Sie bitte auf Ihre *Sprache*. Eine gute Stellungnahme, ein überzeugender Lösungsvorschlag oder eine spannende Erörterung leben nicht nur von der *Kraft der Argumente*, sondern auch von der *Formulierungskunst* des Autors. Oder überzeugt Sie ein Kommentar, bei dem die Meinung interessant, die sprachliche Gestaltung aber farblos ist?

AUFGABE

1. Schreiben Sie eine Stellungnahme zu dem Text „Die Ironie und die Gene" von Kerstin Kohlenberg. Sie finden ihn auf den Seiten 175–177 dieses Buches.

12.2 Die Erörterung: Einleitung und Schluss

Bisher haben wir uns hauptsächlich mit Textanalysen, Stellungnahmen und Erörterungs-Hauptteilen befasst, also mit den Textteilen, in denen es um die *Darlegung*, *Diskussion* und *Ordnung* von Argumenten geht. Insbesondere bei der Erörterung aber brauchen Sie noch eine *Einleitung*, die *zum Thema hinführt*, sowie einen *Schluss*, der ein abschließendes *Fazit* zieht oder *weiterführende Gedanken* äußert.

In dieser Hinsicht gleicht eine gute Erörterung einer guten Rede. Auch bei der Rede gibt es ja die Dreiteilung Einleitung, Hauptteil, Schluss. Der Hauptteil wird ebenfalls untergliedert: Argumente werden präsentiert, Gegenargumenten wird widersprochen und manchmal wird ein Kompromiss angedeutet. Sie haben gelernt,

12

dass Sie bei der Einleitung einer Rede Ihre Zuhörer in das Thema „hineinziehen" sollen, z.B. mit einer Frage oder mit einer überraschenden Aussage (vgl. Lektion „1.2.2 Vorbereitung und Gliederung" sowie „2.3.1 Einleitung und Schluss"). Genauso sollten Sie auch bei der Erörterung vorgehen. Auch in der Formulierung des Schlusses finden sich übrigens Parallelen zwischen Erörterung und Rede.

Die Einleitung führt gezielt zum Thema hin.

Es gibt verschiedene Möglichkeiten, die Einleitung zu gestalten (=Einleitungsgedanke):

▶ *aktueller Fall/aktuelles Ereignis*

▶ *Definition des Kernbegriffs*

▶ *Vergleich*

▶ *geschichtlicher Rückblick*

▶ *Zitat*

▶ *Gegenteil als Ausgangspunkt*

Die Einleitung darf auf keinen Fall einen Gesichtspunkt vorwegnehmen, der laut Themenstellung im Hauptteil behandelt werden muss. Die Einleitung besteht aus dem jeweiligen Einleitungsgedanken, der Überleitung und dem Themaauftrag.

(...)

Der Schluss rundet die Erörterung ab.

Für den Schluss eignen sich:

▶ *persönliche Stellungnahme (nur in der linearen Erörterung, in der dialektischen Erörterung ist dies Bestandteil der Synthese)*

▶ *Folgerung (wenn Folgen/Konsequenzen nicht Bestandteil eines linearen Themaauftrags sind)*

▶ *gegensätzlicher Gedanke*

▶ *Vergleich mit ähnlicher Problematik*

▶ *weiterführender Gedanke*

▶ *Wunsch/Hoffnung/Zukunftsperspektive*
   Wenn im Schlussgedanken noch einmal der Einleitungsgedanke aufgegriffen wird, gelingt die Abrundung besonders gut.[6]

---

[6] *FOS 2001. Abschluss-Prüfungsaufgaben mit Lösungen*, S. 3.

Sie sehen hier eine ganze Reihe von Möglichkeiten, wie Sie in eine Erörterung einsteigen bzw. wie Sie Ihren Aufsatz beenden können.

Häufig kommen die Ideen für Einleitung und Schluss in dem Moment, in dem Sie sich Ihre Argumente zurechtlegen und sie ordnen. Wir haben dazu Beispiele in Kapitel 11 gesehen. Zur Erinnerung hier noch einmal die Aufgabenstellung: „Laut einer Umfrage des Instituts für Ehe- und Familienforschung stören sich 80% der Deutschen an der Rücksichtslosigkeit, die unseren Umgang im Alltag zunehmend bestimmt. Stellen sie verschiedene Formen der Rücksichtslosigkeit dar. Was sind Ihrer Meinung nach die Gründe für diese Art des Verhaltens in unserer Gesellschaft?"

Wir haben Formen von Rücksichtslosigkeit gesammelt und kamen dabei fast von selbst auf einen Einstieg und einen Schluss:

Bei diesem Thema wäre es sicherlich am einfachsten, mit einem aktuellen Fall oder einem aktuellen Ereignis zu beginnen, vielleicht auch mit einem Zitat dazu aus der Zeitung – sofern Sie dergleichen in Ihrem Gedächtnis gespeichert haben: „Sind wir ein Volk von lauter Egoisten?"

Am Schluss – das wurde bei der Stoffsammlung in Kapitel 11 deutlich – stellt sich eine entscheidende Frage: Wenn 80% der Deutschen Rücksichtslosigkeit beklagen, sind das dann lauter Menschen, die selbst rücksichtsvoll mit anderen umgehen? Wenn es so wäre, gäbe es dann noch so viel Rücksichtslosigkeit?

Sie können aber auch über das Thema und die Fragestellung hinaus in Richtung Lösung und Handlungsempfehlung denken: Machen Sie sich doch zum Abschluss Gedanken darüber, was man gegen diese Rücksichtslosigkeit tun kann.

Sie haben nun also Ideen für Anfang und Ende einer Erörterung zum Thema Rücksichtslosigkeit gesammelt. Einige Argumente haben wir bereits in Kapitel 11 zusammengetragen. Außerdem haben wir darüber gesprochen, dass sich für dieses Thema eine lineare Ordnung der Argumente am besten eignet. Nun könnten Sie zum Thema „Rücksichtslosigkeit" Ihr Konzept schreiben und mit dem Ausformulieren der Erörterung beginnen.

Wir wenden uns kurz noch einem anderen Thema zu, um zu sehen, wie eine *dialektische Ordnung* der Argumente mit Einleitung und Schluss aussehen könnte.

Eine Reihe namhafter Politiker und Vertreter von Hochschulen verlangen die Einführung von Studiengebühren. Dies hat eine kontroverse Diskussion in den Medien ausgelöst. Wie beurteilen Sie die Forderung nach Studiengebühren?[7]

12

---

[7] FOS 2001. *Abschluss-Prüfungsaufgaben mit Lösungen*, D97–1.

Hier ein Vorschlag für eine grobe Gliederung:

1. Einleitung

▶ Zum Beispiel ein Zitat (falls Ihnen ein Text vorliegt oder wenn Sie sich an eine Äußerung eines bekannten Politikers erinnern)

▶ oder populistischer: Nur was etwas kostet, ist auch etwas wert ... (Ein *Beispiel*: Wenn bei einer kulturellen Veranstaltung der Hinweis steht, der Eintritt sei frei, so denken offenbar viele Menschen, es würde sich nicht lohnen, hinzugehen)

▶ oder der Verweis auf das Klischee vom „faulen Studenten"

▶ oder ein Blick in die Vergangenheit (als man noch Lehrgeld zahlte, als nur wenige Menschen Lesen und Schreiben konnten)

Wichtig: Verschenken Sie hier noch nicht Ihre Argumente! Wenn Sie z.B. den „Blick in die Vergangenheit" für Ihre Argumentation im Hauptteil brauchen, dann dürfen Sie ihn nicht jetzt schon „verpulvern".

2. Hauptteil

2.1 Was spricht für Studiengebühren?

▶ Bildung ist teuer – der Staat kann das alleine nicht tragen.

▶ Die Studenten nehmen ihr Studium ernster, wenn es auch etwas kostet

▶ Die Studienzeiten würden vermutlich kürzer, daher hätte auch die Überlastung einzelner Studiengänge ein Ende.

2.2 Was spricht gegen Studiengebühren?

▶ Bildung ist kein freies Gut mehr, sondern wird zum Privileg.

▶ Noch mehr Studenten als bisher müssen arbeiten, um ihr Studium zu finanzieren.

▶ Das Studium selbst wird weniger intensiv betrieben.

2.3 „Synthese" – Stellungnahme (nur ein Vorschlag)

▶ Die Probleme der Universitäten (Überfüllung, zu wenig Geld) können nicht allein auf Kosten der Studenten gelöst werden.

▶ Dennoch muss gegen einzelne Missstände (30 Semester und noch kein Abschluss) vorgegangen werden.

▶ Es bedarf daher einiger Regelungen und Einschränkungen der Studienfreiheit, doch eine allgemeine Studiengebühr würde vielleicht auch begabte Menschen vom Studium abhalten.

3. Schluss

▶ Weiterführender Gedanke: Die Misere der Universitäten ist nicht losgelöst vom allgemeinen Bildungsproblem zu sehen. Was Ausbildung und Bildung betrifft, schneidet Deutschland derzeit im internationalen Vergleich schlecht ab. Das geht immer wieder aus Tests hervor. Die fehlende Investition in Bildung zieht langfristig wirtschaftliche Probleme nach sich.

So weit sollten Sie mit Ihren Gedanken sein, bevor Sie an das Ausformulieren Ihrer Erörterung gehen.

12.3   Die Erörterung auf einen Blick

▶ Sie haben ein Thema.

▶ Sie haben Argumente gesammelt und geordnet.

▶ Sie wissen, wie Sie sich selbst in einer „Synthese" zum Für und Wider äußern wollen – oder Sie haben eine Vorstellung davon, welchen Ausblick, welche Handlungsempfehlung Sie nach dem Anführen Ihrer Argumente bieten wollen.

▶ Sie haben Ideen für Einleitung und Schluss.

▶ Sie haben eine grobe Gliederung für Ihr Thema.

Jetzt können Sie anfangen zu schreiben.

In mehreren Kapiteln haben wir bereits darauf hingewiesen, dass es nicht nur darauf ankommt, *was* man sagt, sondern auch darauf, *wie* man es sagt. Deshalb sollten Sie sich um eine klare, anschauliche Sprache bemühen – sie macht Ihre Argumente eingängiger, Ihre Darstellung flüssiger, letztendlich natürlich auch Ihre Note besser.

Im ersten Band dieses Deutschkurses, *Lesen, Zappen, Surfen*, haben wir uns vor allem in Kapitel „5. Analyse journalistischer Darstellungsformen" mit der Sprache und der Formulierungskunst der Journalisten befasst und gesehen, dass viele der Tipps auf unser Schreiben im Alltag übertragbar sind.

In diesem Buch war im Kapitel „9. Protokoll und Gesprächsnotiz" bereits von der Formulierungskunst die Rede. Die Ratschläge sind in leicht veränderter Form auch hier wieder anwendbar.

12

▶ Berichten Sie anschaulich und genau.

▶ Erklären Sie Begriffe und Abkürzungen.

▶ Zeigen Sie Zusammenhänge auf und erzählen Sie, falls erforderlich, die Vorgeschichte oder die Hintergründe.

▶ Suchen Sie nach dem treffenden Wort und verwenden Sie es richtig.

▶ Seien Sie vorsichtig mit Bildern und Sprachklischees, auch mit Fremdwörtern.

▶ Vermeiden Sie Behördendeutsch.

▶ Blähen Sie den Text nicht unnötig auf, sondern bilden Sie kurze Sätze.

▶ Bevorzugen Sie das Aktiv.

▶ Achten Sie auf Rechtschreibung und Grammatik, sowie auf die Satzzeichen.[8]

Wir haben uns in diesem Buch mit dem Reden, Diskutieren und Referieren befasst, wir haben verschiedene Sachtexte angesehen, uns bemüht, ein Protokoll zu schreiben – und sind darüber unversehens vom *Rezipienten* zum *Autor* geworden. Lange genug haben wir fremde Texte analysiert, gegliedert, auf Argumente durchforstet, in Kategorien wie Kommentar, Bericht oder Glosse gezwängt. In diesen letzten Kapiteln war mehr Aktivität gefragt: Sie waren durchweg aufgefordert, zu gesellschaftlichen Themen Stellung zu beziehen, fremde und eigene Argumente zusammenzutragen und sie schriftlich auszuformulieren.

Dies ist weit über die Prüfung hinaus von Bedeutung. Immer wieder werden Sie Ihre Meinung kundtun, einen Sachverhalt schildern oder sich zu etwas äußern müssen. Sehen Sie sich dabei wirklich als *Autor*, als jemand, der einen *neuen Text* schreibt. Ein Sachtext oder eine Erörterung müssen weder langweilig noch trocken sein, mit Ihrer *Sprachkunst*, mit Ihrer *Formulierungsgabe*, mit Ihrer *Freude am Schreiben* können Sie auch ein Protokoll zu einem kleinen Kunstwerk machen. Sie müssen das nicht tun, aber seien Sie sicher: Es macht viel mehr Spaß, sich als Autor zu empfinden denn als Protokollant. Seien Sie *kreativ*, auch wenn es „nur" um Sachtexte geht.

---

[8] Vgl. Walther von La Roche, *Einführung in den praktischen Journalismus*, S. 97–114.

AUFGABE

2. Schreiben Sie eine textgestützte Erörterung zu dieser Aufgabenstellung:

Das niederländische Parlament hat ein Gesetz zur Sterbehilfe verabschiedet. Wie beurteilen Sie diese Entscheidung?

Berücksichtigen Sie dabei das besondere moralische Problem Deutschlands (Euthanasie-Verbrechen im Dritten Reich). Nehmen Sie für Ihre Argumentation den nachfolgenden Text zur Hilfe.

Zwischen Willkür und freiem Willen[9]

Das weltweit erste Euthanasie-Gesetz der Niederlande bricht mit einem Tabu

von Heidrun Graupner

Viel werde sich nicht ändern, heißt es. Das mag richtig sein. Das Gesetz zur aktiven Sterbehilfe, das am Dienstag vom niederländischen Parlament verabschiedet wurde, unterscheidet sich nur in wenigen Punkten von der jahrelangen Praxis, in der Ärzte leidende und aussichtslos kranke Patienten auf deren Wunsch töteten. Die Ärzte handelten bisher in einer Grauzone, denn sie konnten sich strafbar machen; der Staatsanwalt wurde aber nicht tätig, wenn bestimmte Bedingungen erfüllt waren. Es mag ehrlicher sein, diese Praxis der aktiven Sterbehilfe zu legalisieren. Doch ist es richtig?

Dieses Gesetz wird viel verändern. Die Niederlande sind die erste Nation auf der Erde, die aktive Sterbehilfe – das Töten von Menschen – zu einer legalen ärztlichen Handlung erhoben hat. Weltweit und auch in Deutschland drängen Euthanasie-Befürworter und ihre immer größer werdende Anhängerschaft auf solche Gesetze. Der erste Versuch wurde in Nordaustralien unternommen, aber der australische Senat nahm das Gesetz 1997 erschrocken zurück. Im selben Jahr lehnte der Oberste Gerichtshof der USA einen durch die Verfassung garantierten Anspruch auf aktive Sterbehilfe ab, weil diese Frage nicht Gerichte entscheiden könnten, sondern nur die Gesellschaft.

Ist aber nicht auch die Gesellschaft mit der Frage der aktiven Sterbehilfe überfordert, selbst wenn wie in den Niederlanden Konsens bestehen soll, weil 60 Prozent der Bevölkerung aktive Sterbehilfe befürworten? Deutsche Ärzte lehnen diesen Schritt vehement ab, über Deutschland liegt der Schat-

---

[9] *Süddeutsche Zeitung* vom 29. November 2000, S. 4.

ten von Hitlers Euthanasie-Verbrechen, eine Gefahr, vor der hundert Jahre zuvor der Arzt Hufeland gewarnt hatte: Ein Arzt, der über Wert und Unglück eines Lebens entscheide, werde der „gefährlichste Mensch im Staate".

In der hoch technisierten Medizin sind die Grenzen zwischen aktiver und passiver Sterbehilfe fließend, auch das Abstellen eines Beatmungsgerätes ist eine aktive Handlung. Mit einer Spritze Leben zu beenden, ist aber etwas ganz anderes. Sicher, in vielen Ländern, auch in Deutschland, wird der Wille von Todkranken und Sterbenden noch immer missachtet, wird Leben qualvoll verlängert, als hätten Patiententestamente, die Richtlinien der Ärzteschaft, wegweisende Urteile des Bundesgerichtshofs keine Gültigkeit. Es ist diese Situation, in der sich mancher Arzt der Körperverletzung schuldig macht, die den Befürwortern der aktiven Sterbehilfe und der gesetzlichen Regelungen die Argumente in die Hand gibt.

Garantiert das niederländische Euthanasie-Gesetz wirklich den schönen Tod auf Verlangen, abgesichert durch eine Kommission? Gibt es den freien Willen eines Jugendlichen in der psychischen und physischen Ausnahmesituation eines Leidens, den eines alten Menschen mit beginnender Demenz? Auch in der Vergangenheit existierte in den Niederlanden aktive Sterbehilfe bei psychisch Kranken; schon damals war fraglich, wie frei der Wille eines Kranken wirklich war, der den Arzt bat, sein Leben zu beenden. Wer kontrolliert den freien Willen, wer beeinflusst ihn – die Angehörigen, die Kostenträger, die düstere Gemälde der drohenden „Altenlast" malen? Wer garantiert, dass aus dem freien Willen nicht Willkür wird?

Das niederländische Euthanasie-Gesetz verändert humanitäre Grundsätze, es ist ein Tabubruch. Der Arzt hat künftig nicht nur die Pflicht zu heilen, der Staat verleiht ihm das Recht, Menschen zu töten. Der Arzt erhält eine neue Rolle. Dieses Gesetz ebnet jenen den Weg, die offen über das Lebensrecht von Behinderten und alten Menschen diskutieren, weil den sozialen Systemen das Geld ausgeht.

„Der Tod muss die unbeeinflussteste aller Wählbarkeiten sein", schrieb der Philosoph Hans Jonas. Auch die aktive Sterbehilfe gehört zu diesen Wählbarkeiten, auch in Deutschland, jeder weiß dies, niemand spricht darüber. Das niederländische Gesetz macht den Tod zu einer öffentlichen Angelegenheit – und verleiht ihm neuen Schrecken.

Weiterführende Literatur:
Siehe Kapitel 10.

ÜBER DIE AUTOREN

Dr. Lieselotte Kinskofer, geb. 1959 in Langquaid in Niederbayern:

▶ Studium der Germanistik, Anglistik und Kommunikationswissenschaft an der Ludwig-Maximilians-Universität München

▶ 1989 Promotion zum Dr. phil. mit einer Dissertation über Clemens Brentano

▶ mehrjährige Tätigkeit als Redakteurin für verschiedene Zeitungen

▶ seit 1994 freiberuflich als Autorin und Drehbuchautorin tätig, u.a. auch für den Bayerischen Rundfunk und den Südwestrundfunk

Veröffentlichungen:
Clemens Brentano Briefe, 3 Bände, Kohlhammer 1988–1991
Agentur der bösen Mädchen, Roman, Reclam Leipzig 1999
Der Klavierling, Kinderbuch, Bajazzo Verlag 1999
Lesen, Zappen, Surfen – Der Mensch und seine Medien, TR-Verlagsunion 2000

Lieselotte Kinskofer lebt und arbeitet in München.

Stefan Bagehorn, geb. 1964 in Ulm:

▶ Studium der Englischen Literaturwissenschaft, der Neueren Deutschen Literaturwissenschaft und der Neueren Geschichte an der Albert-Ludwigs-Universität in Freiburg/Breisgau und an der Ludwig-Maximilians-Universität München

▶ mehrjährige Tätigkeit als Hörfunkredakteur, -moderator und -reporter

▶ anschließend einige Jahre als redaktioneller Mitarbeiter beim Bayerischen Fernsehen

▶ zur Zeit freiberuflicher Fernsehautor

Veröffentlichungen:
Lesen, Zappen, Surfen – Der Mensch und seine Medien, TR-Verlagsunion 2000

Stefan Bagehorn lebt seit 1989 in München.

Literaturliste

1. Bücher

1.1 Primärwerke

„Alpha-Forum-extra: Muss sich Europa in alles einmischen? Dr. Ingo Friedrich, Ernst Fuchs, Dr. Gerhard Schmid im Gespräch mit Ruthart Tresselt", eine Diskussions-Sendung von BR-alpha, 3. November 2000, 20.15 Uhr, zitiert nach www.br-online.de/alpha/forum/vor0011/20001103_i.html

„BR-alpha Forum für Wissenschaft Lifestylemedikamente – Das Gespräch", eine Diskussions-Sendung von BR-alpha, 9. August 2000, 20.15 Uhr (Erstsendung 9. Februar 2000), zitiert nach www.br-online.de/alpha/forum/vor0008/20000809_i.html

Döblin Alfred, *Ein Kerl muß eine Meinung haben. Berichte und Kritiken 1921–1924*, München: dtv, 1981.

Fontane Theodor, *Effi Briest*, Frankfurt am Main/Berlin/Wien: Ullstein, 1976.

Goethe Johann Wolfgang von, *Faust. Eine Tragödie. Der Tragödie erster Teil*, in: *Johann Wolfgang von Goethe. Werke*, Hamburger Ausgabe in 14 Bänden, Bd. 3 Dramatische Dichtungen I. Textkritisch durchgesehen und kommentiert von Erich Trunz, München: dtv, 1988.

Goethe Johann Wolfgang von, *Götz von Berlichingen mit der eisernen Hand*, in: Karl Richter (Hrsg.), *Johann Wolfgang Goethe, Sämtliche Werke nach Epochen seines Schaffens*, Münchner Ausgabe, Band 1.1.: Der junge Goethe 1757–1775, München: Carl Hanser Verlag, 1985, S. 549–653.

Goethe Johann Wolfgang von, *Sämtliche Werke in 18 Bänden*, hrsg. von Ernst Beutler unter Mitwirkung zahlreicher Fachgelehrter, Band I Sämtliche Gedichte, München: dtv, 1977. (Unveränderter Nachdruck der Bände 1–17 der Artemis-Gedenkausgabe zu Goethes 200. Geburtsag am 28. August 1949.)

Hildebrandt Dieter, *Der Mond. Eine Bundestagsrede frei nach Matthias Claudius*, zitiert nach: www.kultur-netz.de/hdk/der_mond.htm

Lenz Siegfried, *Das Vorbild*, München: dtv, 1979.

Politycki Matthias, *Ein Mann von vierzig Jahren*, München: Luchterhand, 2000.

Schiller Friedrich, *Maria Stuart*, Trauerspiel in fünf Aufzügen, Stuttgart: Philipp Reclam jun. Universal-Bibliothek Nr. 64, 1975.

Stuckrad-Barre Benjamin von, *Remix. Texte 1996–1999*, Köln: Kiepenheuer & Witsch, 2000.

„Theaterpolitisches Thesenpapier des Deutschen Bühnenvereins" vom 16. Juli 1993, zitiert nach www.buehnenverein.de/pospa/pospa_2.htm

Tucholsky Kurt, „Ratschläge für einen schlechten Redner", in *Ausgewählte Werke*, Band 1, Reinbek: Rowohlt, 1965, S. 187-189.

1.2 Fachliteratur

Arbeitsbücher Deutsch. Verstehen und Schreiben von Texten von Walter Eichmann. München: Max Hueber Verlag, 1981.

Aßmann/Emmert/Haberkorn/Klausmann, *Mit Sprache. Deutschbuch für Berufsoberschulen und Fachoberschulen*, Neusäß: Kieser Verlag, 1998.

Baginski Rainer, *Wir trinken so viel wir können, den Rest verkaufen wir. Über Werber und Werbung*, München/Wien: Hanser Verlag, 2000.

Boehncke Heiner, *Schreiben im Studium. Vom Referat bis zur Examensarbeit*, Niedernhausen/Ts.: Falken Verlag, 2000.

dtv-Lexikon in 20 Bänden, München: dtv, 1992.

Duden. Reden gut und richtig halten! Ratgeber für wirkungsvolles und modernes Reden, hrsg. und bearbeitet von der Dudenredaktion in Zusammenarbeit mit Siegfried A. Huth und Frank Hatje, Mannheim/Leipzig/Wien/Zürich: Dudenverlag, 1994.

Duden Deutsches Universalwörterbuch, hrsg. und bearb. vom Wissenschaftlichen Rat und den Mitarbeitern der Dudenredaktion, Mannheim/Leipzig/Wien/Zürich: Dudenverlag, 1996.

Eggerer Wilhelm/Dietl Wilhelm, *Die Nachricht. Journalistische Darstellungsformen. Sekundarstufe*, München: Manz Verlag, 1990.

Eggerer Wilhelm/Pröstler Heinz, *Der Bericht. Das Berichten ab 5. Jahrgangsstufe*, München: Manz Verlag, 1980.

Eggerer Wilhelm/Pröstler Heinz, *Die Erörterung. Sekundarstufe*, München: Manz Verlag, 1996.

Erwert Helmut/Weiß Karl-Josef/Burbiel Manfred, *Sprache und Text. Ein Lehr- und Arbeitsbuch für den Deutschunterricht der Sekundarstufe II*, Bad Homburg vor der Höhe: Verlag Dr. Max Gehlen, 1985.

FOS 2001. Abschluss-Prüfungsaufgaben mit Lösungen Fachoberschule Deutsch Bayern. 1991-2000, Freising: Stark Verlagsgesellschaft, 2000.

Frenzel Herbert A. und Elisabeth, *Daten deutscher Dichtung. Chronologischer Abriß der deutschen Literaturgeschichte*, Band 1 – Von den Anfängen bis zum Jungen Deutschland, München: dtv, 1998.

Frenzel Herbert A. und Elisabeth, *Daten deutscher Dichtung. Chronologischer Abriß der deutschen Literaturgeschichte*, Band 2 – Vom Realismus bis zur Gegenwart, München: dtv, 1999.

Goethe-Bibliographie. Literatur zum dichterischen Werk, zusammengestellt von Helmut G. Hermann, Stuttgart: Philipp Reclam jun., 1991.

Greef Elisabeth/Vorhauer Martin/Schachtmeyer Christiane von (Hrsg.), *Topfit Deutsch. Referate vorbereiten und halten (ab Klasse 8)*, München: R. Oldenbourg Verlag, 1998.

Harley Ilse-Marie/Kuß-Peters Dorothee/Otte Bruno/Scheifhacken Klaus, *Sprechen, Schreiben und Gestalten. Deutsch für höhere Berufsfachschulen*, Neusäß: Kieser Verlag, 1995.

Hesse Jürgen/Schrader Hans Christian, *Die 100 häufigsten Fragen im Vorstellungsgespräch*, Frankfurt am Main: Eichborn Verlag, 1999.

Heß Dieter (Hrsg.), *Kulturjournalismus. Ein Handbuch für Ausbildung und Praxis*, München: List Verlag, 1992.

Hesch Wolfgang, *Deutsch-Abitur schnell trainiert. Für Grund- und Leistungskurse. Einführung, Aufgaben, Lösungen*, München/Landsberg am Lech: mvg-verlag, 1996.

Ibelgaufts Renate, *Das überzeugende Vorstellungsgespräch*, Niedernhausen/Ts.: Falken Verlag, 2000.

Kindlers Neues Literatur Lexikon, hrsg. von Walter Jens, München: Kindler Verlag, 1989.

Kinskofer Lieselotte/Zander Willi, *Die wirkungsvolle Rede und Präsentation*, München: TR-Verlagsunion, 2000.

Kinskofer Lieselotte/Bagehorn Stefan, *Lesen, Zappen, Surfen – Der Mensch und seine Medien*, München: TR-Verlagsunion, 2000.

La Roche Walther von, *Einführung in den praktischen Journalismus*, München: List Verlag, 1999.

Lierow Carl/Maletzke Elsemarie *Dummdeutsch Zwo. Ein satirisch-polemisches Wörterbuch* mit Zeichnungen von Chlodwig Poth, Frankfurt am Main: Fischer Taschenbuch Verlag, 1986.

Mast Claudia (Hrsg.), *ABC des Journalismus. Ein Leitfaden für die Redaktionsarbeit*, Konstanz: UVK Medien, 1994.

Meid Volker, *Sachwörterbuch zur deutschen Literatur*, Stuttgart: Reclam, 1999.

Metzler Literatur Lexikon, hrsg. von Günther u. Irmgard Schweikle, Stuttgart: Metzler, 1990.

Meyn Hermann, *Massenmedien in Deutschland*, Konstanz: UVK Medien, 1999.

Moser Klaus, *Werbepsychologie. Eine Einführung*, München: Psychologie Verlags Union, 1990.

Müller Monika/Eschenbacher Walter/Kaulfersch Siegfried, *Deutsch für die berufliche Oberstufe. Ein Lehr-, Text- und Arbeitsbuch*, Köln: Stam Verlag, 1997.

Packard Vance, *Die geheimen Verführer. Der Griff nach dem Unbewußten in jedermann*, Düsseldorf/Wien/New York/Moskau: Econ Verlag, 1992.

Peltzer Karl, Normann Reinhard von, *Das treffende Zitat*, Thun: Ott Verlag, 1995.

Pohlmann Heiko/Brendel Alfons Dr., *Arbeit mit Gebrauchstexten. Eine Lernhilfe zur Textanalyse für Schüler der berufsbildenden Schulen*, München: Manz Verlag, 1987.

Pürer Heinz (Hrsg.), *Praktischer Journalismus in Zeitung, Radio und Fernsehen*, Konstanz: UVK Medien, 1996.

Rhombus, *Rhetorik. Besser reden mehr erreichen*, München: Compact Verlag, 1991.

Rüede Carl A., *Die besten Schlagzeilen aus Presse und Werbung. Zugkräftige Headline-Ideen nach Stichwörtern geordnet*, Thun: Ott Verlag, 1992.

Schneider Wolf, *Deutsch für Profis. Wege zum guten Stil*, München: Wilhelm Goldmann Verlag, 1999.

Schneider Wolf/Raue Paul-Josef, *Handbuch des Journalismus. Ein Leitfaden für die Redaktionsarbeit*, Reinbek: Rowohlt Taschenbuch Verlag, 1998.

Schlüter Hermann, *Grundkurs der Rhetorik*, München: dtv wissenschaft, 1994.

The Oxford Dictionary of Quotations, edited by Angela Partington, Oxford/New York: Oxford University Press, 1996.

Van Ments Morry, *Diskussion(en) – aktiv. Ein Leitfaden für den effektiven Einsatz von Diskussionen in Unterricht, Ausbildung, Fort- und Weiterbildung*, dt. Ausgabe: Übers. und Bearb.: Wilhelm H. Petersen, München: Ehrenwirth, 1992.

Vieser Susanne, *Slogans, Spots & Strategien. Die erfolgreichen Werbeagenturen und ihre Kampagnen*, München: Wilhelm Heyne Verlag, 1997.

Wilpert Gero von, *Sachwörterbuch der Literatur*, Stuttgart: Kröner, 1989.

Wilpert Gero von, *Deutsches Dichterlexikon*, Stuttgart: Alfred Kröner Verlag, 1976.

Wolter Kurt/Kunz Günter, *Die überzeugende Rede. Mehr Erfolg durch bessere Rhetorik*, Niederhausen/Ts.: Falken-Verlag, 1990.

Wucherpfennig Wolf, *Geschichte der deutschen Literatur. Von den Anfängen bis zur Gegenwart*, Stuttgart: Ernst Klett Verlag, 1998.

2. Zeitungs- und Zeitschriftenartikel (chronologisch)

Alexander Osang „Ein brauchbarer Held", in *Berliner Zeitung* vom 4. April 1998, zitiert nach www.berlinonline.de/wissen/berliner_zeitung/archiv/1998/0404/blickpunkt/0003/index.html

Michael Schweizer, „Mein Geliebter ist tot – Connie Palmens vier Jahre mit Ischa Meijer und die fürchterliche Zeit danach", in: *Berliner Zeitung* vom 25. September 1999, zitiert aus dem Internet: www.berlinonline.de/kultur/lesen/belle/.html/belle.199939.03.html

Unser Jahrhundert, No III, Beilage der *Süddeutschen Zeitung* vom 8. Dezember 1999, S. M 15.

„Die große Liebe", in: *Emma*. März/April 2000, S. 100.

Arno Orzessek, „Die hinterlistige Kunst der Rede", in: *SZ am Wochenende*, Feuilleton-Beilage der *Süddeutschen Zeitung* vom 8./9. April 2000, S. 1.

Thomas Steinfeld, „Sprache und Politik", in: *Frankfurter Allgemeine Zeitung* vom 27. Juli 2000, S. 1.

„Das Streiflicht", in: *Süddeutsche Zeitung* vom 28. Juli 2000, S. 1.

„Alles ist falsch – man selbst auch", Interview mit Benjamin von Stuckrad-Barre, in: *Stern* 36/2000 vom 31. August 2000, S. 220f.

Marco Völklein, „Moderne Technik und das Urheberrecht – Unnötiger Aufschrei", in: *Abendzeitung* vom 8. September 2000, S. 3.

„Matthias Politycki Ein Mann von 40 Jahren", in: *Applaus. Kultur-Magazin*, 9/2000, S. 26.

Johannes Rau, „Dankbar zurückblicken, zuversichtlich nach vorn schauen" Aus der Rede des Bundespräsidenten beim Festakt zum Tag der Deutschen Einheit am 3. Oktober 2000 in Dresden, in: *Frankfurter Allgemeine Zeitung* vom 4. Oktober 2000, S. 11.

Kerstin Kohlenberg, „Die Ironie und die Gene. Warum Politik und Jugend – noch – nicht zueinander finden", in: *Der Tagesspiegel* vom 15. November 2000, zitiert nach http://195.170.124.152/archiv/2000/11/14/ak-mn-21181.html

Heidrun Graupner, „Zwischen Willkür und freiem Willen. Das weltweit erste Euthanasie-Gesetz der Niederlande bricht mit einem Tabu", in: *Süddeutsche Zeitung* vom 29. November 2000, S. 4.

„Wer BSE sucht, der findet", in: *Süddeutsche Zeitung* vom 18. Dezember 2000, S. 4.

Kurzmeldung Wetter, in: *Süddeutsche Zeitung* vom 27. Dezember 2000, S. 1.

Kurzmeldung Wirtschaft, in: *Süddeutsche Zeitung* vom 27. Dezember 2000, S. 1.

Die Lösungen zu den Aufgaben sind manchmal stichwortartig gehalten. Es sind Vorschläge und Anregungen, die keinen Anspruch auf Vollständigkeit oder Absolutheit haben. Denn häufig ist Ihre Meinung gefragt, Ihre persönliche Sicht der Dinge – und gerade hier geht es nicht um eine allgemein verbindliche Lösung, sondern um Nachdenken, Sortieren und Präsentieren der Argumente.

Kapitel 1

Aufgabe 1

Nimmt man das Gedicht heraus, so bleiben nichts als leere Phrasen übrig, die man in anderem Zusammenhang schon viele Male gehört hat. Beispiele: „das möchte ich hier in aller Offenheit sagen" oder „hier mit aller Entschlossenheit festzustellen". Meist werden diese Phrasen in politischen Reden verwendet, so z.B. bei Bundestagsreden. Hildebrandt macht ja schon im Untertitel deutlich, dass sich sein Text an den Formulierungen einer Bundestagsrede orientiert.

Aufgabe 2

Man könnte diese Rede als Parodie bezeichnen. Sie greift etwas Bekanntes auf, nämlich geläufige Redewendungen aus politischen Reden, überspitzt diese Formulierungen, verwendet sie in einer ungewöhnlichen Häufung und macht sie dadurch lächerlich. Zudem werden die Phrasen mit einem völlig anderen Kontext kombiniert (Gedicht), so dass eine krasse stilistische Diskrepanz entsteht. Auch das verstärkt den Eindruck, dass es sich um Parodie und Satire handeln könnte.

Aufgabe 3

„Viel Lärm um nichts" könnte man diese Parodie einer Bundestagsrede betiteln. Die Kultur des Redenhaltens hat sich wahrscheinlich überlebt. Gerade bei Reden im Bundestag geht es oft nur darum, Recht zu behalten und den politischen Gegner zu diskreditieren. Selbstkritik kommt dabei selten vor. Die rednerischen Auseinandersetzungen werden immer mehr zu Scheingefechten. Lösungsorientiert wird wohl eher in Ausschüssen und Arbeitskreisen gearbeitet.

Aufgabe 4

1. Argumente

▶ Alles braucht seinen Platz im Leben.

▶ *Beruf*: Wirtschaftliche Existenz und Selbstverwirklichung

▶ *Familie*: Partnerschaft als Quelle persönlichen Glücks, Kinder als Wert an sich, brauchen viel Zeit und Zuwendung, verlangen vor allem in den ersten Lebensjahren ein hohes Maß an Zuwendung – das lässt die anderen Bereiche (Beruf, Hobbys, Weiterbildung) in den Hintergrund treten.

▶ *Weiterbildung*: Lebenslanges Lernen ist heute selbstverständlich geworden, kann beruflich wichtig sein und auch neue Perspektiven eröffnen, ist aber auch für die persönliche Entwicklung positiv, bewahrt vor „Einrosten", vorzeitigem geistigem Altern.

▶ *Hobbys* dienen der Entspannung, können aber auch der Gesundheit dienlich sein (Sport), geistig fit halten (Lesen, Musizieren) und soziale Kontakte fördern (Vereinsleben).

2. Gliederung

▶ *Einleitung*

▶ *Hauptteil*
Darstellung der Bereiche Familie, Beruf und Hobby

Das Problem entwickeln:
die Schwierigkeit, alles unter einen Hut zu bringen

Lösungsvorschläge:
Abwägen der Prioritäten je nach Lebenssituation und Lebensphase
„Mut zur Lücke" mit Beispielen
Zeitmanagement

▶ *Schluss*

3. Einstieg und Finale

▶ *Einstieg*
Stresssymptome: Burn-out-Syndrom, Arbeit auch an Wochenenden,
Beispiel aus dem Urlaub

▶ *Finale*
Was ist mir wichtig? Hier auch auf das Thema Freundschaften eingehen – da die Rede ja vor Freunden gehalten wird.

Vorschlag für einen Einstieg:

An meinem ersten Urlaubstag in einem Clubdorf begegnete ich um neun Uhr morgens einem Mann. Er hatte einen Tennisschläger unter dem Arm und war völlig verzweifelt, weil er den Platz nicht finden konnte. Er wirkte sehr erschöpft, offenbar hatte er das ganze Clubdorf im Laufschritt abgesucht. Vor allem stand er unter zeitlichem Druck: Just in diesem Moment sollte nämlich seine Tennisstunde beginnen.

Stress ist also offenbar nicht nur im Alltag angesiedelt. Das Burn-out-Syndrom und andere Stresssymptome verschiedenster Art zeigen uns, dass es schwer geworden ist, eigenen und fremden Ansprüchen gerecht zu werden und dabei Mensch zu bleiben.

Vorschlag für ein Finale:

Das klingt jetzt so, als hätte ich das alles alleine geschafft. Das ist natürlich nicht so. Meine Familie hat mich unterstützt, ich wurde von den allgemeinen Haushaltspflichten oft „freigesprochen", durfte in Ruhe lernen. Meine Freunde haben mir geholfen, der eine in Mathematik, der andere in Deutsch. Viele bekamen mich in dieser Zeit kaum zu Gesicht – die Freundschaften mussten auf bessere Zeiten warten. Jetzt sind die Prüfungen vorbei, jetzt ist eine andere Lebensphase dran. Ich will wieder mehr Zeit haben für meine Familie, meine Freunde, meine Hobbys – oder unsere gemeinsamen Hobbys. Ich hoffe, ich kann mich bei euch allen revanchieren für das, was ihr für mich getan habt. Und ich danke euch für euere Geduld mit mir.

Aufgabe 5

Beim vorliegenden Text handelt es sich um eine Rede. Sie wurde vom Bundespräsidenten Johannes Rau gehalten anlässlich des Tages der Deutschen Einheit am 3. Oktober 2000. Die Rede wurde in der *Frankfurter Allgemeinen Zeitung* abgedruckt.

Die Rede, so wie sie in diesem Buch zu lesen ist, ist offenbar gekürzt. Das zeigen die Auslassungszeichen. Es ist nicht zu erkennen, wie umfangreich die Rede im Original ist.

Das Thema der Rede könnte man so beschreiben: „Zehn Jahre Deutsche Einheit" – Positive Entwicklungen und Schwierigkeiten, Rück- und Ausblick.

Es ist keine Wahlkampfrede, sondern eine Rede zu einem Gedenktag, die entsprechend besinnlich und versöhnlich gehalten ist. Dennoch spricht sie auch einige Probleme an. Diese werden jedoch nicht, wie häufig bei politischen Reden, der jeweils anderen Partei angelastet, sondern hier werden mögliche (kooperative) Lösungen angedeutet.

Aufgabe 6

Seit zehn Jahren ist Deutschland wieder vereint. Was uns heute schon fast selbstverständlich erscheint, ist das Ergebnis langer und zäher Bemühungen. Vor allem die Bürgerinnen und Bürger der DDR haben mit ihren friedlichen Mitteln dafür gesorgt, dass das DDR-Regime schließlich aufgeben musste. Auf Wunsch der Mehrheit der Menschen in der DDR kam daraufhin auch die Wiedervereinigung zu Stande.

In den fünf neuen Bundesländern ist seither viel erreicht worden. Freilich gestaltet sich der Aufbau auch oft schwierig, besonders die hohe Arbeitslosigkeit ist in Ostdeutschland ein Problem.

Enttäuschungen über die Wiedervereinigung resultieren aus falschen Erwartungen. Die drei gravierendsten Selbsttäuschungen zu Beginn der Wiedervereinigung waren:

▶ Illusionäre Vorstellungen bei den DDR-Bürgern über den vermeintlich paradiesischen Westen.

▶ Grobe Unterschätzung der Kosten für die Wiedervereinigung.

▶ Die falsche Annahme, alle Probleme würden sich lösen, indem man den neuen Bundesländern einfach westliche Strukturen überstülpt.

Den Erfolg der Wiedervereinigung darf man nicht an diesen Punkten messen. Vieles ist schon erreicht worden. Die Menschen in den neuen Bundesländern haben große Veränderungen bewältigen müssen, aber auch die Westdeutschen haben ihren Beitrag geleistet.

Es gibt aber noch mehr Aufgaben zu bewältigen, Erneuerung und Veränderung sind weiterhin notwendig. Ein wichtiges Thema dabei ist der Einsatz gegen Fremdenfeindlichkeit und der Schutz der Schwächeren in unserer Gesellschaft.

Wir können dankbar zurück und hoffnungsvoll nach vorne schauen. Wir feiern unsere Wiedervereinigung.

Aufgabe 7

In der Rede werden unter anderem folgende rhetorische Mittel verwendet:

1. Vor allem am Anfang und gegen Ende der Rede kommt das Personalpronomen „wir" und das Possessivpronomen „unser" gehäuft vor. So z.B. in den Zeilen 9-11: „Wir haben ...", „... widmen wir ...", „Wir sollten ..." und in den Zeilen 102-107: „Unsere Einheit ...", „... unseres Zusammenlebens ...", „Unsere freiheitliche Demokratie ...". Damit erzielt der Redner Gemeinsamkeit mit seinem Publikum, er zeigt sich als einer der ihren, er ist auch rhetorisch ein Teil des Volkes.

2. In Zeile 23 finden wir ein Beispiel einer Anapher: „... mit Kerzen und Gebeten, mit Mut und Friedfertigkeit ...". Der Gleichklang sowie die parallele Satzkonstruktion betonen und verstärken die Aussage.

3. Die Formulierungen „Glücks- und Gerechtigkeitsautomatik" (Zeile 66) sind Neologismen. Die Wortkombinationen von Glück und Gerechtigkeit mit Automatik sind ungewöhnlich. Sie fallen auf und heben dadurch den Absatz hervor.

4. Gegen Ende der Rede tauchen wiederholt imperativische Wendungen auf: „... müssen wir kompromisslos ...", „Wir müssen das Recht achten ...", „... Werte, ... die wir gemeinsam schützen müssen." (Zeilen 95–104). Mit der Verwendung des härtesten Imperativs („müssen" statt „sollen") erweckt der Redner den Eindruck, dass es zu seinen Aufforderungen keine Alternativen gibt. Der Zuhörer erhält dadurch eine klare Vorstellung davon, welches Verhalten als positiv bewertet wird.

5. Die Reihung in Zeile 42f. „vermeidbare Fehler, Ungerechtigkeiten und unnötige Kränkungen" überzeugt durch Fülle, tröstet und stützt die ostdeutschen Zuhörer und stärkt die Sympathien des Bundespräsidenten in den neuen Bundesländern.

Aufgabe 8

Die Aussage von Frau Voigt ist durchaus nachvollziehbar. Sie beschreibt die Idealisierung des Westens durch den Osten. Dass sich diese Idealisierung so hartnäckig halten konnte, liegt daran, dass sie fünfzig Jahre lang keiner Realitätsprüfung standhalten musste: „unerreichbar und deshalb unzerstörbar", beschreibt es Jutta Voigt.

Die Bezeichnung „eine Erfindung" ist sehr treffend. Sie veranschaulicht ganz drastisch die Illusion, mit der die DDR-Bürger in die Wiedervereinigung hineingegangen sind.

„Die Welt voller schöner Dinge, die keinen Preis haben": Den „Preis", der zu zahlen ist, sieht man nicht gleich: Arbeitslosigkeit, Existenzangst, Rückentwicklungen bei der Kinderbetreuung und der Gleichstellung der Frauen.

Die Aussage Jutta Voigts scheint schlüssig, jedoch ist vielen von uns die damalige Stimmung in der DDR völlig unbekannt. Wenn man nie in der DDR gelebt hat und sich auch jetzt wenig oder gar nicht in Ostdeutschland aufhält, ist es kaum möglich, Jutta Voigts Satz zu widersprechen oder sich ihrer Meinung anzuschließen. Es ist schwierig, sich ein Urteil über die Lage in der DDR zu bilden. Heute aus „Wessi"-Sicht Vermutungen darüber anzustellen, was wohl damals in der DDR an Meinungen und Einschätzungen gängig war, das würde bedeuten, wieder aus der Perspektive des arroganten Besserwissers über die „Zustände" im anderen Teil Deutschlands zu urteilen – wie es den „Wessis" so häufig vorgeworfen wird.

Kapitel 2

Aufgabe 1

▶ Literarische Epoche (1798-1835).

▶ Chronologische Unterteilung in Frühromantik und Hoch- oder Spätromantik.

▶ Eine literarische „Romantik" gab es auch in England, Frankreich und Italien. Die deutsche Frühromantik konzentrierte sich auf einen fest umrissenen Kreis von Personen mit dem Mittelpunkt Jena. Die Spätromantik umfasste einen eher lockeren Kreis von Dichtern mit bedeutenden Zentren in Heidelberg und Berlin.

▶ „Romantisch" im Sinne von „romanhaft, unwirklich, schwärmerisch" als Gegenwelt zur vernunftbetonten Aufklärung.

▶ Verstärktes Interesse an seelischen Vorgängen (Traum, Unbewusstes, Gefühl, Fantasie, Stimmungen, Naturgefühl), an Mythologie und Märchen, an „Fantastischem".

▶ *Hauptvertreter der Jenaer Frühromantik:*
Friedrich von Hardenberg (alias „Novalis", 1772-1801)
Ludwig Tieck (1773-1853)
die Brüder Friedrich (1772-1829) und August Wilhelm Schlegel (1767-1845)

▶ *Vertreter der Spätromantik:*
Achim von Arnim (1781-1831)
Clemens Brentano (1778-1842)
Joseph Freiherr von Eichendorff (1788-1857)
die Brüder Jakob (1785-1863) und Wilhelm Grimm (1786-1859)
Heinrich von Kleist (1777-1811)
Ernst Theodor Amadeus Hoffmann (1776-1822)

▶ Wichtigste Gattung der Romantik war der Roman.

▶ Als großes Vorbild galt Goethes *Wilhelm Meisters Lehrjahre.*
Ebenfalls populär: *Märchen und Sagen* (Volksdichtung).

Bekannte Werke:
Novalis, *Heinrich von Ofterdingen* (Roman)
Die Sammlung deutscher lyrischer Volksdichtung: *Des Knaben Wunderhorn*
Achim von Arnim und Clemens Brentano, *Alte deutsche Lieder*
Heinrich von Kleist, *Amphitryon* (Lustspiel)
Gebrüder Grimm, *Die Kinder- und Hausmärchen*
E.T.A. Hoffmann, *Die Elixiere des Teufels* (Roman)

Für diesen Überblick wurden die folgenden Werke verwendet:

Günther und Irmgard Schweikle (Hrsg.), *Metzler Literatur Lexikon*, Stuttgart: Metzler, 1990, S. 398-401.

Gero von Wilpert, *Sachwörterbuch der Literatur*, Stuttgart: Kröner, 1989, S.793-797.

Herbert A. und Elisabeth Frenzel, *Daten deutscher Dichtung. Chronologischer Abriß der deutschen Literaturgeschichte, Band 1 - Von den Anfängen bis zum Jungen Deutschland,* München: dtv, 1998, S. 295-347.

Aufgabe 2

Eine grobe Gliederung dieses Themas könnte z.B. so aussehen:

1. Begriffsklärung „Romantik" und zeitliche Einordnung

Literarische Epoche in Deutschland (1798-1835), abgeleitet vom altfranzösischen „romanz, roman" = ein in der Volkssprache, der lingua romana, verfasster höfischer Versroman, im 18. Jahrhundert interpretiert im Sinne von „romanhaft, unwirklich, schwärmerisch", Früh- und Spätromantik usw.

2. Die poetische Theorie der Romantik

Zum Beispiel Friedrich Schlegel, *116. Athenaeum Fragment* und August Wilhelm Schlegel, *Über schöne Kunst und Literatur.*

3. Die wesentlichen Merkmale der Romantik

Der Wunsch nach der Poetisierung des ganzen Lebens, Literatur als Volksliteratur, Verklärung der mittelalterlichen Kultur als Vorbild der letzten Universalkultur etc.

(Anmerkung: Bei dieser Themenstellung „Schildern Sie die Merkmale ..." könnte man auf die Aufführung von Hauptvertretern und -werken verzichten und sich auf die literarische Theorie konzentrieren.)

Aufgabe 3

Gefragt ist explizit nach den philosophischen Einflüssen. Eine Begriffsklärung der „Romantik" oder die Analyse poetischer Theorien sind hier also nicht nötig. Bei diesem Thema würde man sich folglich auf Werke wie Johann Gottlieb Fichtes *Wissenschaftslehre*, Friedrich Wilhelm Schellings *Ideen zu einer Philosophie der Natur* und *Über das Verhältnis der bildenden Künste zur Natur*, Gotthilf Heinrich Schuberts *Ansichten von der Nachtseite der Naturwissenschaft* oder Friedrich Schleiermachers *Monologe* konzentrieren. Für die erste Recherche empfiehlt sich eine Literaturgeschichte, in der garantiert zumindest das zentrale Werk von Fichte, die *Wissenschaftslehre*, genannt wird.

Aufgabe 4

Bei diesem Referatsthema stehen die Hauptautoren und -werke im Mittelpunkt. Eine reine Auflistung von Namen und Daten ist aber natürlich wenig hilfreich, weder für den Referenten noch für die Zuhörer. Deshalb suchen Sie sich lieber nur eine Hand voll Autoren und Werke aus und stellen Sie diese etwas ausführlicher dar. Ziel sollte es sein, anhand die-

Lösungsvorschläge

ser Beispiele typische Formen und Elemente der Romantik zu verdeutlichen. Als groben Leitfaden könnten Sie eine Untergliederung nach Gattungen wählen (einen Roman, ein Fragment, eine Erzählung, eine Novelle, etwas Lyrik, ein Märchen, ein dramatisches Werk), z.B. Novalis, *Fragmente* (Fragmente); Heinrich von Kleist, *Der zerbrochene Krug* (Lustspiel); Friedrich de la Motte Fouqué, *Undine* (Prosamärchen); Jakob und Wilhelm Grimm, *Kinder- und Hausmärchen*; Ludwig Uhland, *Gedichte* (Lyrik); E.T.A. Hoffmann, *Nachtstücke* (Sammlung von acht Erzählungen); Joseph Freiherr von Eichendorff, *Aus dem Leben eines Taugenichts* (Novelle); E.T.A. Hoffmann, *Die Elixiere des Teufels* (Roman).

Aufgabe 5

Um eine Interpretation zu Drostes *Judenbuche* zu finden, gibt es natürlich mehrere Wege. Im Kapiteltext wurde schon auf *Kindlers Neues Literaturlexikon* hingewiesen, das den Ausgangspunkt für diesen Lösungsansatz abgibt. In Band 4 des Lexikons findet sich ein umfassender Eintrag zu Annette Droste-Hülshoff. Neben allgemeiner Literatur zur Autorin werden hier auch einzelne Werke mit einer kurzen inhaltlichen Zusammenfassung sowie Basissätze einer Interpretation aufgelistet. Der Eintrag über die *Judenbuche* endet mit Hinweisen zur Sekundärliteratur, z.B. P. Leiser, *Annette von Droste-Hülshoff, Die Judenbuche. Interpretationen und Hinweise*, Hollfeld, 1983. Die vom Autor verwendete Ausgabe des *Kindlers* stammt von 1989. Es ist natürlich bequem, auf Nachschlagewerke aus der eigenen „Hausbibliothek" zurückzugreifen. Leider sind diese meist schon etwas älter. Wenn Sie die Möglichkeit haben, sollten Sie bei Ihrer Literaturrecherche aber immer aktuelle Ausgaben benutzen.

Aufgabe 6

Hier empfiehlt sich als erster Rechercheschritt ein Blick in die Goethe-Bibliografie des Reclam-Verlages (*Goethe-Bibliographie. Literatur zum dichterischen Werk*, zusammengestellt von Helmut G. Hermann, Stuttgart: Reclam, 1991). Im Kapitel F „Kunstprosa und autobiographische Erzählungen" findet man die Veröffentlichungen zu den *Leiden des jungen Werthers*. Der Rezeptions- und Wirkungsgeschichte ist sogar ein eigenes Unterkapitel gewidmet. Dort findet man z.B. auf S. 226 die Angabe: Engel, Ingrid: *Werther und die Wertheriaden. Ein Beitrag zur Wirkungsgeschichte*. St. Ingbert, 1986.

Aufgabe 7

In eigenen Worten würde ein Exzerpt in etwa so aussehen:

Der Archäologe und Kunstgelehrte Winckelmann (1717–1768) liefert grundlegende Ideen für das klassische Menschenbild und Kunstverständnis: In der „edlen Einfalt und Größe" griechischer Kunst offenbart sich die menschliche Seele. Diese darzustellen ist die Aufgabe des Kunstwerks. Für den Betrachter geht es darum zu erkennen, was ein Kunstwerk beseelt, und nicht darum, sich an schmückendem Beiwerk festzuhalten.

Aufgabe 8

Wir nehmen hier einmal an, dass sich der Referent im Grundtenor seiner Aussagen an die Erkenntnisse aus Kapitel 10 des ersten Deutsch-Bandes *Lesen, Zappen, Surfen* hält. Die Ausgangsposition wäre also, dass Gewalt in den Medien nicht in einem direkten, kausalen Zusammenhang zu Gewalt im Alltag steht.

Sie könnten sich zur Einleitung zum Beispiel einen Ausdruck Ihres eigenen polizeilichen Führungszeugnisses besorgen. Damit stellen Sie sich vor Ihre Zuhörer, halten diesen (leeren) Ausdruck hoch und beginnen: „Ich habe den „Terminator" gesehen, das „Texas-Kettensägen-Massaker", „Freitag der 13.", alle Teile, dazu noch etwa ein Dutzend Splatter-Filme und Georg Romeros „Zombie" ... und mein polizeiliches Führungszeugnis ist, wie Sie sehen, absolut leer, ohne jeglichen Eintrag. Außerdem habe ich übrigens den Kriegsdienst verweigert und lehne verbale wie körperliche Gewalt in jeder Form ab. Nach eigener Schätzung dürfte ich bis zu meinem zwanzigsten Lebensjahr mehrere tausend Morde auf dem TV-Bildschirm gesehen haben. Ganz so einfach kann es also nicht sein mit dem Zusammenhang von Gewalt in den Medien und Gewalt im Alltag, oder? ..."

Aufgabe 9

Bei so einem fachspezifischen Thema könnte ein Zitat einen schönen Einstieg ergeben. Fassen Sie zur Einleitung zentrale Thesen eines bekannten Fachmanns zusammen, wie z.B. die Ratschläge mit den vier „G's" des Börsengurus André Kostolany (1906-1999):

Geld, und zwar eigenes und nicht geliehenes.
Gedanken, die eigenen, also nicht die Tipps irgendwelcher Börsenexperten.
Geduld, denn an der Börse sind zwei mal zwei nie vier, sondern fünf minus eins. Außerdem braucht man Geduld, weil es ein bisschen dauern kann, bis sich die eigenen Gedanken verwirklichen.
Und schließlich das *Glück* an der Börse.

Von Kostolany stammt auch der Satz: „Bei meinen Geschäften habe ich zu 49 Prozent falsch und zu 51 Prozent richtig gelegen. Diese zwei Prozent haben den Erfolg ausgemacht." Diese Aussagen des Börsenprofis sind einer Internetseite (www.tradewire.de/kosto1.php3) entnommen. Bei diesem Einstieg würde man die Argumentation in etwa so fortsetzen: Wenn also selbst ein echter Spezialist mit mehreren Jahrzehnten Erfahrung zu 49% falsch liegt, wie kann man dann als Hobby-Börsianer ernsthaft annehmen, hier habe man den Stein der Weisen in Sachen wundersamer Geldvermehrung gefunden ...?

Sie können aber auch mit einer statistischen Übersicht über die Entwicklung von Börseneckdaten oder einzelnen Aktien des vergangenen Jahres beginnen. Welche Daten Sie hier in den Vordergrund stellen möchten, hängt natürlich davon ab, worauf Sie in Ihrem Referat hinaus wollen. Sind Sie der Ansicht, die Börse ist der ideale Weg, um schnell Geld zu verdienen, ohne dafür arbeiten zu müssen, dann präsentieren Sie natürlich Aktien, die enorme Gewinne verzeichnet haben. Sind Sie gegenteiliger Meinung, dann stellen Sie die großen Verliererwerte in den Vordergrund. Möchten Sie das Referat ausgewogen („objektiv") gestalten, dann erwähnen Sie Gewinner und Verlierer in einem ausgewogenen Verhältnis.

Aufgabe 10

Der Referatstitel „Ein Fest der Liebe?" ist auf verschiedene Weise deutbar. Sie könnten z.B. mit einem Auszug aus dem Polizeibericht vom 24. Dezember beginnen und die Zahl der Gewaltverbrechen und Selbstmordversuche nennen, die sich am Heiligen Abend ereignen. Oder Sie suchen sich aus der Zeitung einen Artikel über eine reale Gewalttat am Weihnachtsabend aus und nehmen dieses konkrete Beispiel als Ausgangspunkt. Von einer Einleitung in dieser Art ausgehend, würden Sie das Referat in Richtung eines Vortrages über zwischenmenschliche Gewalt ausdeuten.

Sie könnten aber auch auf eine kritische Kommentierung menschlichen Konsumdenkens abzielen. Dann würden Sie das Referat vielleicht mit einer Auflistung der Weihnachtsumsätze des deutschen Einzelhandels beginnen. Oder Sie könnten Ihre eigenen Weihnachtsgeschenke der letzten fünf Jahre zusammensuchen und diese mit in den Vortragsraum nehmen, sie dort auf einen Tisch stellen und plakativ in die Runde fragen: „Sieht so also Liebe aus, ein Kaffeeservice, ein Walkman, zwei Edelstahl-Serviettenringe ...?"

Aufgabe 11

Zum Thema „Sinn oder Unsinn von Gewaltdarstellungen in den Medien"

▶ Sie könnten eine eigene empirische Untersuchung des Fernsehprogramms an einem bestimmten Tag durchführen und das Ergebnis den Zuhörern als grafische Statistik an einem Flipchart präsentieren. Zählen Sie einfach alle Gewalttaten in zwei, drei Action-Serien und dem einen oder anderen Spielfilm auf einem Kanal Ihrer Wahl.

▶ Sie könnten auch Überschriften und Titelseiten einer großen deutschen Boulevardzeitung, die sich populistisch mit dem Thema befasst, sammeln und dieses Material präsentieren. Oder Sie zeigen einen Ausschnitt aus einem gewaltverherrlichenden Video.

Zum Thema „Deutschland im Aktienfieber – eine kritische Einschätzung"

▶ Dieses Thema schreit geradezu nach Statistiken – auf Folie für den Overhead-Projektor oder auf Papier an einem Flipchart. Schön wäre es sicher auch, eine echte Aktie mit zum Vortrag zu bringen. So was hat nicht unbedingt jeder schon einmal gesehen.

Zum Thema „Weihnachten – das Fest der Liebe?"

▶ Ein ganz einfacher Ansatz: Sie verkleiden sich als Weihnachtsmann (in größeren Städten über einen Kostümfundus erhältlich, sonst beim örtlichen Theater oder Faschingsverein nachfragen).

▶ Sie könnten auch einen Ausschnitt aus einer Fernsehreportage über den Konsumrausch zu Weihnachten auf Video zeigen (die sie vorsorglich aufgezeichnet haben, da Sie schon zeitig über Ihr Referatsthema Bescheid wussten). Oder Sie fragen bei Ihrem Polizeirevier nach, ob nicht ein Beamter zu Ihrem Vortrag mitkommen und anschließend Fragen der Zuhörer beantworten möchte.

Kapitel 3

Aufgabe 1

Die nachfolgend angebotenen Lösungen geben nur jeweils eine Möglichkeit wieder, die betreffenden Diskussionen einzuleiten. Ihre Lösung muss also mit diesen Antwort-Angeboten keinesfalls übereinstimmen.

A   Wird es im Jahr 2075 noch Bücher geben? Genauer gesagt, „echte" Bücher, auf Papier gedruckt, zum Anfassen, zum in die Hand nehmen? Mit dieser Frage wollen wir uns heute beschäftigen. Kaum ein Medium wurde häufiger totgesagt als das Buch. Dennoch sind die Regale in den Buchhandlungen auch in unserem digitalen Zeitalter immer noch voll. Auf der Frankfurter Buchmesse werden in schöner Regelmäßigkeit mehr als 300.000 Titel präsentiert. Zugegeben, nicht alle dieser Bücher sind noch auf Papier gedruckt. Der Anteil der E-Books, der elektronischen Bücher, ist aber noch verschwindend gering. Nach Ansicht von Verlegern hat das elektronische Buch zwar gute Chancen im Bereich von Lexika und Fachbüchern, den Roman zum Anfassen wird es aber wohl kaum ersetzen können. Oder doch? Meine erste Frage in die Runde: „Welche Art von Literatur, glauben Sie, wird man künftig nicht mehr auf Papier gedruckt sondern als Datei auf dem PC lesen?"

B   „Talkshow" ist ja ein recht breiter Begriff. Diese Gesprächsrunden gibt es zu politischen, kulturellen und, seit mehr als zehn Jahren, auch zu zwischenmenschlichen Themen. Um die letztere Kategorie geht es heute in unserer Diskussion. Es geht um „Du warst die Klassenqueen, was ist bloß aus dir geworden?", „Meine Freundin wurde meine Rivalin", „Ich wollte doch nur das Beste für mein Kind!", „Warum lässt euch meine Verzweiflung kalt?", „Ich liebe dich, aber deine Kinder will ich nicht". Alles echte Themen aus „Franklin", „Nicole", „Andreas Türck" und Co., die habe ich mir also nicht bloß zur Belustigung ausgedacht. „Belustigung" deshalb, weil sich die Medienkritik seit Jahren das hämische Lachen über die Nachmittags-Talkshows nicht verkneifen kann. Dazu gibt es sicher allen Grund, andererseits schalten z.B. bei Hans Meiser täglich bis zu drei Millionen Zuschauer ein. Irgendwas muss also dran sein, an dieser Form von Selbstentblößung vor der Kamera. Nur was? Das wäre auch meine erste Frage. Welche Bedürfnisse befriedigen diese Sendungen beim Zuschauer, was glauben Sie?

C   Sturm im Wasserglas oder epochale kulturelle Katastrophe – zwischen diesen Polen bewegt sich die öffentliche und vermutlich auch die private Diskussion über die Rechtschreibreform von 1998. Das erklärte Ziel der Reform war es, die deutsche Rechtschreibung zu vereinfachen. Es sollte auf der einen Seite bei der Schreibweise von Worten mehr einheitliche Grundmuster und weniger Ausnahmen geben, auf der anderen Seite wurden z.B. bei der Kommasetzung und bei der Silbentrennung mehr individuelle Freiräume eingeräumt. Bis 2005 soll es keine Reform der Reform geben, einige Veränderungen beinhaltet aber bereits die Ausgabe des *Dudens* vom August 2000.

So weit die Fakten. Die einen sehen nun in der Reform den Untergang der Sprachkultur, vorneweg Schriftsteller wie Günter Grass, Hans Magnus Enzensberger oder auch Martin Walser. Andere Kritiker bemängeln eine Verkomplizierung der Regeln statt einer Vereinfachung. Aus den Reihen von Elternverbänden hingegen wird die Einführung der neuen Rechtschreibung begrüßt.

Zur Einleitung möchte ich ein paar Stellen aus Leserbriefen und Zeitungsartikeln vortragen, die die Bandbreite der Diskussion aufzeigen:

1. „Wir geben ein Übungsbuch zur Groß- und Kleinschreibung heraus. Durch die Rechtschreibreform ist es zwanzig Seiten dünner geworden." (ein Mitglied der Dudenredaktion)

2. „Groß- und Klein- sowie Zusammen- und Getrenntschreibung bedürfen ohnedies am dringendsten einer Revision, so Leid es mir tut. Hingegen wird sich die Verminderung der ß-Schreibung durch Beschränkung auf die Position nach langen Vokalen und Diphthongen als haltbar erweisen. Kaum ein Normalbürger dürfte zwar in jedem Fall genau sagen können, wann er einen langen oder kurzen Selbstlaut vor sich hat (regional oft ohnedies verschieden), doch dafür gibt es ja die Wörterbücher." (ein Zeitungsartikel zum neuen *Duden* vom August 2000)

3. „Eine Neuauflage von *Duden 1* (Rechtschreibung) war das probateste Mittel, Umsatzeinbrüche des Verlags aufzufangen. Daran rieb sich die Konkurrenz und prangerte das Rechtschreibmonopol des Bibliographischen Instituts als Lizenz zum Gelddrucken an. Die missglückte Reform zur Unzeit rührte auch daher." (ebenfalls aus einem Zeitungsartikel)

4. „Ich kann ja verstehen, dass Marcel Reich-Ranicki, Günter Grass und Gesinnungsfreunde ihre Rechtschreibung nicht mehr umstellen; in deren Alter würde ich dies aller Wahrscheinlichkeit auch nicht mehr tun." (ein Leserbrief)

5. „Indes geht es gar nicht um diese Leute – es geht um Millionen von Kindern, die in den vergangenen Jahren ausschließlich die neue Rechtschreibung erlernt haben (die 70 Prozent, die die Reform angeblich ablehnen, befinden sich mit Sicherheit nur in den Reihen der Erwachsenen)" (ein Leserbrief)

6. „Wenn 70 Prozent der deutschen Bevölkerung die Rechtschreibreform ablehnen, dann sind darunter leider sehr viele Menschen, die weder die alte Rechtschreibung beherrschten noch die neue je beherrschen werden. Es verwundert, dass eine Bevölkerung, die offensichtlich in weiten Teilen mit der alten Rechtschreibung Probleme hat, die neue ablehnt, obwohl diese eine ganze Anzahl an Vereinfachungen bietet." (ein Leserbrief)

7. „Verunsichernd wirkt vielmehr die ausdauernde Polemik, die Reform sei sinnlos, weil sie auf der einen Seite nicht eindeutig, auf der anderen Seite gar ungrammatisch sei. Ungrammatisch aber kann eine Regel nur vor dem Hintergrund eines Regelwerkes sein; wird eine neue Regel mit dem alten Regelwerk beurteilt, darf es nicht verwundern, dass diese dann ungrammatisch erscheint." (ein Leserbrief)

Ich möchte mit einer ganz plakativen Frage in die Runde anfangen: „Wer von euch hat je in allen Diktaten in der Schule immer null Fehler gehabt? ...

Aufgabe 2:

Die ersten beiden Fragen des Moderators zielen auf eine Klärung des vergleichsweise unbekannten Begriffes der „Lifestyle-Medikamente" ab.

▶ In seiner Antwort stellt Professor Adam zunächst zwei **Thesen** auf:

Lifestyle-Medikamente werden von einer ganzen Reihe von Leuten eingenommen.

Die Leute können diese Medikamente überall, ohne dass sie dabei irgendeinen Schutz haben, bestellen.

Die Kernaussage lautet also zusammengefasst: Der freie Verkauf dieser Medikamente birgt gewisse Risiken für den Konsumenten.

▶ Begründet wird dies mit folgendem **Argument:**

Wie wir im Vorspann schon gesehen haben, gibt es nun mal die Interaktion mit zahlreichen anderen Medikamenten.

　▶ Dieses Argument wird nun mit **Beispielen** belegt:

　　▪ *Wenn man z.B. herzkranzgefäßerweiternde Substanzen einnimmt, ist es äußerst gefährlich, dazu auch noch Viagra zu nehmen.*

　　▪ *Man kann sich auch für all die anderen Medikamente, die erwähnt worden sind, Kombinationen ausdenken, die äußerst gefährlich sind.*

▶ Zum Schluss folgt das **Fazit** oder die Forderung:

Aus diesem Grund ist ein solches Anbieten von Wirkungsstoffen, die potentiell auch gesundheitsschädigend sein können, in meinen Augen sehr bedenklich.

Die folgende Zwischenmoderation ist etwas kompliziert formuliert. Im Grunde geht es hier um die Frage nach dem medizinischen Nutzen der Lifestyle-Medikamente.

▶ **These** von Professor Glaeske:

Ich bin der Ansicht, dass diese beiden Begriffe „Lifestyle" und „Medikament" eigentlich überhaupt nicht zusammengehören.

Die sich anschließende Beweisführung besteht aus einer Aneinanderreihung mehrerer Argumente. Die Klärung des medizinischen Fachbegriffes „Medikamente" (Argument 1) bildet die Basis für die sich anschließende Argumentationskette:

▶ **Argument 1:**

Medikamente bzw. Arzneimittel sind ja Stoffe, die bei Kranken eingesetzt werden und sozusagen Krankheiten behandeln bzw. verhüten sollen oder die z.B. auch zu anderen diagnostischen Maßnahmen gegeben werden. Das heißt, wir haben hier ein Therapieziel, das wir mit einem Arzneimittel verbinden.

Diese Begriffsklärung wird als Basis für die nachfolgende Argumentationskette genutzt.

▶ *Argument 2:*

Wenn es nun diese neuen Arzneimittel gibt, die in der Tat auch wirken: denn es ist ja nicht so, dass z.B. Viagra bei denen, die eine krankheitsbedingte Erektionsstörung haben, nicht eingesetzt werden sollte; das ist in der Tat ein Mittel, das auch wirklich wirkt — dann gibt es andererseits natürlich auch einen hohen Prozentsatz meinetwegen an Männern, die mit großer Begehrlichkeit auf dieses Mittel schauen, die aber weit ab von krank sind. Stattdessen denken solche Männer, dass sich damit die Potenz noch massiv erhöhen lässt.

▶ *Argument 3:*

Das heißt, das sind nun plötzlich „Medikamente" für Gesunde. Das heißt, man möchte sich gerne über die Pille, über das Schlucken der Pille ein Gefühl verschaffen, das einem zusätzliche Sensationen bringt: ob das nun Viagra ist oder das Mittel Prozac.

▶ *Zwischenfazit:*

Wir haben daher heute das Problem, dass viele Medikamente angeboten werden, die aus dem ursprünglichen Bereich: Krankheiten zu behandeln — herausgenommen worden sind, obwohl sie ursprünglich in der Forschung für die Behandlung von Krankheiten angesetzt worden waren.

▶ *Beispiele zur Untermauerung des Zwischenfazits:*

   ▪ *Vergessen Sie nicht, dass Viagra vom Wirkstoff her ein Präparat war, das typischerweise bei Herzschwäche eingesetzt worden ist.*

   ▪ *Denken Sie daran, dass Propecia ein Arzneimittel ist, das ursprünglich mal bei Prostataerkrankungen eingesetzt worden ist.*

   ▪ *Auch das Reductil, dieser Appetithemmer ist eigentlich ein Mittel, das dem Prozac sehr verwandt ist: Es kommt aus der großen Gruppe der neueren antidepressivwirksamen Stoffe.*

▶ *Zusammenfassung der Beispiele:*

   Das heißt, zu all diesen Medikamenten gab es ursprünglich auch mal einen Krankheitsbereich:

▶ *Argument 4:*

Man hat aber ganz offensichtlich nicht zuletzt bei den Firmen gemerkt, dass diese Mittel auch irgendwo anders zu positionieren sind.

▶ *Fazit:*

Das halte ich für eine große Gefahr, weil sie natürlich auch mit einem hohen gesellschaftlichen Aufmerksamkeitswert positioniert worden sind: Alle Leute sind sozusagen sensibilisiert gewesen.

Wenn dann noch – wie im Film gezeigt – die Beschaffungsmöglichkeit ohne Arzt ganz einfach mittels Mausklick funktioniert, dann bekommen wir in der Tat ein Sicherheitsproblem. (...)

Kapitel 4

Aufgabe 1

Ein Lebenslauf ist nun etwas sehr Individuelles, deshalb können wir Ihnen hier keine universelle Musterlösung anbieten. Als Beispiel haben wir aber den Lebenslauf einer bekannten deutschen Dichterpersönlichkeit in Stichpunkten für Sie aufbereitet:

▶ Geboren am 28. August 1749 in Frankfurt am Main.

▶ Großbürgerliches, kunstinteressiertes Elternhaus, mein Vater war Kaiserlicher Rat.

▶ Meine Eltern legten Wert auf eine fundierte Ausbildung, deshalb hatte ich fast ausschließlich Privatunterricht (denn das öffentliche Schulsystem war in meiner Jugendzeit noch nicht so gut entwickelt wie heute).

▶ 1765-68 Jurastudium in Leipzig.

▶ Daneben habe ich aber gleichzeitig durch Zeichenunterricht an der Entwicklung meiner künstlerischen Fähigkeiten gearbeitet.

▶ Außerdem schrieb ich privat schon lange Gedichte, Oden oder auch mal ein Schäferspiel.

▶ Studienabschluss 1770 in Straßburg durch das Lizentiat.

▶ Doch schon damals war mir klar, dass meine berufliche Zukunft mehr im literarischen als im juristischen Bereich liegen würde.

▶ In meinen Frankfurter Jahren war ich aktiv an einer neuen schriftstellerischen Jugendbewegung, dem Sturm und Drang, beteiligt.

▶ Als weltfremden Poeten habe ich mich allerdings nie gesehen, ich bin sehr wohl der Meinung, dass sich ein „ordentlicher" Beruf mit einer künstlerischen Nebentätigkeit verbinden lässt.

▶ Deshalb 1775 Umzug nach Weimar und Annahme einer Tätigkeit als Geheimer Legationsrat am Hof von Herzog Karl August.

▶ 1779 Ernennung zum Geheimen Rat.

▶ Neben meiner dichterischen und staatspolitischen Tätigkeit habe ich aber immer versucht, meine Allgemeinbildung zu erweitern.

▶ 1784 z.B. veröffentlichte ich eine Abhandlung über die Beschaffenheit des Granits.

▶ Gesteins- und Pflanzenstudien blieben so etwas wie ein „Hobby" von mir, später entwickelte ich auch ein Interesse an der Optik.

▶ Während zwei ausgedehnten Auslandsreisen nach Italien (1786-88 und 1790) habe ich meinen dichterischen Horizont erheblich erweitern können.

▶ Nicht ganz ohne Stolz darf ich behaupten, mit meiner schriftstellerischen Nebentätigkeit die literarische Entwicklung in Deutschland entscheidend geprägt zu haben, z.B. durch meine Novellentheorie.

▶ Ferner, ohne mir schmeicheln zu wollen, hätte es ohne mich sicher auch keine deutsche „Klassik" gegeben.

P.S.: Sie haben diesen „Stellenbewerber" sicher erkannt. Es handelt sich um Johann Wolfgang Goethe.

Aufgabe 2

A   Diese Frage klingt unverfänglicher, als sie in Wirklichkeit ist. Nach Renate Ibelgaufts (*Das überzeugende Vorstellungsgespräch*, Niederhausen/Ts.: Falken Verlag, 2000, S. 79–80), die über langjährige Erfahrung als Personal- und Unternehmensberaterin verfügt, geben viele Bewerber Lesen als Hobby an, obwohl sie gar nicht an Literatur interessiert sind, weil sie annehmen, dadurch einen intellektuellen Eindruck zu machen. In diesem Falle läuft man Gefahr, mit dem Hobby Lesen ein klassisches Eigentor zu schießen. Denn man wird kaum in der Lage sein, auf die Frage des Interviewers (der sich vermutlich mit dem Thema Literatur auskennt) aus dem Stegreif einige entsprechend anspruchsvolle Werke nennen zu können. Und selbst wenn man spontan Alibi-Titel wie den *Faust* und *Die Blechtrommel* angeben kann, muss man spätestens bei einem weiteren Nachhaken, z.B. zum Inhalt oder zur literarischen Bedeutung, passen.

Sie sollten also auch auf kritische Fragen zu Ihren (im Lebenslauf angegebenen) Hobbys gefasst sein und dort nur Bereiche nennen, für die Sie sich wirklich interessieren und über die Sie Bescheid wissen. Übrigens ist das Hobby Lesen wenig aussagekräftig. Da sollten Sie schon präziser werden und angeben, was Sie gerne lesen (also z.B. Literatur oder aber Computerzeitschriften etc.).

B   Bei dieser Frage geht es im Kern darum, wie man mit der Angabe von Fachkenntnissen in den Bewerbungsunterlagen verfahren sollte. Bemühen Sie sich hierbei wirklich um eine realistische Einschätzung Ihrer selbst. Wenn Sie, wie in unserem Beispiel, „ausgezeichnete" Fremdsprachenkenntnisse angeben, dann müssen Sie auch mit so einer Fragestellung auf Französisch von Seiten des Interviewers rechnen. Haben Sie aber bezüglich Ihrer Kenntnisse übertrieben oder besitzen Sie diese überhaupt nicht, dann haben Sie erneut ein vermeidbares, aber leider katastrophales Eigentor geschossen.

C   Eine der unangenehmeren Fragen, denen man in einem Vorstellungsgespräch begegnen kann. Wichtig ist, dass Sie sich bereits in der Vorbereitung auf das Gespräch auch mit diesem Punkt auseinander gesetzt haben. Dann trifft Sie diese Frage nicht völlig überraschend, was schon einen großen Vorteil darstellt. Nach Ibelgaufts (S. 46) muss man bei den Schwächen zunächst unterscheiden zwischen:

- ▶ Aufgaben oder Tätigkeiten, die man in der Praxis nicht bewältigen konnte.
- ▶ Aufgaben oder Tätigkeiten, an denen man sich bisher noch nicht versuchen konnte.

Die zweite Kategorie ist dabei vergleichsweise unproblematisch. Denn diese Schwäche kann man durchaus als Stärke verkaufen: „Ich bin mir bewusst, dass mir trotz meiner umfangreichen theoretischen Kenntnisse hier vielleicht ein wenig die praktische Erfahrung fehlt. Deshalb habe ich mich auch um die ausgeschriebene Stelle beworben, um meine berufliche Entwicklung in die entsprechende Richtung zu lenken." Bei der ersten Kategorie wird es schon etwas schwieriger, die erwiesene Schwachstelle positiv umzudeuten. Die verkehrte Taktik wäre nun, das Scheitern an einer bestimmten Aufgabe oder in einer bestimmten Position rein durch ungünstige Umstände zu begründen. Damit bescheinigen Sie sich ja selbst mangelndes Durchsetzungsvermögen oder fehlende Kreativität. Hier empfiehlt es sich eher, diesen Fehler in gemäßigter Form einzugestehen: „Ich war damals, denke ich, noch zu jung für diese Aufgabe." oder „Ich war übermotiviert und unerfahren und habe deshalb einige Dinge falsch angepackt. Im Nachhinein ist mir das klar geworden und deshalb habe ich mich gezielt in dieser Richtung weitergebildet."

Die Frage nach den Schwächen kann natürlich neben dem beruflichen Bereich auch auf individuelle Charakterschwächen abzielen. Die unvorteilhafteste Antwort wäre hier „Ich habe keine". Das nimmt Ihnen niemand ab. Machen Sie sich im Rahmen der Vorbereitung auch diese Seite Ihrer Person bewusst. Dann fragen Sie sich zweierlei: Welche dieser nicht so vorteilhaften Eigenschaften möchte ich an mir ändern (oder habe ich vielleicht bereits geändert) und welche kann oder will ich nicht ändern? Überlegen Sie sich nun zu jeder dieser Schwachstellen eine positivierende Begründung. Sie könnten schließlich auch gezielt zu einzelnen Eigenschaften („Sind Sie ungeduldig?") gefragt werden. Am Beispiel „Ungeduld" lässt sich gut zeigen, wie man eine vordergründige Schwäche positiv ausdeuten kann: „Ich bin ein wenig ungeduldig, das gebe ich offen zu. Wenn ich mich in ein Problem vertiefe, dann mache ich das zu 100 Prozent. Das Problem erfordert eine Lösung und ich möchte diese Lösung finden und zwar schnell. Wenn ich dann in einem Team das Gefühl habe, dass nicht alle mit derselben Intensität an der Lösung des Problems arbeiten, dann kann ich schon manchmal ziemlich unangenehm reagieren ..."

Ganz offen gesagt, gibt es aber einige negative Charaktereigenschaften, die man im Rahmen eines Vorstellungsgesprächs besser nicht erwähnt ...

Aufgabe 3

Die zehn wichtigsten Arbeitgeber-Fragen, denen Sie in einem Vorstellungsgespräch begegnen können, sind nach Hesse/Schrader (*Die 100 häufigsten Fragen im Vorstellungsgespräch*, Frankfurt am Main: Eichborn, 1999, S. 5):

1. Erzählen Sie uns etwas über sich.
2. Warum bewerben Sie sich für diese Position?
3. Warum sind Sie für uns der/die richtige Kandidat/in?
4. Was erwarten Sie für sich von uns/dem Job?
5. Was sind Ihre Stärken/Schwächen?
6. Was möchten Sie in 3/5/10 Jahren erreicht haben?
7. Warum machen Sie das, was Sie machen (Beruf/Position/Aufgabe)?
8. Wo liegen Ihre Arbeitsschwerpunkte?
9. Was machen Sie, wenn Sie nicht arbeiten?
10. Welche Fragen haben Sie an uns?

Dazu die Antwort-Ratschläge des Autoren-Teams:

zu 1. Hier geht es mit einer einfach klingenden Frage schon um eine umfassende Charakterisierung der eigenen Persönlichkeit. Beginnen sollte man mit der Antwort im beruflichen und nicht im privaten Bereich, also z.B. mit den Stationen des beruflichen Werdegangs.

zu 2. Sie sollten in der Lage sein, über dieses wichtige Thema wenigstens fünf Minuten lang zu referieren. Es geht dabei um eine Einschätzung Ihrer Motivation von Seiten des Arbeitgebers.

zu 3. Ein Check, wie gut Sie in eigener Sache argumentieren können und wie Sie sich selbst einschätzen. Unbedingt zu Hause vorbereiten.

zu 4. Eine vorangegangene intensive Recherche zum Arbeitgeber zahlt sich nun aus. Jetzt können Sie zeigen, was Sie über das Unternehmen wissen, warum die ausgeschrieben Position – gerade bei dieser Firma – für Sie von Interesse ist. „Gern gehört werden oft Stichworte wie ‚Zukunftschancen' und ‚Image der Firma' – aber vermeiden Sie zu plump klingende Schmeicheleien." (Hesse/Schrader, S. 9).

zu 5. Wiederum mit der beruflichen Seite beginnen. Die Stärken und auch einige „harmlose" Schwächen darstellen und erläutern (vgl. Aufgabe 2 C).

zu 6. Beschränken Sie die Antwort, solange nicht explizit auch nach den privaten gefragt wird, auf Ihre beruflichen Ziele. Selbstverständlich sehen Sie Ihre Entwicklung positiv, aber wirken Sie nicht zu ehrgeizig, damit man Sie nicht gleich als Konkurrenten um den Aufsichtsratvorsitz ansieht.

zu 7. Diese Frage zielt auf das immer noch gerne gesehene Ideal der systematischen Lebensplanung ab. Hinter all Ihren beruflichen Entscheidungen verbirgt sich selbstredend immer fundierte Planung: „Wichtig ist dabei die Präsentation eines logischen Zusammenhangs zwischen einzelnen beruflichen Stationen." (Hesse/Schrader, S. 12).

zu 8. Zielt darauf ab, wie gut Sie sich in Ihrem Arbeitsgebiet und bezüglich Ihrer eigenen Fähigkeiten auskennen. „Eine schmale Gratwanderung, bei der es einen Mittelweg zwischen dem Ausplaudern von Firmeninterna bis Betriebsgeheimnissen einerseits und dem Vermeiden von Allgemeinplätzen einzuhalten gilt." (Hesse/Schrader, S. 13).

zu 9. Jetzt möchte der Arbeitgeber etwas über den Menschen hinter der beruflichen Seite erfahren. Über Hobbys, kulturelle und sportliche Interessen, Ehrenämter, soziales Engagement oder auch politische Ämter o.Ä. Überlegen Sie vorher zu Hause, wie „ehrlich" Sie hier sein wollen. Denn nicht alles, was privat Spaß macht, wird von einem potentiellen Arbeitgeber gerne gesehen. Vorsicht bei Extremsportarten wegen der befürchteten hohen Verletzungsgefahr (Arbeitsausfall). Ganz unsportlich zu wirken ist allerdings auch verkehrt. Badminton z.B. ist eine clevere Angabe, denn hierbei ist die Verletzungsgefahr sehr gering. Man beweist aber, dass man sich in Form hält.

zu 10. „An den klugen Fragen erkennt man einen klugen Kopf, einen motivierten und kompetenten Bewerber." (Hesse/Schrader, S. 15). Allerdings sollte man nichts fragen, was man bereits im bisherigen Verlauf des Bewerbungsverfahrens geklärt haben müsste oder worüber bereits ausführlich im Vorstellungsgespräch geredet wurde. Beispielsweise könnten Sie nach dem beruflichen Hintergrund Ihrer zukünftigen Kollegen oder Vorgesetzten fragen oder sich nach Fort- und Weiterbildungsangeboten innerhalb des Unternehmens erkundigen.

Kapitel 5

Aufgabe 1

zu 1.

Der Autor, Alexander Osang, schreibt fast ausschließlich im Präsens. Dadurch wirkt die Reportage eindringlich und unmittelbar, wie Sie beim Lesen sicherlich selbst festgestellt haben. Gerade in den beiden ersten Absätzen fällt der kurze, parataktische und oft elliptische Satzbau auf („Nur Täve.", „Einer für alle.", „Hier hinstellen und dort hinstellen."). Diese kurzen Sätze sind häufig in Form einer sich inhaltlich steigernden, aber formal immer kürzer werdenden Aufzählungskette angeordnet („Jemand, den man anfassen darf. Jemand, den man duzen muß. Jemand, der sich in seine Rolle gefügt hat. Ein Weltmeister. Ein Held."). Die dreimalige Verwendung von „Jemand ..." am Satzanfang ist ein schönes Beispiel für eine Anapher.

Durch diesen einfachen Satzbau entsteht beim Leser ein sehr unmittelbarer Eindruck vom Geschehen vor Ort. Die elliptischen Sätze wirken wie eine Aneinanderreihung spontaner Gedanken. Man sieht als Leser buchstäblich „durch die Augen" des Reporters.

Aus dem Kapiteltext kennen Sie bereits die wichtigste Grundregel für eine gute Reportage: „Lassen Sie die Menschen zu Wort kommen". Genau das ist Osang hier sehr gut gelungen. Die Reportage besteht zu einem großen Teil aus Zitaten Täve Schurs, die in der originalen umgangssprachlichen Form wiedergegeben werden („Komm rin, Mensch", ruft er. „Hier draußen frierste dir doch n Arsch weg."). Der Autor tritt sehr weit hinter die beschriebenen und erzählenden Figuren zurück. Der ehemalige Radprofi Täve Schur „blamiert" sich z.B. mehrfach im Laufe seiner Erzählungen. Doch der Autor wertet das Geschehen nicht, er lässt andere beteiligte Personen das Geschehen kommentieren:

> *„Die Neger. Das war große Scheiße, Mensch. Das kann man ja so und so deuten."*
>
> *„Der Täve hat da 'ne viel differenziertere Meinung zur Wende", sagt Külow. „Die hab ich jetzt nicht da. Könnte ich Ihnen aber zufaxen."*
>
> *„Mann, der Külow, der haut mich immer raus, das alte Wildschwein", sagt Schur.*

Sehr elegant ist auch der Schluss der Reportage. Osang zieht sich wiederum als Autor ganz weit zurück und lässt Gregor Gysi scheinbar das Resümee der Reportage ziehen. Dabei zitiert er nicht wirklich eine Aussage von Gysi, sondern er beschreibt, was Gysi möglicherweise gedacht haben könnte. In Wirklichkeit aber macht Osang seine eigene Meinung deutlich.

Dramaturgisch folgt die Reportage annähernd einem chronologischen Aufbau. Sie schildert einen Besuch des Reporters bei Schur mit einer sich anschließenden Parteiveranstaltung der PDS (*„Am Abend gibt es im riesigen Speisesaal des Leipziger Ordnungsamtes noch ein Gesprächsforum mit Gysi und Schur"*). Der Mittelteil passt jedoch nicht so recht in diese Chronologie, dafür aber umso besser in die Dramaturgie der Reportage. Osang gibt hier Kommentare von Gregor Gysi und anderen PDS-Abgeordneten wieder, die vermutlich zu einem ganz anderen Zeitpunkt und an einem ganz anderen Ort geäußert wurden. Bei der Reportage ist die Durchbrechung des chronologischen Ablaufs durchaus möglich. Wichtig ist, dass dieser Einschub hier dramaturgisch zur rechten Zeit kommt. Der Leser bekommt jetzt Hintergrundwissen vermittelt, das er zum besseren Verständnis benötigt. Schließlich kann der Autor nicht davon ausgehen, dass die Person Täve Schur und seine Kandidatur für die PDS bundesweit bekannt sind.

Eine gute Reportage kommt nicht ohne Fakten und recherchierte Informationen aus. In der Art, wie dieser Hintergrund vermittelt wird, unterscheidet sie sich jedoch von der simplen Nachrichtenform. Osang lässt auch hier wiederum die Beteiligten sprechen:

> *Gysi sagt, ihm sei das eingefallen, als er im vorigen Jahr den Jubel sah, der Täve Schur bei der Friedensfahrt entgegenschlug. Und die sächsische Landtagsabgeordnete Ingrid Mattern aus Hoyerswerda glaubt an eine Art Eingebung. „Es war zur Sachsentour von Gysis Bundestagstruppe, da fragte mich der Gregor, wer in Sachsen einen Blumentopf gewinnen könnte. Da habe ich gesagt, daß ein Sportler eine gute Nummer sein könnte. Es ist nicht ausgesprochen worden. Aber wir haben beide gewußt, daß ich in diesem Moment an Täve dachte."*

In einer Nachricht würde ein Journalist diese Informationen dagegen eher so vermitteln:

> *Gregor Gysi, Bundestagsabgeordneter der PDS, und die sächsische Landtagsabgeordnete der PDS, Ingrid Mattern, gaben an, dass ihnen die Idee zur Nominierung Schurs während eines Besuches bei der Friedensfahrt gekommen sei. Die PDS hofft, bei den anstehenden Wahlen vom großen Bekanntheitsgrad des ehemaligen Spitzensportlers profitieren zu können.*

Die Zwischenüberschriften („*Mensch, Mandela*", „*Gregor macht uns rund*") gliedern die im Original recht lange Reportage in übersichtliche Sinneinheiten. Auf diese Weise vermeidet Osang, den Leser zwischendurch zu „verlieren". Zusätzlich wecken diese plakativen umgangssprachlichen Formulierungen die Neugier des Lesers.

zu 2.

Osang lässt immer wieder die Beteiligten zu Wort kommen. Zitate gibt er in der originalen umgangssprachlichen Form wieder. Er beschreibt nicht nur die Personen, sondern auch ihre Lebensumstände. Man erfährt als Leser dieser Reportage eine ganze Menge über den Haushalt „Schur", z.B. über den Blechbriefkasten vor der Eingangstür oder über die Art, wie Frau Schur Käsekuchen serviert. Auch die Stimmung vor Ort wird thematisiert:

> *Die Frage ist, ob das auch Täve Schur weiß. Der sitzt mit ausdrucksloser Miene an seinem Wohnzimmertisch. Es ist ruhig. Külow träumt. Schur kann Ruhe nicht ertragen. Er muß in die Lücke springen, weil er denkt, daß es von ihm erwartet wird. „Ja, die sozialen Bedingungen, Mensch", sagt er plötzlich. „Die Interessen vertreten. Für die Unteren. Ich kann jetzt nicht kneifen. Ich muß kämpfen."*

Der Autor schildert nicht nur seine eigenen subjektiven Eindrücke von den Personen (*Schur kann Ruhe nicht ertragen. Er muß in die Lücke springen*), sondern liefert gleich anschließend durch ein Zitat den „Beweis" für die Richtigkeit seiner Einschätzung (*„Ja, die sozialen Bedingungen, Mensch", sagt er plötzlich. „Die Interessen vertreten. Für die Unteren. Ich kann jetzt nicht kneifen. Ich muß kämpfen."*).

Kapitel 6

Aufgabe 1

Absatz 1

Der Autor beginnt mit einer Behauptung: Unsere Schüler lernen die falsche Rechtschreibung. Er stellt fest, dass wir nun statt einer Orthografie viele verschiedene haben und nennt Beispiele dafür: Schulen, Verlage, private Schriftzeugnisse.

Fazit: Die Rechtschreibreform war ein Fehler.

Absatz 2

Die Erfahrungen mit der neuen Rechtschreibung bei der *Frankfurter Allgemeinen Zeitung* waren negativ. Die neuen Regeln erwiesen sich als undurchschaubar, die neue Schreibung häufig als sinnentstellend.

Fazit: Der Versuch der *FAZ*, mit der neuen Rechtschreibung zu arbeiten, ist gescheitert.

Absatz 3 (bis „... törichtes Argument.")

Der Autor skizziert den Weg zur Rechtschreibreform. Die Bemühungen, die Orthografie einfacher und moderner zu machen, richteten sich auch gegen das Monopol des *Dudens* in Sachen Rechtschreibung.

Fazit: Die Reform war keine sprachliche, sondern eine politische Entscheidung.

Absatz 4 (bis „... Nutzen.")

Der Autor schildert, wie sich die Reform entwickelte - von den Plänen der sechziger und siebziger Jahre bis zum Beschluss der Kultusminister 1995. Er nennt das Verfahren undemokratisch: Die Rechtschreibreform wurde über einen Verwaltungsakt verordnet, dem öffentlichen Widerstand und der gewachsenen Sprache zum Trotz.

Fazit: Die Politik greift zu Unrecht in eine funktionierende Sprache ein.

Absatz 5

Der Autor bringt Beispiele für die neue Rechtschreibung und bezeichnet sie als wenig leserfreundlich. Er verurteilt den Versuch, die deutsche Rechtschreibung dem Englischen anzunähern.

Fazit: Die neue Rechtschreibung ist gelegentlich sinnentstellend.

Absatz 6

Die Rechtschreibreform hat nur Verwirrung gestiftet. Es gibt Wörterbücher mit unterschiedlichen Schreibweisen und immer wieder Revisionen. Die Politik schaltet sich weiterhin in den Prozess ein, indem sie „Übergangsphasen" festlegt und eine „Optimierung" der Rechtschreibung anstrebt.

Fazit: Die Politik hat in der Sprache nichts zu suchen, mischt aber mit.

Absatz 7

Die *FAZ* hat am 1. August 1999 die neue Rechtschreibung übernommen, um die Einheitlichkeit der Orthografie zu wahren. Es konnte aber keine Einheit hergestellt werden, da die alte Rechtschreibung weiterhin existiert, vor allem in der Literatur und in persönlichen Dokumenten.

Fazit: Die neue Rechtschreibung hat die Einheitlichkeit der deutschen Sprache zerstört. Die *FAZ* kehrt zur alten Rechtschreibung zurück, da diese natürlich gewachsen und in sich einheitlich ist.

Eine mögliche Meinung könnte lauten:

Ob die neue Rechtschreibung sinnvoll ist oder nicht, ist doch inzwischen gar nicht mehr die Frage. Die Gerichte haben entschieden, dass die Rechtschreibreform keine Verfassungswidrigkeit ist und auch nicht Leib und Leben der Sprachnutzer gefährdet. Die Sache ist also die: Wir haben eine neue Rechtschreibung und damit basta. Sich darüber zu empören kostet mehr Energie als das ein oder andere Wort im *Duden* nachzuschlagen. Und mal ehrlich, dass man neuerdings häufiger im Wörterbuch blättern muss, schadet doch wirklich niemandem! Hätte man in der Vergangenheit auch ruhig öfter tun sollen. Denn dann wäre einem vielleicht auch aufgefallen, dass man viele Ausdrücke und Worte schon seit Jahren falsch bzw. nach der neuen Rechtschreibung schreibt (z.B. im Voraus, in Bezug auf, hell leuchtend), sprich: man hat schon die alte Rechtschreibung nicht wirklich beherrscht. Warum also die Aufregung um die neue?

Sie hat immerhin den Vorteil, dass sich alle mal wieder ein bisschen intensiver mit der eigenen Sprache auseinander setzen. Es mag zwar paradox klingen, aber dadurch, dass sich niemand so ganz genau mit der neuen Rechtschreibung auskennt, wird viel öfter überprüft, geforscht, reflektiert und letzten Endes genauer gelernt. Was soll die Debatte um Känguru, Delfin und Haselnuss? Im Grunde ist auch die Rechtschreibung – wie so vieles – eine Frage der Gewohnheit!

Aufgabe 2

Der „Streiflicht"-Text ist kürzer als der Artikel in der *FAZ* und er ist in einem mokierenden, witzigen Ton geschrieben. Es handelt sich dabei um eine Glosse.

Aufgabe 3

Der Text gliedert sich in drei Abschnitte:

Der erste Abschnitt macht neugierig. Er beschreibt Dinge aus dem Alltag, die Menschen gerne rückgängig machen würden, auf sehr ironische und griffige Weise, ohne mit einem Wort auf die Rechtschreibreform oder die *FAZ* einzugehen.

Erst im zweiten Absatz wird der Bezug zum *FAZ*-Artikel hergestellt. Erkennbare Argumente: Die Zeit lässt sich nicht zurückdrehen (schon im ersten Absatz), Inhalte sind wichtiger als die Form, es gibt auch in der alten Rechtschreibung keine Einheitlichkeit, weil sich die Sprache im Lauf der Zeit verändert (von J. W. von Goethe zu Thomas Mann zu Günter Grass).

Der letzte Absatz beschreibt die *FAZ* als konservativ im schlechtesten Sinne und zudem als selbstgerecht. Hier findet eine Wertung, um nicht zu sagen Abwertung, statt.

Aufgabe 4

Die Sprache des „Streiflichts" ist betont locker und steht in krassem Gegensatz zur Sprache des *FAZ*-Artikels, die sich dagegen sehr ernst und pathetisch ausnimmt.

Der erste Absatz beschreibt Alltäglichkeiten im Spannungsfeld zwischen früher und heute, wobei der Wunsch die Zeit zurückzudrehen als allzu menschlich, wenn auch naiv bewertet wird. Damit holt der Autor die *FAZ* herunter von ihrem „hohen Ross" und stellt sie in eine Reihe mit beliebigen Durchschnittsmenschen. Auch das „hehre" Thema wird dadurch banalisiert. Die Ironie und der Spott kommen dabei auch durch sprachliche Elemente zum Ausdruck, vor allem durch Ausdrücke aus dem Alltagsleben, z.B. „Stinkstiefel".

Sprachliche Finessen finden sich vor allem im mittleren Abschnitt, in dem die alte Rechtschreibung der neuen mehrmals gegenübergestellt wird. Die Ironie und die lockere Sprache werden nun auf das Thema *FAZ* angewandt, z.B. „wurscht". Zudem arbeitet der Autor mit einem Bibelzitat, das er auf die Zeitungsrealität anwendet: „Du sollst keine andere Zeitung neben der *SZ* haben". (1. Gebot: Du sollst keine anderen Götter neben mir haben.) Damit ironisiert er auch die Gepflogenheit der Journalisten, nur das eigene Blatt wahrzunehmen und das auch von ihren Lesern zu erwarten. Die Beschreibung des „weitgehend im Konjunktiv gehaltenen 270-Zeilen-*FAZ*-Artikel(s) über apokryphe Vorgänge im SPD-Präsidium" impliziert, dass das, was die *FAZ* schreibt, ohnehin so langweilig und schwer verständlich ist, dass die Art der Rechtschreibung sekundär ist.

Im letzten Abschnitt des Textes wird die *FAZ* über ihre CDU-Nähe und einen Vergleich mit der *Welt* als ewig Gestrige beschrieben, als lächerlich durch ihre Naivität und Selbstgerechtigkeit, als „skurrile Widerstandskämpferin" in einer Reihe mit anderen Gescheiterten. Auch hier spielen Sprache und Vergleiche eine erhebliche Rolle. Michael Koolhaas, der Titelheld einer Novelle von Heinrich von Kleist, kämpfte gegen die Ungerechtigkeit und wurde dabei selbst ein Ungerechter, ein Mörder. Oskar Lafontaine als „Widerstandskämpfer" zu bezeichnen, dürfte noch ironischer gemeint sein, zudem wird der SPD-Mann auf eine Ebene gestellt mit der als CDU-nah eingestuften *FAZ*. Das Verhalten der *FAZ* wird als skurril, liebenswert und niedlich verharmlost, der Kampf gegen die Reform wird als albern und rückwärtsgewandt abgetan.

Kapitel 7

Aufgabe 1

Rezension aus *Emma*

Der Text erzählt, ohne den Inhalt durch Absätze erkennbar zu gliedern, die Geschichte des betreffenden Buches. Er ist eher eine Zusammenfassung als eine Beurteilung. Nur in wenigen Formulierungen wird darauf eingegangen, wie die Autorin schreibt: „Mit akribischer Besessenheit ..." und „Schonungslos schildert Palmen den Schmerz ...". Den Abschluss bildet ein Satz, in dem die Gefühlsstärke des Buches und der Autorin noch einmal hervorgehoben wird. Das Buch wird in Zusammenhang mit der Zeitschrift gebracht, in der die Rezension gedruckt wurde und damit auch in den gesellschaftlichen Kontext der Frauenbewegung gestellt.

Rezension aus der *Berliner Zeitung*

Die Rezension hat einen Untertitel, der den Inhalt des Buches bereits knapp zusammenfasst. Der Text beginnt mit sachlichen Informationen über die Autorin und ihre Beziehung zu Ischa Meijer. Diese Beziehung beschreibt die Autorin in ihrem Buch.

Im zweiten Abschnitt wird bereits die Kritik eingeleitet. Zwar würdigt der Rezensent die Schönheit der beschriebenen Liebesgeschichte, deren Schilderung ist ihm jedoch zu ausgedehnt und zu selbstverliebt. Er versucht diese Kritik im dritten Abschnitt zu belegen.

Der vierte Abschnitt gibt Informationen über die Lebensgeschichte des Partners der Autorin: Der Rezensent anerkennt die Tragik dieser Biografie, kritisiert aber ihre Umsetzung im Roman. Connie Palmen hat seiner Meinung nach wiederum eine „Erfolgsgeschichte" daraus gemacht.

Fünfter Abschnitt: Die (vermeintlichen) Schwächen des Buches werden noch einmal herausgearbeitet. Der Rezensent zieht dabei die früheren Bücher Connie Palmens zum Vergleich heran.

Der sechste Abschnitt benennt die schriftstellerischen Fähigkeiten der Autorin, aber der Rezensent tut sich offenbar schwer mit uneingeschränktem Lob: Er bricht sein Lob noch in dem Satz, in dem er es „ausspricht". Ein Beispiel: „... ihr Stil ist gut: klar, flüssig, genau, fast jedes Wort sitzt. Angesichts einer deutschsprachigen Literatur, in der fast niemand mehr den Konjunktiv beherrscht, ist das viel." Die Einschränkungen sind gleich mit eingebaut: Die Autorin wird mit anderen Autoren verglichen, die unfähig sind, mit Sprache umzugehen – nach dem Motto: Unter den Blinden ist der Einäugige König.

Der vorletzte Abschnitt beinhaltet eine abschließende Bewertung des umfangreichen ersten Teils des Buches: er hat „nicht genug Welt". Den kurzen zweiten Teil hebt sich der Rezensent für seinen Schlussabsatz auf: Er lobt ihn überschwänglich, um im letzten Halbsatz dann noch einen ironischen Schlenker („und will sein Leben ändern") loszuwerden.

Aufgabe 2

Zu den Gemeinsamkeiten

Beide Texte behandeln dasselbe Buch. Beide geben die darin beschriebene Liebesgeschichte wieder und würdigen die Beziehung dieser beiden Menschen.

Zu den Unterschieden

Die Texte sind zunächst einmal verschieden lang. Der erste Text ist nicht gegliedert, der zweite Text teilt sich in mehrere Abschnitte. Text 1 bleibt stark beim Inhalt, bei der Story, Text 2 baut ein Spannungsfeld auf zwischen der Liebesgeschichte, die gewürdigt wird, und deren literarischer Verarbeitung, die kritisch bewertet wird.

Dem überschwänglichen Lob von Text 1 („überwältigend ehrlich und liebevoll") steht die auch persönlich verletzende Kritik bei Text 2 („... fällt einem die Ich-Erzählerin manchmal so auf die Nerven ...") gegenüber. Die Verfasserin von Text 1 bleibt unerwähnt, der Autor des zweiten Textes wird gleich nach der Überschrift genannt. Er versteht es auch, sich als Person in seinem Text ausreichend zu produzieren. Damit erliegt er möglicherweise selbst der Versuchung der „Selbstbeweihräucherung", die er ja an der Buchautorin kritisiert.

Kapitel 8

Aufgabe 1

Schulbuch wie Hauslexikon beantworten zunächst die Frage: „Was ist Werbung?". Auch das Ziel der Werbung, warum man wirbt, ist für beide Thema. Das Schulbuch stellt Werbung in einen größeren Rahmen („Formen beeinflussender Kommunikation", „Massenpsychologie"). Die Autoren des Schulbuchs versuchen offenbar weniger eine allgemein gültige Definition zu finden, sondern Werbung in einem gesellschaftlichen Zusammenhang einzuordnen (Wer macht sie? Für wen ist sie gemacht? Wo findet sie statt? Wie wird sie gemacht?)

Die dritte Definition unterscheidet sich stark von den anderen beiden. Sie bezieht sich ausschließlich auf audiovisuelle Werbung, also auf Fernsehwerbung, und unterteilt diese in verschiedene Arten; sie ist also spezifischer. Fachbegriffe werden erklärt und moderne Tendenzen (z.B. virtuelle Werbung) angegeben. Das Schulbuch bezeichnet die Werbung in audiovisuellen Medien als wichtig, hebt aber auch die Bedeutung der Printmedien hervor. Das Lexikon hingegen nennt keine Medien. Es gibt lediglich eine allgemeine Information zum Thema Werbung.

Aufgabe 2

Werbung begegnet mir auf Plakaten, in Zeitschriften, im Kino, im Internet, im Fernsehen, im Radio, in der Zeitung, in Wochenblättern, auf Flugblättern, durch Aufdrucke auf Konsumgütern wie Essen oder Kleidung, am Telefon, bei Durchsagen im Supermarkt ...

Aufgabe 3

Mir gefällt witzige Kino-, Fernseh-, manchmal auch Radiowerbung, die eine Pointe vorweisen kann. So wirbt z.B. die Tankstellenkette DEA mit witzigen, comedyartig gestalteten Werbespots, die mit einem Gag enden. Die zugespielten Publikumsgeräusche wie Lachen und Applaus verstärken noch den Eindruck einer Comedy-Soap und holen den Verbraucher da ab, wo er sich gerade befindet: auf der Fernsehcouch. Der abschließende Spruch „Hier tanken Sie auf" hat zwei Bedeutungen: Zum einen „Hier können Sie Ihr Auto auftanken", zum anderen suggeriert er „Auch Sie selbst können hier ‘auftanken’, sich also entspannen, erholen und wohl fühlen."

Die Werbekampagne der Zigarettenfirma Camel ist ebenfalls witzig und kreativ. Auf den Werbeplakaten nimmt man „Camel" (engl. Kamel) wörtlich, z.B. „Wirf nie eine brennende Camel aus dem Fenster". Zu sehen ist ein an den Hufen brennendes Stoffkamel, das einen Wolkenkratzer hinabstürzt und dabei einen ausgesprochen panischen Gesichtsausdruck hat. Man spielt also mit der Doppelbedeutung von „Camel": einerseits Zigarette, andererseits Kamel. Das glupschäugige Stoffkamel ist inzwischen sogar schon zu einer Art Wahrzeichen der Zigarettenfirma geworden. Jeder assoziiert es sofort mit der Zigarettenmarke. Es ist kuschelig und niedlich, und vermittelt dadurch einen positiven Gesamteindruck. Auch Nichtraucher fühlen sich davon angesprochen, obwohl sie am Produkt an sich gar nicht interessiert sind.

Bei der Radiowerbung wird es schon schwieriger, einen gut gemachten, witzigen Spot zu finden. McDonald's gibt sich allerdings Mühe. Ein etwas älterer Spot nimmt einen China-Homeservice auf die Schippe: Ein Anrufer bestellt ein bestimmtes McDonald's-China-Menü bei einem beliebigen China-Homeservice. Der junge Mann, der die Bestellungen am Telefon entgegennimmt, spricht nur gebrochen Deutsch und versteht auch nach mehrmaligem Nachfragen nicht, was der Anrufer denn nun eigentlich wünscht. Dieser beharrt auf einem bestimmten Burger mit einer bestimmten Sauce, die es in diesem Restaurant natürlich nicht geben kann, da die Namen von McDonald's erfunden wurden und das Menü nur dort zu haben ist. Ziemlich ratlos und fast verzweifelt sagt der Chinese schließlich: „Ham wir nich." Das ist das Stichwort für den deutschen Sprecher: „Aber wir. Jetzt im Angebot für nur DM ... – bei McDonald's."

Diese Werbung besticht durch ihre scheinbare Authentizität. Aus verschiedenen Radiosendungen kennt man bereits die Idee des „Kamikaze-Anrufers". Ein Radiomoderator ruft z.B. bei einer Firma an und stellt entsetzlich dumme Fragen à la Till Eulenspiegel und versucht den Gag so lange wie möglich hinauszuziehen. Am Schluss werden die „Opfer", sofern sie nicht sowieso schon entnervt aufgelegt haben, über den Scherz aufgeklärt. Diese Sendungen sind im Radio sehr beliebt. McDonald's greift in seiner Werbung darauf zurück, verbindet also *fun* und *food* (Spaß und Essen). Der chinesische Telefonpartner wirkt dabei ausgesprochen „echt". Man hat nicht den Eindruck, dass er eine Rolle spielt. Das erhöht die Wirkung des Spots und gewinnt die Aufmerksamkeit der Hörer. Dazu passt der Werbeslogan „Every time a good time" (Immer eine gute Zeit), denn letzten Endes können alle darüber lachen: der Zuhörer des Werbespots und der, auf dessen Kosten der Spaß ging (es war ja harmlos).

Doch selbst wenn mir eine Werbung gut gefällt, heißt das nicht, dass ich mir das Produkt auch kaufe. Bei Werbung, die mir überhaupt nicht gefällt, nehme ich mir oft vor, das Produkt ganz gewiss nicht (mehr) zu kaufen, was ich aber nicht immer konsequent durchhalte. Am ehesten lasse ich mich von praktischer Werbung, wie z.B. Flugblättern mit Sonderangeboten von Supermärkten, beeinflussen. Sie hilft mir bei der Planung des Wocheneinkaufs und liefert auch Ideen, was man kochen könnte.

Aufgabe 4

Imageveränderung wird oft versucht, aber nur selten erreicht. Hersteller versuchen z.B. Produkte, die vorzugsweise von älteren Menschen konsumiert werden, auf jünger zu trimmen. Eierlikör trinken in der Werbung ganz junge Menschen auf fröhlichen Parties, Haftcreme wird schon von Vierzigjährigen benutzt.

Umgekehrt ist es der Firma Ferrero gelungen, ihre „Kinder"-Produkte auch für die Erwachsenen attraktiv zu machen. So gab es einen Werbespot für Kinder-Überraschungseier, in denen kein einziges Kind zu sehen ist. Stattdessen trägt ein erwachsener Mann eine ganze Palette Überraschungseier an seinen Schreibtisch am Arbeitsplatz. In der nächsten Einstellung ist er zu sehen, wie er Schokolade verspeist und mit einem kleinen Spielzeug-Flieger spielt. Werbung, die sich an das Kind im Manne richtet.

Der Kinder-Riegel wird ebenfalls hauptsächlich mit erwachsenen Menschen beworben. Dabei wird immer wieder betont, dass „die Extraportion Milch" nicht nur für Kinder gut ist, sondern auch für Erwachsene.

Billigläden wie *Aldi* und *C&A* haben es geschafft, einen gewissen Kultstatus zu erreichen, indem sie ihre Käufer als besonders clevere, unkonventionelle Menschen ansprechen. *C&A* erreichte dies über eigene Produktnamen und Fernsehwerbung, *Aldi* wirbt über Flugblätter und über den Verkauf von Kochbüchern: „aldidente".

Aufgabe 5

Fertiggerichte werden in der Werbung heute häufig im so genannten Kochstudio ausprobiert. Klassische Hausfrauen in Schürzen (hier wird das Klischee noch gut bedient, hier hat sich seit Vance Packards Zeiten also nichts geändert) bereiten eine Mahlzeit zu, die aus mehreren Arbeitsgängen besteht, aber dennoch einfach ist und auf alle Fälle gut gelingt. Das Fertigprodukt macht alles viel leichter. Ein paar Zutaten, dann die fertige Soße („alles drin") oder die fertige Würzmischung – so geht alles schneller. Dennoch werden diese Gerichte oft als „Feinschmecker"-Mahlzeiten angepriesen. Die Frauen im Kochstudio haben Spaß am Kochen und am Essen. „Das machen wir jetzt öfter" heißt es am Ende – ein Gedanke, den wohl jeder Mensch hat, wenn etwas gut geschmeckt hat, nicht viel Arbeit macht und nicht so teuer ist.

Aufgabe 6

Anders Verona Feldbusch, die für Frauen steht, die nicht kochen können, und deren Spinatgerichte trotzdem gelingen. Nach diesem Muster ist auch die Werbung mit kochenden Männern konzipiert. Sie beeindrucken ihre Liebste mit einer Tiefkühlpizza („Wie beim Italiener") oder einer Dosensuppe – Gerichte, bei denen fast nichts schief gehen kann – und haben damit Erfolg bei den Frauen. Zum einen, weil diese ihnen das offenbar nicht zutrauen, zum anderen, weil Liebe ja bekanntlich durch den Magen geht.

Männer, die selbst kochen oder der Hausfrau zuschauen und helfen, werden gerne als etwas tollpatschige, gutmütige und als sehr bescheidene Zeitgenossen dargestellt, die angesichts eines Schnellgerichtes in Verzückung geraten. Die dazugehörige Hausfrau nimmt's gelassen, sie ist patent, kompetent, praktisch veranlagt, gut gelaunt und behandelt ihren Mann mit derselben herablassenden Güte wie ihre Kinder.

Aufgabe 7

Heute lauten die Slogans z.B. „Mit Maggi macht das Kochen Spaß"; „Thomy ... hier kommt der Genuss"; „Einfach Pfanni"; „Knorr. Essen gut. Alles gut."; „Dr. Oetker – Qualität ist das beste Rezept."

Aufgabe 8

▶ **funnyfrisch** ist eine Wortneuschöpfung, eine Zusammensetzung eines englischen und eines deutschen Wortes. „funny" ist englisch und heißt lustig: lustigfrisch könnte es heißen, das ergibt aber nicht viel Sinn. Der Anglizismus verschleiert diese Sinnlosigkeit und ermöglicht zudem eine Alliteration.

▶ **Knusperknackig** ist stilistisch ebenfalls eine Alliteration und lebt inhaltlich von der Ähnlichkeit der beiden Wörter, die da zusammengesetzt wurden. Knusprig und knackig beschreiben denselben Zustand eines Produkts. „Knusperknackig" ist also eine Steigerung des Knusprigen bzw. Knackigen.

▶ **Backshop** ist eine Mischung aus einem deutschen und einem englischen Wort. Der Begriff wird an Stelle des altmodisch klingenden Wortes „Bäckerei" verwendet. Backshop klingt moderner, frischer, origineller. Oft kann der Kunde hier zusehen, wie die Waren gebacken werden. Das vermittelt einen Eindruck von Frische und Ursprünglichkeit – ein altes Handwerk wird modern in Szene gesetzt. Dabei sind die Waren weitgehend vorproduziert und werden z.B. als fertig gedrehte, tiefgekühlte Brezeln angeliefert.

Aufgabe 9

▶ **Weil ich es mir wert bin (L'Oréal)**
Verkauf von Ego-Befriedigung; passt auch gut zum Thema Schönheit.

▶ **Wir haben verstanden (Opel)**
Sicherheitsgefühl verkaufen (nach Packard), vor allem was Umweltfragen betrifft. Diese Firma hat verstanden, dass man mit Energie schonend und mit Umweltthemen sensibel umgehen muss.

▶ **Zukunft wird aus Ideen gemacht (Telekom)**
Die Kreativität der Menschen steht im Vordergrund, laut Packard passt dies in die Kategorie „Schöpfungsauswege verkaufen".

Aufgabe 10

Aufgabe der Werbemacher ist es, anderen Leuten das Geld aus der Tasche zu ziehen. Sie müssen die Werbung so gestalten, dass möglichst viel vom entsprechenden Produkt verkauft wird. Alles andere (Kreativität, Ästhetik) zählt nicht.

Aufgabe 11

Die Verbraucher werden als Opfer der Werbung dargestellt. Sie sind, laut Baginski, die Belästigten, die Manipulierten, sogar die Beraubten. Sie müssen wachsam sein und auf ihr Geld aufpassen.

Aufgabe 12

Mögliche Meinung:

Ich stimme seiner These zu, mache aber einige Einschränkungen.

Man kann der Werbung heute kaum mehr aus dem Weg gehen, das ist richtig. Aber man kann ihre Präsenz für sich persönlich durchaus minimieren. Es ist möglich, den eigenen Fernsehkonsum einzuschränken und somit auch einem Großteil der Werbung gezielt aus dem Weg zu gehen. Ähnlich verhält es sich mit Radio- oder Zeitschriftenwerbung. Außerdem hat jeder Mensch auch einen eigenen Willen. Selbst wenn man mit Werbung konfrontiert wurde, ist es immer noch die Entscheidung des Einzelnen, ob er das entsprechende Produkt kauft oder nicht.

Auf der anderen Seite verschulden sich in Deutschland immer mehr Menschen und zwar aus Konsumdruck, für Handys, Kleidung, Fernsehgeräte usw. Das wären dann, nach Baginski, die „Ausgeplünderten", diejenigen, die nicht standhaft genug sind, der „Wegelagerei" zu widerstehen.

Ich meine, Werbung ist heute zu präsent und auch zu aggressiv und sollte etwas eingeschränkt werden. Das entbindet den Einzelnen aber nicht von seiner Selbstverantwortung und der Notwendigkeit, nicht über die eigenen finanziellen Verhältnisse zu leben.

Kapitel 9

Aufgabe 1

Beim ersten Text handelt es sich um ein wörtliches Protokoll, das offenbar mitstenografiert oder auf Tonband aufgenommen wurde.

Der zweite Text ist ein Ergebnisprotokoll.

Aufgabe 2

Text 1 ist in wörtlicher Rede gehalten und zudem so detailliert, dass es sich dabei keinesfalls um ein zusammenfassendes Protokoll handeln kann, also weder um ein Verlaufs- noch um ein Ergebnisprotokoll. Text 2 informiert in knapper Form über die Ergebnisse einer Ausschusssitzung, nicht aber darüber, wie es zu diesen Ergebnissen kam.

Aufgabe 3

Am wörtlichen Protokoll gibt es nichts zu deuten, es ist gewissermaßen ein unbestechlicher Zeuge, wenn nach einem Gespräch Uneinigkeit darüber herrscht, wer was gesagt hat. Auf der anderen Seite ist es natürlich auch langatmig und aufwändig, für den Schreiber ebenso wie für den Leser.

Das Ergebnisprotokoll erfordert wenig Aufwand, der Protokollant kann neben der Erstellung auch noch aktiv am entsprechenden Gespräch teilnehmen. Allerdings kann man daraus nicht der Verlauf eines Gesprächs ersehen, ebenso wenig wie die einzelnen Argumente oder Positionen der verschiedenen Teilnehmer.

Aufgabe 4

Verlaufsprotokoll:

> **Gemeinde ...**
> (Adresse)
>
> **Protokoll**
> **der Bürgerversammlung**
> **der Gemeinde** (Name der Gemeinde)
> **am** (Datum)
>
> **Beginn:** ... Uhr
> **Ende:** ... Uhr
> **Ort:** Gaststätte (Name der Gaststätte)
>
> **Anwesend:** Bürgermeister Faller, Herr ... (Schorsch), Frau Leitner, Herr Richter, Frau Schäfer, Herr Clemens, Frau ... (Paula) und weitere 15 Bürger des Ortes ...
>
> **Leitung:**   Herr Bürgermeister Faller
> **Thema:**   Die Sanierung des Hallenbades
>
> Die Vertreter der Gemeinde bieten den Mitgliedern der Bürgerinitiative finanzielle Unterstützung an, sofern die Bürger selbst die Sanierung des Hallenbades in Angriff nehmen wollen. Die entsprechenden Finanzen will Bürgermeister Faller von potentiellen Sponsoren (Sparkasse, Volksbank) bekommen.
>
> Frau Schäfer von der Bürgerinitiative steht jedoch auf dem Standpunkt, die Sanierung des Hallenbades sei Aufgabe der Gemeinde.
>
> Bürgermeister Faller verweist auf die angespannte Finanzlage der Kommunen und fordert Engagement von den Bürgern. Er bittet den anwesenden Installateur Richter um Entgegenkommen bei den anfallenden Sanierungsarbeiten.
>
> Während Frau Schäfer und Frau Leitner auf der Position beharren, die Sanierung sei Aufgabe der Gemeinde und darum ihre persönliche Mitarbeit verweigern, möchten Herr Clemens, Herr Richter und Frau ... (Paula) am Erhalt des Hallenbades aktiv mitarbeiten. Bei der abschließenden Abstimmung schließen sich ... der ... anwesenden Bürger ihrer Position an und möchten sich ebenfalls für das Projekt persönlich einsetzen.
>
> Regensburg, den 15. 1. 2001
>
> **Für das Protokoll**
>
> **Unterschrift**

Aufgabe 5

Ergebnisprotokoll

> **Gemeinde ...**
> (Adresse)
>
> **Protokoll**
> **der Bürgerversammlung**
> **der Gemeinde** (Name der Gemeinde)
> **am** (Datum)
>
> **Beginn:** ... Uhr
> **Ende:** ... Uhr
> **Ort:** Gaststätte (Name der Gaststätte)
>
> **Anwesend:** Bürgermeister Faller, Herr ... (Schorsch), Frau Leitner, Herr Richter,
> Frau Schäfer, Herr Clemens, Frau ... (Paula) und weitere 15 Bürger des Ortes ...
>
> **Leitung:**   Herr Bürgermeister Faller
> **Thema:**   Die Sanierung des Hallenbades
>
> Da nach Aussage von Bürgermeister Faller die anstehende Sanierung des gemein-
> deeigenen Hallenbades nicht von der Kommune allein finanziert werden kann,
> erklärten sich verschiedene Bürger zur Mitarbeit bereit. Sponsoren wie Sparkasse
> oder Volksbank sollen für die finanzielle Unterstützung des Projektes gewonnen wer-
> den. Die Position verschiedener anwesender Bürger, die Sanierung sei allein Sache
> der Gemeinde, konnte sich bei der abschließenden Abstimmung nicht durchsetzen.
>
> Regensburg, den 15. 1. 2001
>
> **Für das Protokoll**
>
> **Unterschrift**

Aufgabe 6

Das Verlaufsprotokoll markiert wichtige Stationen der Diskussion, auch kleinere Manipulationen von Seiten der Leitung können daraus eher erkannt werden als bei einem Ergebnisprotokoll. Erkennbar wird auch, welcher Teilnehmer welche Meinung vertritt. Das Verlaufsprotokoll wirkt aber etwas schwerfällig, Wiederholungen von Begriffen sind kaum zu
vermeiden. Es steht und fällt mit der Qualität und dem Fortgang der protokollierten Veranstaltung.

Das Ergebnisprotokoll ist knapp und im Ergebnis präzise, kann aber den Verlauf einer Veranstaltung nicht beschreiben. Es kann dazu missbraucht werden, Manipulationen zu ver-
decken. Der Leser kann nicht einschätzen, wie es zu den genannten Ergebnissen gekommen ist und wer sich mit welcher Meinung zu Wort gemeldet hat.

Aufgabe 7

Am ... um ... Uhr gab mir Königin Elisabeth im Anschluss an eine Unterredung zu einem anderen Thema fast beiläufig das von ihr unterzeichnete Todesurteil für Maria Stuart.

Ich machte sie auf die Konsequenzen ihrer Unterschrift aufmerksam und fragte sie, was nunmehr mit diesem Blatt Papier geschehen solle, ob ich es zur baldigen Vollziehung weiterreichen solle. Daraufhin wollte sie mir keine klare Antwort geben. Ich weigerte mich jedoch ausdrücklich, die Entscheidung für sie zu treffen.

Auf meine neuerliche Frage „Was soll mit diesem Blutbefehl geschehen?" antwortete sie: „Sein Name spricht es aus.", verweigerte aber wiederum eine klare Handlungsanweisung. Für den Fall, dass ich das Papier nicht weiterreichte, drohte sie mir, mich für die Konsequenzen haftbar zu machen.

Meine inständige Bitte, das Papier mit dem unterschriebenen Todesurteil zurückzunehmen, schlug sie mir ab, weitere Nachfragen verbat sie sich ausdrücklich.

Kapitel 10

Aufgabe 1

A Inhaltsangabe in Thesenform

1. Die Politik kann die Jugend schwer erreichen.

Die Politiker sehen die Jugend entweder als unpolitisch an oder als „falschpolitisch", d.h. rechtsradikal. Sie glauben, dass diese Jugend keine Werte hat und sich nicht für Politik interessiert.

2. Die Jugend ist sehr wohl an politischen Themen interessiert.

Bei einer Diskussionsveranstaltung über Gentechnik war der Saal voller Leute zwischen 20 und 30 Jahren. Konzert und Diskussion über Gentechnik – das schließt sich für junge Leute nicht aus.

3. Die These von der unpolitischen Spaß-Generation ist falsch.

Die so genannte ironische Generation nimmt sehr wohl manche Themen ernst und befasst sich damit.

4. Die Jugend sucht Authentizität.

Das Leben dieser Generation ist kompliziert. Auf der einen Seite zählen Traditionen nicht mehr viel, man will sich nichts vorschreiben lassen. Auf der anderen Seite gibt es eine große

Sehnsucht nach Geborgenheit, die von vielen auch in der rechten Jugendkultur gesucht wird.

5. Die Politiker bemerken das politische Denken der Jugend nicht.

Die Politik sieht nur die Jugendlichen, die sich politisch am lautesten hervortun. Das sind die, die z.B. in der NPD organisiert sind. Sie schließt daraus, dass die Jugendlichen an der multikulturellen Gesellschaft leiden. Andere Jugendszenen werden wenig beachtet.

6. Die Politik sieht ihre Chance nicht.

Politiker bleiben bei ihren eingefahrenen Denkmustern. Möglicherweise fühlen sie sich bei neuen Themen der jungen Generation nicht so sicher.

7. Jugend interessiert sich für „Lifestyle".

Lifestyle ist die neue Jugendkultur. Und die spielt sich weniger auf der Straße als vielmehr im Privaten ab, sie bringt auch bislang unvereinbar erscheinende Verhaltensweisen zusammen.

8. Politiker müssen die Themen der Jugend suchen, eine Annäherung schaffen.

Dieser „Lifestyle" ist der Anfang politischen Verhaltens. Gefragt ist nicht die Anbiederung der Politiker (Stichwort Big-Brother-Couch), sondern genaues Hinschauen, Fragen, Denken.

B Inhaltsangabe in zusammenhängender Form

Die junge Generation ist heute schwer für die Politik zu begeistern. Man unterstellt ihr, keine Werte und Überzeugungen mehr zu haben. Neben den „Unpolitischen" gibt es in den Augen der Politiker die „Falschpolitischen", also diejenigen, die sich von rechten Parteien angezogen fühlen. Diese simple Zweiteilung ist jedoch streitbar.

Michel Houellebecq, ein französischer Schriftsteller und Musiker, sollte in der Volksbühne über ein neues Menschenbild im Zusammenhang mit der Gentechnik sprechen. Diese Veranstaltung war restlos ausverkauft, die Besucher waren zum größten Teil junge Leute. Das spricht gegen das Klischee einer unpolitischen Spaß-Generation, die sich für nichts mehr interessiert.

Die heutige Jugend möchte sich ihre eigene Meinung bilden und keine vorgefertigten Urteile mehr übernehmen. Das macht ihr Leben so kompliziert und lässt auf der anderen Seite auch wieder ganz konservative Wünsche und Sehnsüchte entstehen: Sicherheit und Geborgenheit sind gefragt.

Die Politiker versäumen es, die Jugendlichen über Sachthemen anzusprechen (Beispiel Gentechnik). Sie verharren in ihren alten Mustern und nehmen als politische Jugendliche nur die wahr, die sich in der NPD organisieren.

Daraus schließen Politiker, dass Jugendliche die multikulturelle Gesellschaft ablehnen. Zu Jugendlichen aus anderen Szenen finden Sie keinen Zugang.

Am Lifestyle der jungen Generation könnten die Politiker erkennen, was diese bewegt. Ihre Interessen und Sehnsüchte spiegeln sich auch in ihren „Helden".

Politiker müssen sich der jungen Generation nicht anbiedern, indem sie diese nachahmen. Aber sie sollten genauer hinschauen und das, was die junge Generation lebt, auch als Ansatz politischen Willens erkennen.

Aufgabe 2

Die Autorin setzt stark auf Gegensätze. Dies gilt für Details genauso wie für größere Zusammenhänge. So stellt sie z.B. Begriffe wie „Falschpolitische und Unpolitische", „Öko-Laden und Prada-Mode" einander gegenüber. Zudem zeichnet sie im ersten Absatz das Klischee einer unpolitischen Jugend und belegt im darauffolgenden Absatz das Gegenteil anhand eines Beispiels.

„Ecstasy und Ehe" ist eine Alliteration, ebenso das Paar „Kinder und Cabrio". Auch hier kommen wieder scheinbare Gegensätzlichkeiten ins Spiel, die Autorin möchte damit das Lebensgefühl der jungen Generation widerspiegeln, die das alles miteinander zu verbinden sucht. „Der Moralist mit dem Lebensstil eines Rockstars, der Katholik, der im Nebenberuf Pornofilme dreht" – so beschreibt sie die „Helden" dieser Generation, die das scheinbar Unvereinbare zusammenbringen.

Die Sprache des Artikels ist teilweise an die gesprochene Sprache angelehnt. In der Schriftsprache sind Sätze wie „Und nicht nur ironisch." nicht üblich. Dieses Einsetzen von Ellipsen führt den Text näher an die Jugendsprache, an eine moderne Sprache heran.

Andererseits bedient sich die Autorin aber auch eines gehobeneren Sprachstils und benutzt Formulierungen wie „postmoderne Medienwelt", „Kollektivkultur" und „neonazistisches Pathos". Sie nennt Szene-Ausdrücke („Prada-Mode"), die beim Leser den Eindruck erwecken, dass sie die Szene, über die sie schreibt, auch kennt.

Manche Textstellen sind im Stil einer Rede gehalten, z.B. wenn sie das letzte Wort des vorhergehenden Satzes wiederholt: „Das vorherrschende Lebensgefühl dieser Generation ist ein Unbehagen. Unbehagen auch über ..."

Auch die verwendeten rhetorischen Fragen erinnern an eine Rede: „Aber ist das so?", „Und die Politik?"

Kapitel 11

Aufgabe 1

Versagen die Parteien im Umgang mit der Jugend?

Ja. Argumente:

▶ Es gibt wenig Veranstaltungen, zu denen junge Leute eingeladen werden, die nicht politisch gebunden sind.

▶ Die Politiker sind vor allem darauf aus, neue Parteimitglieder zu gewinnen. Ansonsten interessieren sie sich nicht für junge Leute.

▶ Die Themen, die junge Leute interessieren, werden vernachlässigt.

▶ Den Politikern fehlt das Know-how im Umgang mit jungen Menschen.

▶ Die Parteien versagen nicht nur im Umgang mit der Jugend, sie sind generell unglaubwürdig. Vielleicht fällt das jungen Menschen nur stärker auf. Es müsste sich also nicht nur im Umgang mit der Jugend etwas ändern.

Was müsste sich ändern?

▶ Der Umgang der Politiker mit der Jugend sowie miteinander

▶ Der Umgang mit der Macht (Korruption, Verlogenheit etc.)

▶ Die Themen in der politischen Diskussion

▶ Der Stil

▶ Das Gefühl bei den Jugendlichen: „Die wollen ja nur, dass ich sie wähle und dann machen sie vier Jahre lang wieder ihren eigenen Stiefel."

▶ Anhörungen, Mitbestimmung, Jugendorganisationen (Jusos etc.) attraktiver gestalten, ernster nehmen

▶ Mehr junge Leute in politische Ämter

Aufgabe 2

Bei diesem Thema ist die lineare Ordnung der Argumente sinnvoll.

Die Versäumnisse der Parteien

▶ Den Politikern fehlt das Know-how im Umgang mit der Jugend.

▶ Der Stil: Von oben nach unten, es wird viel doziert und wenig zugehört.

▶ Die Themen: wenig jugendspezifisch, immer schon sehr aufbereitet – die Parteien und Politiker haben ja zu allem eine Meinung (und zwar eine andere als die Gegenpartei).

▶ Der Kontakt mit Jugendlichen ist meist zweckgerichtet, d.h. entweder ist Wahlkampf oder es geht darum, junge Leute für die Partei zu gewinnen.

▶ Junge Leute fühlen sich durch die Parteien oftmals nicht ernst genommen bzw. für deren Zwecke benutzt.

▶ Politik wird vor allem unglaubwürdig durch den Umgang der Politiker miteinander, durch Korruption, Machtmissbrauch, Lügen.

Was sollte sich ändern?

▶ Wichtig wäre, junge Menschen zweckfrei anzusprechen, ohne ihnen vorgefertigte Meinungen nahe bringen zu wollen.

▶ Vorstellbar wären Veranstaltungen zu Themen, die junge Leute interessieren: z.B. Gentechnologie, die Rechte und Pflichten in freien Partnerschaften, Feste mit ausländischen Mitbürgern.

▶ Man könnte auch Referenten einladen, die nicht der jeweiligen Partei angehören. Oder man lässt, wie bei einer Talkshow, auch mal Betroffene zu Wort kommen.

▶ Die politischen Parteien sollten alle Möglichkeiten ausschöpfen, mit jungen Leuten ins Gespräch zu kommen und ihnen zuhören.

▶ Diejenigen, die sich bereits politisch oder sozial engagieren, sollten Unterstützung und Mitspracherechte bekommen, anstatt ausgegrenzt zu werden, wenn ihre politische Linie nicht ganz mit der Linie der entsprechenden Partei übereinstimmt.

▶ Das Vertrauen der Jugend in die Politik wiederherzustellen bedeutet mehr als verstärkt auf junge Leute zuzugehen. Es müsste sich viel mehr ändern. Jugendliche Werte wie Authentizität oder Spaß sind in der Politik selten vorzufinden.

Aufgabe 3

Einleitung: in diesem Fall ein aktueller Aufhänger

Kaum ein Tag vergeht, an dem die Nachrichtensendungen nicht von Übergriffen rechtsradikaler Jugendlicher auf Ausländer berichten, von Anschlägen auf jüdische Friedhöfe und Asylbewerberheime. Die Brutalität, mit der hier vorgegangen wird, ist erschütternd und nimmt eher zu. In einem Artikel der Berliner Zeitung *Tagesspiegel*, der sich mit Jugend und Politik beschäftigt, nennt die Autorin Kerstin Kohlenberg diese Jugendlichen die „Falschpolitischen" und grenzt sie ab von den anderen, den „Unpolitischen".

Was ist schief gelaufen? Was hat die Politik an den jungen Menschen versäumt, dass es außer braunen Schlägertrupps anscheinend kaum mehr politisch interessierte junge Menschen gibt?

Schluss: Rück- und Ausblick

Die Politiker beklagen oftmals wortreich das mangelnde politische Interesse der jungen Generation. Was verstehen sie unter politischem Interesse? Vielleicht hilft ein Blick in die Vergangenheit, auf eine andere „junge Generation".

Die letzten deutlichen Ausläufer politischen Engagements bei jungen Menschen fanden sich in der „Atomkraft – nein danke!"-Bewegung und in der Friedensbewegung der achtziger Jahre. In der Sache, so kann man sagen, haben diese jungen Leute von damals Recht behalten. Seit Tschernobyl ist der Atomausstieg nur noch eine Frage der Zeit. Seit Gorbatschow ist auch zwischen den Weltmächten Entspannung angesagt, sofern man das heutige Russland überhaupt noch als Weltmacht zählen kann.

Zu der Zeit jedoch, als diese Themen aktuell waren, war kaum ein Politiker dankbar oder erfreut über das politische Engagement der Jugend. Es war ein Einsatz, der weitgehend außerhalb der etablierten Parteien stattfand, der innerhalb dieser Parteien auch keinen Platz gehabt hätte. Die jungen Menschen sprachen Themen an, über die die Politiker nicht oder noch nicht nachdenken wollten. Für ihr Engagement wurden diese jungen Menschen diffamiert, als Träumer und Spinner abgetan – bis die etablierte Politik diese Themen für sich entdeckte.

Politisches Interesse liegt eben nicht immer auf einer bestimmten Parteilinie. Engagierte junge Leute sind nicht unbedingt braves Parteivolk, das im Wahlkampf Plakate klebt. Und die Kinder der ehemaligen „Friedenskämpfer" und Atomkraftgegner sind heute die so genannte unpolitischen Generation. Könnte man's ihnen verdenken?

Eine Hoffnung gibt es vielleicht noch: Durch das Erstarken der Rechten in Deutschland finden sich wieder Menschen zusammen, die ohne Ideologie im Sinne der Menschlichkeit gegen Gewalt, Rassismus und Ausländerfeindlichkeit auf die Straße gehen. Das könnte ein Anfang sein.

Kapitel 12

Aufgabe 1

Stellungnahme

Der heutigen Jugend wird gerne vorgeworfen, sie sei unpolitisch, eine Spaß-Generation, mit nichts anderem befasst als ihrer eigenen Zerstreuung. Es fehle ihr an Interesse, Hilfsbereitschaft, Begeisterungsfähigkeit. Das beklagen vor allem die politischen Parteien, die daran interessiert sind, die Jugend als Wähler und als Parteimitglieder zu gewinnen. Auf der anderen Seite gibt es durchaus eine gewisse „Begeisterungsfähigkeit": nämlich am rechten Rand des politischen Spektrums, bei den Neonazis, was den Parteien der Mitte und allen demokratisch gesinnten Menschen großes Unbehagen, wenn nicht Angst einflößt.

Kerstin Kohlenberg erkennt bei der jungen Generation durchaus Interesse an politischen und gesellschaftlichen Themen. Sie bringt als Beispiel das Thema Gentechnik und nennt des weiteren Lifestyle als Kollektivkultur der Jungen. Sie rät den Politikern, dort hinzuschauen statt sich anzubiedern, um den Dialog mit der Jugend wieder in Gang zu bringen.

Frau Kohlenberg schildert die Situation zwar anschaulich, ihre Lösungsansätze greifen aber zu kurz. Hinschauen allein wird noch keine Veränderungen bewirken. Die Situation ist mit Jugendstudien ausreichend analysiert, jedoch ist das, was sich Vertreter politischer Parteien wünschen – ein unkompliziertes, engagiertes, pflegeleichtes Wahl- und Parteivolk – bei aller Komplexität und Pluralität heute nicht mehr zu haben. Will man engagierte junge Menschen, so muss man damit rechnen, dass sich das Engagement auch einmal gegen die eigene Partei richtet, so wie dies etwa bei der Anti-Atomkraft-Bewegung oder bei der Friedensbewegung der Fall war. Die jungen Leute lassen sich nicht mehr auf „Rot" oder „Schwarz" reduzieren, und das ist gut so. Die politische Zurückhaltung vieler Jugendlicher mag damit zusammenhängen, dass Parteipolitikern diese Einsicht noch fehlt.

Um junge Leute zu einem politischen Engagement zu ermuntern, sollte man ihnen Mitspracherechte einräumen, ihre Arbeit (auch finanziell) unterstützen statt sie auszugrenzen, ihnen Foren bieten, um ihre Sache zu vertreten, auch wenn ihre Anliegen nicht eins zu eins mit dem Parteiprogramm übereinstimmen. Darüber hinaus sollte die Politik ihre eigene Glaubwürdigkeit stärken, indem sie Fehler eingesteht, Korruption zu verhindern versucht und hart bestraft und den Umgang mit dem politischen Gegner menschlicher gestaltet. Damit kommen wir über das Thema der angeblich so unpolitischen Jugend hinaus. Hier geht es um die Glaubwürdigkeit unseres politischen Systems.

Aufgabe 2

Die Gliederung ist zwar nicht Teil der Aufgabe, doch sollte jeder seine Gedanken gliedern, bevor er mit dem Schreiben anfängt:

Gliederung

▶ *Einleitung:* Aktueller Aufhänger ist das neue Gesetz zur aktiven Sterbehilfe in den Niederlanden

▶ *Hauptteil:* Pro, Contra und Synthese

Pro:
- Die Medizin kann das Leben der Menschen weit über die natürlichen Grenzen des Lebens hinaus verlängern.
- Es ist ein Gebot der Menschlichkeit, Leiden zu verringern.
- Sterbehilfe wird von Ärzten bereits praktiziert. Ein Gesetz würde Arzt und Patienten lediglich mehr Rechtssicherheit bieten.

Contra:
- „Du sollst nicht töten": Die Achtung vor dem Leben.
- Gefahren durch wirtschaftliche Erwägungen.
- Ideologische Gefahren: Euthanasie im Dritten Reich.

Synthese:
Die Gesellschaft hat sich verändert: Kosten-Nutzen-Denken und Ideologie als Gefahr für den Patienten einerseits und dessen großer Wunsch nach Selbstbestimmung andererseits stehen einander gegenüber und erschweren eine Entscheidung.
Unter bestimmten Voraussetzungen wäre ein Gesetz zur Sterbehilfe angebracht. Jeder Einzelne sollte sich überlegen, wie er selbst in einem solchen Fall behandelt werden will.

▶ *Schluss:* Man sollte eine Entscheidung nicht vermeiden, weil man Angst hat, etwas falsch zu machen.

Ausformulierung

(Einleitung) In den Niederlanden wurde ein neues Gesetz zur Sterbehilfe verabschiedet. Es ist weltweit das erste seiner Art und legalisiert die aktive Sterbehilfe durch den Arzt, wenn der Patient ausdrücklich danach verlangt. Das Gesetz hat auch in Deutschland die Diskussion über das Thema Sterbehilfe erneut in Gang gebracht.

(Pro) Der medizinische Fortschritt der vergangenen Jahrzehnte hat es möglich gemacht, dass die Menschen immer älter werden. Er hat es auch möglich gemacht, dass Menschen, die ohne technische Hilfe sterben müssten, weiterhin leben können. Für die einen ist es ein Segen, für die anderen aber nicht. Schon ist nicht mehr klar, wo die Grenzen des Lebens sind. Ist es der Hirntod? Ist es der Herzstillstand? Wie lange soll man dann einen Menschen noch künstlich am Leben erhalten? Die Grenzen zwischen Tod und Leben sind fließend geworden, weil Apparate die Funktionen von Organen übernehmen können. Es sieht fast so aus, als ob der Mensch nicht mehr „einfach so" sterben darf und kann, weil eben seine Zeit gekommen ist. Es gibt immer noch eine Möglichkeit, die Lebenszeit zu verlängern, auch wenn von Lebensqualität gar nicht mehr die Rede sein kann. Alte Menschen, die seit Jahren bettlägerig sind, unheilbar Kranke, die qualvolle Schmerzen ertragen müssen, langjährige Komapatienten, bei denen es keine Hoffnung mehr auf ein Erwachen gibt – für diese Menschen könnte ein „Tod auf Verlangen" wirklich eine Erlösung darstellen. Von sinnlosem Leid zu erlösen ist ein Gebot der Menschlichkeit. Aber dies muss das einzige Argument für die aktive Sterbehilfe sein und bleiben. Kosten-Nutzen-Rechnungen müssen bei so einem Thema tabu sein.

Nun gibt es die Sterbehilfe bereits, auch bei uns. Die Ärzte, zumindest die verantwortungsvollen unter ihnen, versuchen ihr Möglichstes, den Menschen zu helfen, sie zu heilen. Manche bemühen sich auch, einem hoffnungslos Kranken sinnloses Leiden zu ersparen, so etwa durch das Abschalten der Geräte, die ihn am Leben erhalten. Die Ärzte handeln aber bei Sterbehilfe in einer gesetzlichen Grauzone. Sie sind rechtlich nicht abgesichert und bewegen sich damit juristisch gesehen auf dünnem Eis. Zudem ist der Patient in dieser Sache vollkommen vom Gutdünken seines Arztes abhängig. Ein Gesetz würde sowohl dem Arzt als auch dem Patienten mehr Rechtssicherheit bieten.

(Contra) Andererseits stehen alle, die an einem solchen Vorgang beteiligt sind – der Patient, die Verwandten und der Arzt – vor einem moralischen Problem. „Du sollst nicht töten" lautet das eindringliche Gebot im Alten wie im Neuen Testament und auch jenseits der Religion hat sich die Achtung vor dem Leben in unserer westlichen Gesellschaft als der tragendste aller Werte erwiesen.

Es drängt sich die Frage auf, wie in der Praxis mit dem Todeswunsch eines Patienten umgegangen wird. Was ist mit Menschen, die zusätzlich zu ihrer Krankheit in einer schweren Depression stecken? Was ist mit alten, verwirrten Menschen? Was ist mit Schwerstbehinderten, die sich nicht verständlich machen können? Oder mit Komapatienten? Es wäre interessant zu wissen, wie solche Fälle im niederländischen Gesetz geregelt sind. Wer entscheidet, wenn der Patient es nicht kann? Hier tut sich eine Lücke auf, durch die das Kosten-Nutzen-Denken schließlich doch wieder Zugang zu Entscheidungsprozessen findet. Ein *Beispiel*: Nach einem Unfall werden mehrere Schwerverletzte in ein Krankenhaus eingeliefert. Es stellt sich heraus, dass das Herz eines Komapatienten einem der Unfallopfer das Leben retten könnte. Man muss schnell handeln. Angenommen, die Entscheidung für oder gegen Sterbehilfe liegt in diesem Fall allein bei den Ärzten. Hätte die Situation wirklich keinen Einfluss auf ihre Entscheidung?

Auch die neue Vorgabe der Krankenkassen, dass nicht mehr die Behandlung an sich, sondern nur noch ihr Erfolg zählt und angemessen honoriert wird, könnte für einen unheilbar Kranken, für den die Klinik kaum Geld bekommt, Auswirkungen haben. Und sei es nur in der Form, dass er seinen Tod wünscht, um niemandem mehr zur Last zu fallen.

Es besteht die Gefahr, dass in unserer Welt der Fitten und Tüchtigen, der Schönen und Leistungsfähigen eine Ideologie entsteht, in der Kranke, Leidende oder Sterbende keinen Platz mehr haben, uns allen eine Last sind und so schnell wie möglich ihr Leben beenden sollen. Die so genannte Euthanasie im Dritten Reich, die sich die Auslöschung „lebensunwerten Lebens" zum Ziel gemacht hatte, zeigt deutlich, wie ein solches Gesetz in den Händen einer verbrecherischen Regierung zum Mordinstrument werden kann. Von daher herrscht gerade auch in Deutschland große Zurückhaltung in der öffentlichen Diskussion über die Sterbehilfe.

(Synthese) Es ist sehr schwierig, in einer Gesellschaft, in der Kosten-Nutzen-Rechnungen nicht mehr nur das Wirtschaftsleben, sondern längst auch menschliche Beziehungen prägen, dieses Denken gerade aus dem Bereich Krankheit und Sterben herauszuhalten. Daher könnte die Legalisierung der Sterbehilfe eine Gefahr für den Patienten darstellen.

Andererseits sind wir es nicht mehr gewöhnt, die Dinge so hinzunehmen wie sie sind. Wenn wir Kopfschmerzen haben, nehmen wir eine Tablette. Wie wollen wir einem Menschen, der über Jahre hinweg die schlimmsten Schmerzen hat, zumuten, das zu ertragen und in völliger Abhängigkeit von seiner Umgebung – auch in der Frage, ob er leben oder sterben wird – sein Leben zu fristen?

Mir erschiene es sinnvoll, die bisherige Praxis der verdeckten Sterbehilfe zu legalisieren, jedoch unter gewissen Voraussetzungen. Unverzichtbar ist der bekundete Wille des seelisch und geistig noch gesunden Menschen. Außerdem muss sichergestellt sein, dass dieser Mensch tatsächlich unheilbar krank ist, dass alle medizinischen Maßnahmen weniger sein Leben, sondern vielmehr sein Leiden verlängern würden. Solche Kriterien können besser kontrolliert werden, wenn sich die Sterbehilfe nicht im rechtsfreien Raum bewegt.

Jeder einzelne Mensch sollte sich darüber hinaus überlegen, wie in einem entsprechenden Fall mit ihm umgegangen werden soll. Er sollte dies auch schriftlich festhalten oder zumindest seinen engsten Verwandten mitteilen. Denn jeder kann von heute auf morgen in die Situation geraten, sich nicht mehr entsprechend artikulieren zu können.

(Schluss) Die Entscheidung, ob ein Gesetz zur Sterbehilfe zu befürworten ist oder nicht, ist kompliziert. Es liegen große Gefahren in einer Legalisierung der Sterbehilfe. Eine andere Gefahr besteht jedoch darin, dass alles so bleibt, wie es ist, weil die Politiker, die Ärzte oder auch die Angehörigen sich die Finger nicht schmutzig machen möchten und die Verantwortung scheuen. Ein Gesetzesentwurf zur aktiven Sterbehilfe könnte zumindest bewirken, dass man sich in der Öffentlichkeit mit dem Thema auseinander setzt und die Menschen zum Nachdenken bringt.

A

Register

Register

Register

Z